4

いちばん
はじめに読む
心理学の本

認知心理学

心のメカニズムを解き明かす

仲 真紀子 編著

ミネルヴァ書房

はしがき

　認知心理学の発展の過程には，3つの大きな発見があったように思われる。
　第一は，その出発点でもある，心のメカニズムを探るという目標の発見である。人の心はブラックボックスであるとし，刺激と反応のセットによって心を記述しようとした行動主義に対し，認知心理学はブラックボックスの中身に関心を寄せた。目に見えない心のプロセスを調べるためにモデルを仮定し，精緻な実験や発話思考法（think-aloud protocol method：7章参照），コンピュータを援用したシミュレーションなどにより，モデルを微調整することでメカニズムを明らかにする。そのようにして，認知心理学は心を理解するための枠組みや基盤をつくってきた。
　第二は，人の心を調べるには伝統的な実験室だけでは足りないという発見である。ナイサー（Neisser, U.）をはじめとする多くの認知心理学者が，実験室だけでなく，日常文脈へと歩を進め，心の働きを研究し始めた。環境の中での知覚，生活の中での記憶，かならずしも論理に従わない思考，現実の問題解決，意思決定，感情的体験，そして音楽を聴き，読み，書き，話し，学び，道具を用いる活動が研究の対象となり，生態学的により妥当な人の心のメカニズムが明らかにされてきた。
　第三の発見は，日常文脈，あるいは現実の課題が，認知心理学の研究やその成果を<u>必要としている</u>ということへの気づきではないだろうか。現実社会における課題が山積みである今日，認知心理学に対する期待は大きく，そのニーズや要請を無視して研究を進めることは難しい状況になってきている。それは多少窮屈でもあるが，認知心理学の力を発揮し，世の中に貢献する機会でもある。このような要請は，他の専門領域，たとえば教育，医療，産業，IT，司法，福祉等々のフィールドとの連携を強め，認知心理学のさらなる展開を導いてくれるように思う。ナイサーは「心理学者が研究していないところにこそ面白い

問題がある」と言ったが，今や認知心理学者は，世の中のたいへん面白いところで仕事をしているといってよいだろう。

　本書は認知心理学の初学者向けに執筆された。読者にあっては，この魅力的な学問に足を踏み入れるにあたり，まずはもっとも興味深い，しかも自由に観察できて文句も言わない「自分」を対象とし，心の働きに関する問いに思いを馳せてほしい。私たちは世界をどのように見ているのか，音はどのように音楽になるのか，時間の経過はどのようにわかるのか，意識とは何か，記憶はどのように知識になるのか，私たちはどのように文章を読み，書き，会話し，考え，道具を使い，心を認識しているのか。そして，感情は知的活動にどのような影響を及ぼすのか。また，人以外の動物は世界をどのように認識しているのか。本書はこれらの身近だが深淵な問いに答える旅に必要な基本知識と，アプローチの方法を教えてくれるだろう。本書をもって，読者が認知心理学の魅力を知り，第一，第二，第三の発見を見極め，拡張してくれることを心より願う。

　本書の作成に当たり，第一線で活躍しておられる認知心理学者に各章を執筆していただけたことは，たいへん光栄であった。そのような恵まれた状況にありながら，編集作業が遅れてしまったことは，執筆者の方々にも，本書をもっと早く手にできたであろう読者にも，たいへん申し訳なく，お詫びの言葉もない。それでもようやく出版にこぎつけられたのは，たゆまず励ましてくれた吉岡昌俊さんのおかげである。執筆者の方々，そして吉岡さんに深くお礼申し上げる。

　本書が，初学者にとって，認知心理学の旅へのよきガイドブックとなることを祈っている。

　　　2010年夏

　　　　　　　　　　　　　　　　　　　　　　　　　　　　　仲　真紀子

目　次

はしがき

1章　私たちは世界をどのように見ているのか？ …… 川端康弘…1
　　　　——視覚と視環境

　1　見ることと描くこと……1
　2　視覚のメカニズム……3
　3　視覚イメージの形成……9
　4　環境と色彩……18

　コラム　明るい夜の風景
　　　　　——明るい燈下と暗闇を同時に描いたゴッホ……7

2章　私たちはどうやって
　　　　ことばや音楽を聴き取っているのか？ ……… 谷口高士…23
　　　　——聴覚と言語音声と音楽

　1　聴覚のメカニズム——音をとらえる仕組み……23
　2　音声はどのように知覚されるのか？……31
　3　音楽はどのように知覚されるのか？……36

　コラム　マスキングの仕組みと効用……30

3章　時間の経過はどのようにわかるのか？ ………… 田山忠行…43
　　　　──感覚と時間知覚

　1　感覚・知覚のメカニズム……43
　2　時間の認識……50
　3　日常行動と時間……60
　　コラム1　私たちに自由意志は存在するか？……49
　　コラム2　概日リズム……58

4章　意識とは何だろうか？ ……………………………… 仲 真紀子…70
　　　　──短期記憶，ワーキングメモリ，自伝的記憶

　1　意識とは何か？……70
　2　内観できない意識的過程……74
　3　自伝的記憶と意識・無意識……79
　　コラム1　スキーマとスクリプト……81
　　コラム2　記憶の抑圧・回復に関する信念はどこから来るのか？……85

5章　記憶はどのように知識になるのか？ …………… 伊東裕司…90
　　　　──記憶，知識，学習

　1　記憶と知識はどのように異なるのか？……90
　2　記憶が定着する条件……91
　3　個別の記憶からより抽象的な知識へ……96
　4　事実や出来事についての記憶とやり方の記憶……101
　　コラム　顔の記憶の言語的側面と非言語的側面……105

目 次

6章 私たちはどのように会話しているのか？ ……仲 真紀子…109
　　　　——会話，発話，面接法

　1　会話の成り立ちと特徴……109
　2　発話の理解……114
　3　事実を聞き出す面接法……119
　　コラム　子どもの目撃証言……123

7章 私たちはどのように文章を読み，書くのか？ …内田伸子…128
　　　　——書くこと，考えること，生きること

　1　リテラシーの習得による認識過程の変化……128
　2　推敲過程におけることばと表象の関係……133
　3　書くことによる新しい考えの発見……139
　　コラム　「発話思考法」に成功するコツ
　　　　　　——推敲過程でどんな活動が起こるか？……140

8章 私たちはどのように考えるのか？ ………………山　祐嗣…149
　　　　——思考と問題解決

　1　思考とは問題を解決すること……149
　2　思考の本質は推論……156
　3　適応という観点から見た思考……163
　　コラム　2種類の合理性と思考……165

9章　モノのデザインは心理学とどのように関わっているのか？ ……原田悦子… 169
――使いやすさと認知心理学の関係を探る

1　モノは使うもの＝道具であり，メディアである，ということ……169
2　使いやすさを支えるアフォーダンス，メンタルモデル，メタファ……173
3　モノを使うということは生活を変えるということ……181
4　良いデザインを考えることは人を観察し，異文化交流をすること……183
　コラム　やってみよう，ユーザビリティテスト！……174

10章　私たちは自分の心をどのように認知しているのか？ ……三宮真智子… 188
――メタ認知による心の制御

1　メタ認知の構成要素と機能……188
2　メタ認知の発達……193
3　メタ認知のモデル……198
　コラム　メタ認知を促す学習活動……202

11章　感情は知的活動にどのような影響をおよぼすのか？ ……北神慎司… 206
――感情と認知

1　感情とはいったい何だろう？……206
2　感情が認知におよぼすさまざまな影響……211

3　表情を通じた感情のコミュニケーション……218
　　　コラム　基礎研究と応用研究……217

12章　動物は世界をどのように認識しているのか？…和田博美…226
　　　──動物の認知行動
　　1　ヒトの脳と動物の脳……226
　　2　動物はどのように世界を認識するか？……231
　　3　動物の認知能力を脳科学研究に役立てる……237
　　　コラム　日本人女性の血液中ダイオキシン量……238

索　引

1章　私たちは世界をどのように見ているのか？
──視覚と視環境

川端康弘

　私たちは日常生活の中で，多くの対象やシーンを見て理解したり，記憶の中の映像情報と比較したりしています。このような視覚認知には複雑な情報処理が必要ですが，その過程のほとんどが自動化されているために，あらためてその機能を意識することはありません。また，だれでも幼少時から，それなりに見えるようになるので，他の認知機能のように学習や経験による獲得の過程もあまり明確ではありません。ただスポーツなど運動能力の熟練や言語の獲得ほどではないにしろ，外界を適切に把握する能力もある程度経験によって習熟してゆくはずです。

　環境認知システムを設計しようとするときには，外界に接するセンサー部分（受容器）に力点を置くのか，あるいは得られた情報を処理する計算処理系（大脳）に重点を置くかという問題が考えられます。これを動物の視覚に置き換えてみますと，センサー部に力点を置いて正確だが硬直的な機構を形作った下等な生物に対して，高等な生物，とくに大脳など中枢神経系が発達した人間は，処理系の方に力点を置いて，環境の大きな変化にも対応できる柔軟性の高い機構を獲得したように見えます。こうしたシステムでは，見る経験を通して得られる知識をもとに，視覚認知処理の微調整を繰り返してゆくことで，より洗練した見えを実現することも可能でしょう。

1　見ることと描くこと

　もし「見る目がある」，「目が肥える」といった言葉で示される能力が，視覚画像内の意味のある細部や，全体的なまとまり感の微妙な違い等を，素早く効率的に捉えるといった機能に依存しているとすれば，当然その実現には多くの経験や学習が必要になるはずである。たとえば描画や撮影，造形などの芸術活

動は，こういった要素を多く使っているように思う。

　美術教育の領域では，数多くの描画技法が提案されているが，その中で，松本らは子どもたちや初心者に絵を教えるテクニックとして，情景をよく観察することで全体の構図を決めてレイアウトを描き，部分を配置していくといった，通常のデッサン方法を奨励しない（松本・堀江，1982）。彼女らのレクチャーの基本は，描こうとするものの外側の輪郭にはこだわらず，中から描き始めて，少しずつその周辺部を描き足してゆくというものである。あらかじめ全体の構図を決めないで描き始めるので，描かれた対象（たとえばカボチャや椅子など）や場面（公園や街の風景など）は，画用紙の大きさを超えてしまうこともある。その場合は紙にあうように対象物を全体的に縮小して描き直すのではなく，紙を継ぎ足して描ききる。

　これは言われてみればうまい方法である。はみ出さないようつねに大きな紙を準備するのはたいへんだが，この方法ならどこからでもデッサンができるし，描きたい物を紙面のスペースに合わせるなど，全体を相対化してとらえるといった過程も必要ない。この描画法の優れた点は，後で述べるように，高性能な見えを実現している視野中心部をフルに利用することにある。目線を向けて見た部分は詳細部まで色や形がわかるので，まずその部分の情報を紙に写す。次にそのとなりの部分を観察して写す。このやり方で描く限りは，全体の構図を意識する必要はない。

　一方，絵を描くのになれた人は，外界を限られた紙面に描くという作業を通じて**シーン**（視覚的情景）を相対化すること，つまりいま見ている場面の全体スケールを紙面のスケールに合わせるといった操作，がある程度容易にできるようだ。現実のシーンはふつうひとつの視点から見た視野範囲を超えた広がりを持っているので，それを心内に表現するには複数の視点の見えを再構成しな

➡ 1　心理学では外界の事物を認知する過程で心（あるいは脳）の中につくられるものを表象と呼ぶのが一般的であるが，この過程で情報は抽象化され，大きく簡略化される。しかし知覚では他の認知過程に比べこの抽象度は弱く，たとえば視覚の初期段階では，見ているものが絵のようにある程度忠実に↗

けraばならない。彼らは，全体の構図をこの再構成した心内の表現を使って大まかに記述した後，あらためてよく観察することで詳細部を描いていくのだろう。しかしこの使い分けは，絵を描きはじめたばかりの初心者にはむずかしいかもしれない。外界の視環境は時々刻々と変化しているが，私たちの視覚は，ある時点の限られた空間範囲を詳細に見きわめることができるのと同時に，もう少し広い範囲の時空間を簡潔だが適切に表現して見せることができる。この2つの能力のうち，前者は誰もが同じようにほぼ自動的に行うように見えるが，後者はそれぞれの経験や学習などをふまえ，個人差が大きいように思われる。この章では，これらの基盤となっているしくみについて概説する。

2 視覚のメカニズム

(1) 神経系としての視覚システム

　日常のどんな活動にもたいてい見ることが含まれているので，認知機能のどこまでに視覚が関わるかを明確に定義するのは難しい。認知機能を実現する脳の活動という側面から見れば，霊長類の大脳の約6-7割が何らかの形で視覚に関わっているので，おそらく人間の場合でも，5割弱は関わりがあるだろうが，その多くは他の仕事も行う連合野であり，視覚以外の活動にも関与する。しかし視覚処理のために特殊化された機構だけをあげるとすれば，光という物理的エネルギーの受容器である目（眼球）と，基本的な情報処理の多くを担当する大脳視覚野がある後頭部位，それらをつなぐ中継組織の神経系だけになるだろう。

　目の機能は，光画像を結像させることと，光エネルギーを電気信号に変換することであり，カメラの構造に似ている（図1-1）。水晶体は毛様体という筋繊維の力でその厚みを変えて，さまざまな距離の対象物に焦点を合わせる。瞳孔はカメラの絞りに対応するものであり，外界の光量に対し自動的に反応して

　↘心の中に描かれていると考えられている。ここでは心（脳）内のより具象性の高い表象に対して表現という言葉を使った。

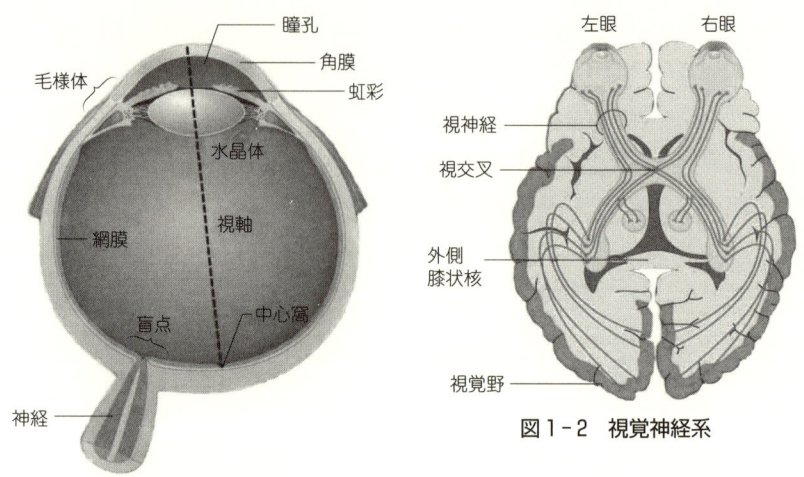

図1-1　眼球の構造

図1-2　視覚神経系

直径が変化する円形開口部で入射光の量をほぼ同じレベルに保つ。これらの結像系を介して網膜に光の像が結ばれるが，ここには感覚センサーにあたる光受容器が存在していて，光エネルギーを電気信号に変換する。以降，視覚情報は電気信号の時空間的パターンとして処理される。受容器にはその形状から**桿体**と**錐体**と呼ばれる2種類が混在している（Pirenne, 1967）。桿体に含まれる感光色素は高感度で，おもに暗いときに機能する。一方，錐体は桿体ほどの感度はないが，光量の多い昼間など明るいときに働く。受容器で変換された電気信号は，神経節細胞と呼ばれる長い軸索を持つニューロンによって眼球の外に出てゆく。この情報は視交叉を介して外側膝状核という神経ネットワークで処理された後，後頭部にある大脳視覚野に達する（図1-2）。この過程で左視野の情報は右脳へ，右視野の情報は左脳へはいる。

（2）ゆっくりだが大きな光量の変化に対応したシステム

　視覚環境でもっとも劇的に変化するのは，明るさ（光量）であろう。光量は昼夜で10^8倍程度変化するので，すべての値を同時にひろえるセンサーを設計しようとすると膨大なコストがかかってしまう。それでも人間が生活する視環

境では，地球が24時間で自転するため，光量は比較的ゆっくり変化する。人間はそのサイクルにちょうどあった視覚システムを進化させてきた。シーン内のさまざまな対象物の明るさ感覚は，識別可能な白―黒およびさまざまな明度の灰を含む広いグレーレベルの違いで表現される。また明るい昼時から夜間の暗闇まで，視環境の大きくて連続

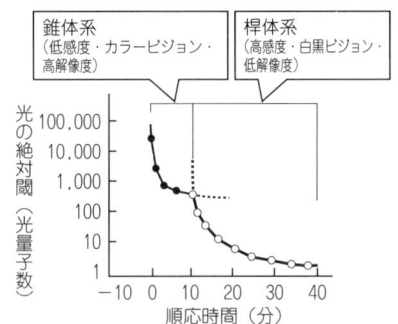

図1-3　視覚の暗順応曲線と見る機能の変化

的な光量変化にも関わらず，その時点のシーンにおける平均の明るさをグレースケールの中間点（灰）につねにあわせるように調節していくことで，どんな照明レベルでも安定した見えを実現している。これは，①眼球の瞳孔と中枢神経制御系によるフィードバックシステムの入射光量の調節，②錐体と桿体の2系統の光受容器，③末梢から中枢までのあらゆる神経ネットワークレベルにおける電気信号量の調節，という3つの自動化された環境適応・順応システムによるところが大きい。夜行性の動物は昼間，じっとしているしかないが，人間は昼夜とも良好に働く視覚を持ち，自由に活動ができる。

　明るい部屋の照明を急に消してしまうと，最初はほとんど何も見えないが，だんだんと周りの様子が見えるようになり，数分すると置いてある家具などもよく見分けられるようになる（**暗順応**）。再び電気をつけると目を開けていられないくらいにまぶしく感じられるが，やはり慣れてくる（**明順応**）。図1-3は，視覚環境が明るい状態から暗くなった場合を想定して，時間の関数として，見えるのに必要な光量をプロットしたものである。時間が経つにつれて，必要な光量が減少して感度が高まっていく暗順応の進行の様子がわかるのと同時に，視覚環境において光量がゆっくりと大きく変化することに対応する視覚システムの特徴がよく表れている。曲線は2つの部分からなり，上部は錐体系の順応を下部は桿体系のそれを示している。桿体系は絶対閾が低く高感度だが，順応の進行に時間がかかる。実際にこの図の横軸を見るとわかるように，私たちの

視覚系は明順応した状態から、最高の感度を発揮するまでにおよそ30分程度もかかることが分かる。しかしこの性能の限界も、昼と夜が12時間で変わる時間サイクルにおいては、あまり問題とはならない。

（3） 昼間を重視した設計：高い解像度と彩色で詳細に表現する

　夜の視覚と昼の視覚では感度だけではなく、網膜での神経ネットワークの体制化も異なっている。明るいとき錐体は、**神経節細胞**（光受容器の情報を大脳に伝える神経細胞）とそれぞれ1対1で接続している。これは錐体に光が当たると、電気信号が対応する神経節細胞に伝わって活動レベルを上昇させるいわば促進的結合である。一方、暗いとき桿体は、隣接する複数の神経節細胞と促進的結合を持っている。

　たとえば明るいときに小さな光点が提示されると、光点の中心にある錐体とそれに接続するほぼ一つの神経節細胞が活動し、クリアな画質で正確な位置情報が脳に伝えられ、この精度は維持されると考えられる。暗いときには、光点の直径がたとえ1個の桿体径ほどであったとしても、この桿体は隣接する複数個の神経節細胞を活動させるため、小さい光でも脳により確実に伝わる。また非常に弱い光でも面積が広ければ、ひとつの神経節細胞に複数の桿体が収束する構造を使って、この神経節細胞の活動を高めて、検出する（見える）ことが可能である。このシステムでは高い感度は実現されるが、正確な位置情報やクリアな画質は保証されない。それでも明るいところで活動するときは、光を高感度で検出するより、対象のさまざまな細部を識別することの方が要求されるし、暗いときには逆に正確さを犠牲にして弱い光でもとにかく見つけ出すことが大切であるので、私たちの生活環境に適したシステムと言えるだろう。

　夜と昼の視覚には、感度と画質の鮮明さ以外にも大きな違いがある。それはカラー写真と白黒写真の違いに近く、暗くなると色は鮮やかさを失う。最低限の色が見えるしくみはとても単純で、3色性という機構で説明できる。テレビの画面を拡大すると、赤、緑、青という3色の発光素子が配置された構造になっているが、発光素子は小さくて私たちの**解像度**の限界を超えている。その

1章　私たちは世界をどのように見ているのか？

コラム　明るい夜の風景——明るい燈下と暗闇を同時に描いたゴッホ

　野外の風景を描くのに優れた才能を発揮したゴッホは，昼間の色彩豊かな世界だけでなく，夜の情景も魅惑的に描いた。図1-4はその代表例で，「夜のカフェテラス」と「星月夜」である。「夜のカフェテラス」では，画面左中央部のランプが，明るい黄，橙，赤の光を放ち，壁や日よけ，テーブル，歩道の石なども，同じくらい強い黄や赤の反射光で描き出されている。またランプから遠く照射角度が浅い面はやや緑っぽく暗く描かれている。一方，画面の右半分や日よけの上側は，カフェの光が届かない。暗く穏やかな色調で町並みが描かれているが，それでも暗い青や緑を中心に微妙な明るさや色の違いで対象の形状を描き出している。また発光体である星や光を強く反射する女性の衣服は，暗い領域に囲まれていても，明るい赤や黄の色で描かれている。「星月夜」の絵の方の星も鮮やかな彩色を持っている。もしこのような情景を写真におさめようとすると，特殊な機材を使って，かなり苦労を重ねても，実際に見たように撮るのは至難の業である。山の頂から見わたした鮮やかな色彩の日の出やネオンが点灯を始める薄暮の街中などの美しい情景を，私のような写真の素人が撮ると決まってがっかりするのは，視覚で表現された美しさと写真とのギャップがあまりにも大きいからだろう。十分に明るい昼間や完全な暗闇なら，見た目と写真でそれほどの隔たりはない。このトワイライト（薄明）の時間帯における外界の平均光量は，錐体による昼間の視覚（カラー）と桿体による夜間の視覚（白黒）が交錯するレベルにある。ある光レベルを境に夜から昼の視覚にスイッチするのではなく，可動範囲がある程度重なっている。つまり薄明時では，2つのシステムがほぼ同時に作動可能な状態にある（Hood & Finkelstein, 1986）。デジタルならカラーと白黒のモードチェンジで，スチールならばカラーと白黒のフィルムを取りかえる操作が必要なカメラでは，このような状態を実現できない。

　カメラに無い視覚のもう一つの特徴は，局所的な表現システムにある。網膜に投影された映像の明るい所は錐体（カラー）で，暗いところは桿体（白黒）でという表現が可能である。夜のカフェテラスの場面は，およそ左半分をおもに錐体系（カラー映像）で，右半分を桿体系（白黒映像）で見ているはずだ。しかもこの絵では，錐体系と桿体系の解像度の違いを意識して，明るい部分は詳細に，暗い部分は粗くぼかして描いているようにも見える。このように，白黒映像とカラー映像を，あるいは鮮明な映像と肌理の粗い映像を，視野の部位ごとに織り交ぜてつむぎ合わせたような見えを私たちの視覚は実現している。現代の映像技術でこの見えを実現するとすれば，撮影技術だけでは難しく，

7

Emil Fink Verlag, Stuttgart
− Printed in Germany Nr. 3627-www.Fink-Verlag.de

図1-4 「夜のカフェテラス」と「星月夜」

Emil Fink Verlag, Stuttgart
− Printed in Germany Nr. 3628-www.Fink-Verlag.de

CG技術を駆使して多くの処理をほどこさなければならないだろう。またこれらの絵が持つ幻想的な表現は，人間の内的情感を表す描画法のひとつとして考えられる場合もあるようだが，夜と昼の視覚の共存によって，実際にそのように見えている，と言ったら単純すぎるだろうか。そしてそれが魅惑的に見えるだけだと。

～～～～～～～～～～～～～～～～～～～～～～～～～～～～～～

ため単体で確認できず，発光素子の原色が混じり合ってさまざまな色が表現される。たとえばテレビで水色を表現する場合，青と緑を同程度に発光させる。実際，適当に異なった色の光を3つ用意してやれば，さまざまな強度の組み合わせでほとんどの色相を表現できる。この原理は**3色性**と呼ばれるが (Wyszecki & Stiles, 1982)，これと類似した構造が視覚処理の最初の段階である網膜上にもある。つまり昼間の光受容器である錐体には3つのタイプがあって，比較的短い波長（青領域）に感受性が高いS錐体，中程度の波長（緑・黄領域）に対するM錐体，長波長（橙・赤領域）のL錐体の3つが網膜上に比較的均一に分布している。3つの錐体タイプの活動比率が脳に伝えられて，大きな波長の違いを色で表現できるようになる。

人間は視環境の大きな光量の違いに対応した昼と夜の2つの視覚システムを

持っているのだが，やはりおもに活動する昼間の視覚の方が，解像力や色覚などにすぐれ，格段に多くの情報を表現することができる。昼間の視覚を重視した設計になっていると言えるだろう。夜間については，夜に特化した多くの夜行性の動物たちの方がむしろ優れたシステムを持っている。

3　視覚イメージの形成

(1)　特徴の変化点である境界から対象を表現する

　人間の視覚が他の生物より優れているのは，視環境の特徴をとらえるために多彩なしくみを備えていることにある。さらに，ある視覚的特徴が時空間的に変化するとき，その地点を**境界**（エッジ）として正確に記述できる。色彩や明るさという特徴はもちろんだが，面についた模様（肌理），対象物の動き，左右の目の画像差（両眼視差），すき間を補う主観的輪郭などの特徴によっても境界をとらえることができる。

　図1-5はランダムドットステレオグラムと呼ばれ，左右のランダムな白黒点のパターンを，それぞれ右目と左目で別々に見てわざと焦点をぼかすようにすると，ひとつのパターンに融合して見える（もとの2つのパターンの間に，もうひとつの融合したパターンが見える）が，そのとき融合したパターンの中央部の方形領域が浮き上がって見える。左右のパターンはじつは同じではなく，中央部の方形領域が左右で少しずれている。そのずれを融合によって視差情報としてうまくとらえることで，境界とそこから構成される面領域の奥行き感と形状を私たちは見ることができる。しかし左右のパターンを単独で見ただけでは，境界に関するどんな手がかりも見つけだすことはできないので，この境界は両眼視差の手がかりだけで見ていることになる。

　図1-6では，線分の端点と黒円の切れ込み（パックマン）で表現される部分的境界を補完する形で主観的輪郭が見え，その輪郭も含めて，中央に閉じた白い領域がはっきり確認できる。またこの白い領域の面が手前にあって，後ろにある黒い線で描かれた三角形を部分的に隠しているように（遮蔽），3次元

図1-5　ランダムドットステレオグラム

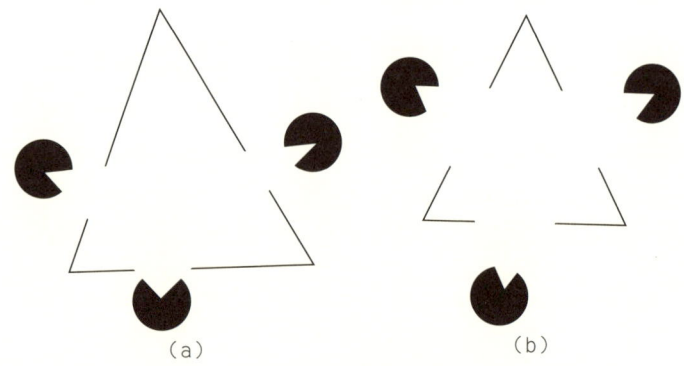

　　　　（a）　　　　　　　　　　　（b）

図1-6　主観的輪郭線

的な奥行き感を持って感じられる場合もある。このように両眼視差や主観的輪郭，あるいはその他の特徴を処理するシステムは，特徴の変化点を強調して明確な境界として私たちに見せている。特徴の異なる領域と領域の間が境界で記述され，さらに複数の境界からなる閉じた部分を，私たちは物体などの表面として背景から簡単に分離して見ることができる（次項を参照）。各視覚特徴は，視覚皮質内の異なる部位で処理されており，機能的に独立した構成部品（モジュール）と呼べるような単位で特徴の処理が実現されているようである。多くのモジュールは特徴の微妙な変化を見落とすまいと精緻に調整されている。

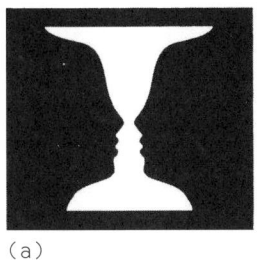  
(a)　　　　　　　　　(b)　　　　　　　　　(c)
図1-7　図と地が反転する図形

(2)　対象を背景や他の対象から切り分ける

　境界によって分けられた領域はたいてい，ある対象物と背景，あるいは，ある対象物と別の対象物および背景，として見ることになる。この過程は，理論的には対象認識をへた後でも可能であるが，見ている映像の幾何学的特性に基づいて，ある程度自動化された処理として準備されており，**知覚的体制化**と呼ばれる。つまり対象が何であるかという意味的処理を必要としない。人間の視覚に実装されたこの過程は，図と地の分離や，ゲシュタルトの対象の群化規則として知られている。

　知覚的体制化の始まりとして，私たちは見ている領域のある部分を**図**（対象）として，残りを**地**（背景）としてとらえる。図は注目しているものであることが多く，境界を含んでいて形が分かる。地には境界が属さず，形があいまいで図の背後に広がっているように見える。日常の見えで，図と地は一義的に決まることが多いが，図1-7のように図と地があいまいな場合もある。つまり図となる対象が，見つめ合っている横顔の影絵か，白い壺かで，見え方は大きく異なる。このとき顔と壺はどちらも図になりうるので，顔と壺が交互に見えることはあるが，けっして同時に見えることはない。たとえ両方の見え方が可能であることを分かっていても，やはり両立して見ることはできない。ただし図になりやすいかどうかは，映像の幾何学的特性によっておおよそ決まる。たとえば面積が小さいほど図になりやすいので，図1-7のa，b，cを比べると，白い部分の面積に反比例して，a，b，cの順に白い壺が図として見え

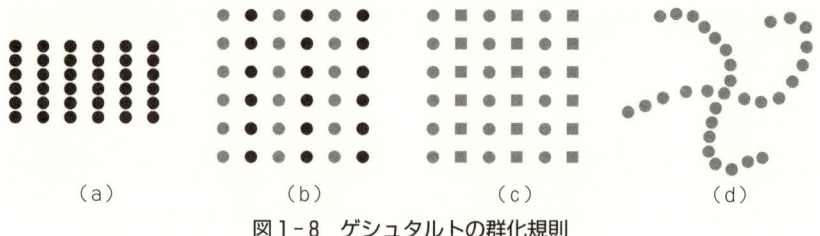

図1-8 ゲシュタルトの群化規則

やすいはずである（3章も参照）。

　知覚的にほぼ自動化された体制化は，対象と背景の切り分けだけでなく，複数の対象をまとまりとして見る過程（群化）も含む。ゲシュタルト心理学者はこのまとまりとして見るための要因を多く提案している（3章も参照）。たとえば図1-8のa，b，cはいずれも行よりも列としてのまとまりが強い例であるが，aは接近することによって（**近接**），bとcはそれぞれ色あるいは形が同じ（似ている）という要因によって（**類同**），まとまって見える。dでは連続がなめらかな点が結びついて線としてまとまり（**よい連続**），交差する点線が見えることが多い。その他にも，閉じた複数の線分などが（**閉合**），図形としてまとまったり，同じ方向や速度で動くものが（**共通運命**），まとまって見えたりする。

　これら**ゲシュタルトの群化規則**は一見すると単純ではあるが，強い拘束力を持っており，組み合わせて使うこともできる。たとえば図1-6は端点とパックマンの実輪郭，および主観的輪郭が，なめらかに連続しているという要因と，3つの直線が閉じているという要因が重なり，合わせ技（よい連続＋閉合）で強いまとまりを見せてくれる。重要なのは，これらの規則がいま見えている映像内の切り分けやまとまりとして可能性のある多くの候補の中から，矛盾が少なくてもっとも安定した見えを，答えとしてひとつだけ迅速に提案してくれることにある。図地の分離や群化規則は現実世界の見えとして誤った解釈を導くこともあるが，視覚システムに実装することで知覚情報をすばやく体制化するための強力なツールとして働いている。群化によるまとまりは，聴覚などでは空間よりも時間として現れるかもしれないが（2章参照），他の感覚において

も大きな役割を果たしている。

（3） 視野中心部における良好な見えと視線の移動

　両眼は額に並んで配置されているため，視覚は環境内の全方位を同時に処理できないが，限られた方位を精度良く処理するのに適している。一方，精度はやや粗いものの，聴覚は全方位を包括的に処理できるし，遮蔽物の影響も少ない。視野はふつう左右で200°，上下で150°くらいであるが，その範囲内ですべてが均質に見えるというわけではない。たとえば多数の物体が存在するシーン内で，ある物体を詳細に見てみたいとき，だれでも，かならず頭や目を動かして視線をその物体に合わせるのはなぜだろうか。このとき目線の先にある対象の像は網膜の中心部分に位置する**中心窩**と呼ばれる領域に投影されている（図1-1）。中心窩に投影される視野の中心部分は直径5°程度であり，視野（網膜）全体の面積の0.1％にもみたない。それでも人間がこの部位の見えを利用したがるのは，その視認力の高さによる。たとえば視力は，視野の中心から10°離れると5分の1に，20°で10分の1に落ちてしまう。1.5の視力を持つ人でも，それは中心の視力であり，10°のところでは0.7-0.8程度，20°では0.1-0.2程度の視力しかないことになる。これは周辺視野に比べ中心窩に光受容器（おもに錐体）が密集していることや，この部位の受容野の直径が小さいことなどによる。ハイビジョンテレビが鮮明なのは，単位面積あたりの表示画素数が多いためであるが，中心窩は周辺部に比べて単位面積あたりの光受容器が多いため鮮明な映像を知覚できる。

　➡ 2　見ている物体の大きさを，物理的な長さの単位であるメートル（m）などで表現すると不都合が生じる。見ている物と自分との間の観察距離に応じて見えの大きさが変わってしまうからである。ふつう見えの大きさは，対象物の表面が私たちに向かって張る角度（視角）で表す。視野の広さも同じであり，左右視野は全方位360°のほぼ半分である180°を少し超えたくらいである。ちなみに腕を自分の正面にいっぱいに伸ばして見た親指のつめの横幅が視角で1°くらいである。

しかしこの狭い中心窩だけで，なぜ広いシーン全体の詳細な処理が可能なのだろうか。この限界を解消するのが**眼球運動**である（Williams & Fender, 1977）。眼球運動は連続的に一定速度で動くのではなく，数ミリ秒の素早い移動である**サッケード**（飛越）と数百ミリ秒の停留である**固視**という2つの繰り返しで行われる。カメラのシャッターを切るときに動かすと手ぶれ写真になってしまうが，サッケードと固視を繰り返す視覚にぶれは見られない。これは目蓋を開いていてもサッケード時の映像は神経系で遮断され大脳には伝わらず，固視時の映像のみが使われるためである。私たちが周囲の視環境を知覚できたと感じるには，多くの眼球運動や首振りによる視線移動を繰り返すために，数秒程度の時間が必要である（3章参照）。

こうして構成される外界の表象は，視野の解像度分布とは異なり，ほぼすべての領域の映像が鮮明であるように感じられる。我々は複数の固視で得られた詳細な中心部画像をつむいで，脳内に視覚イメージを描くのかもしれない。視覚は一瞬のイメージをとらえるカメラより継時サンプリングを行うビデオカメラに近いが，この表現はビデオのデータのように未整理であつかいづらいものではない。視覚は効率的に継時サンプリングされたデータを記憶システムの助けを借りて適切に空間配置された表現に再構成しているようだ。これには高次な処理が必要であり，おそらく大脳皮質の処理資源を多く使っているであろうが，まだよく分かっていない部分が多い。最近の**視覚短期記憶**（visual short term memory：**VSTM**）に関する研究では，容量の限界から5つ程度の中心視画像の組み合わせで視覚イメージが構成されると仮定している（Irwin & Zelinsky, 2002；Brockmole & Irwin, 2005）。サッケードと固視を複数回くり返して対象を見る場合，前半よりも後半に中心視領域で見た要素，とくに最後3～4回での映像は正確に記憶される。

（4）視覚認知における2つの目標

目から入力された情報は，網膜や中継組織の処理をへて，後頭葉の**第一視覚皮質**（**V1**）に入る。V1とこれにつづくいくつかの皮質領域は，先に述べたよ

うに，色彩，動き，形状，奥行き感など視覚的特徴のモジュール処理を行っており，心の絵とでも言うべき外界の表現が，この領域に構成されていることは，事故や病気などでこの部位に障害を負った患者の臨床報告例によって古くから指摘されてきた。また人間が視覚認知を行っているときの脳活動を観察できる最近の脳イメージング研究はそのことを確認している。これら後頭部位の視覚皮質は互いに双方向的に情報を共有し，網膜などの末梢部からの情報を受けとって処理を進めるだけでなく，より高次の処理過程からのフィードバック情報なども受けて，いま見ているものを心に表現するときに中心的役割を果たしている。

　この心に描かれたイメージを使って視覚系はさらに，日常生活において重要な2つの認知処理を進めていく。ひとつは，いま見ている対象物を，映像として記憶している表象，たとえば顔やよく使う道具，あるいは母国語の文字，などと対応させて認識する（それが何か分かる）。あるいは，今見ているシーン全体を，学校，職場，駅，お店，自宅のリビングといった日常の一場面であると認識するためのシステムである。もうひとつは，多くの対象物を視空間に配置して自身がその空間内を歩き回るときに必要な情報を与えてくれる，いわゆる空間定位のためのシステム，たとえるなら車載のナビゲーションのような役割である。この2つのシステムは，視覚の大きな目標を示しているとともに，後頭葉から異なる方向に続く2つの処理の流れにおよそ対応している。前者は大脳皮質のおもに底部から側頭部へ，後者は頭頂部付近に向かっており，それぞれの機能を実現するための基礎的な過程が明らかになりつつある。

（5）　対象や場面の自然な認知

　目の前にある対象物が何であるか分かるためには，境界や面の検出をもとに，対象物の詳細な絵を心に描くだけでは不十分である。あらかじめ環境内の自分がよく見知った多くの対象物（たとえば家，自動車，家具，楽器，道具など）についての情報が，個々の見えに関する画像イメージとして利用しやすいよう集められ，いわゆる映像ライブラリのような形で保持されており，いま見ている

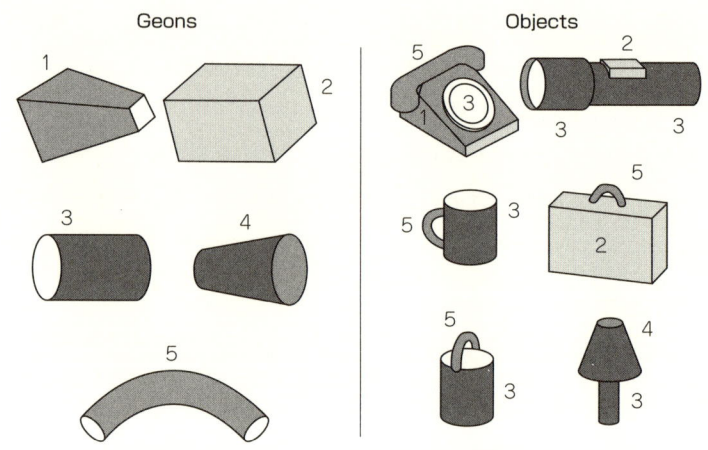

図1-9　ジオンとそれによる日常物の表現

対象の情報が，そのライブラリ内のある画像イメージと一致するかどうか確かめるため，つねにアクセス可能な状態でなければならない。しかし視覚システムが作りだす詳細な映像情報を未加工の画像としてライブラリ化するのは，いくら人間の大脳皮質が情報を保持する容量の面で優れているとはいえ，現実的ではない。情報を圧縮するための記述法が重要である。図1-9は，**ジオン**と呼ばれる少数の立体（円柱，四角柱，円錐，四角錐，およびその変形）を構成部品として，人間が認識できるあらゆる対象を，2～3のジオンの組み合わせとその空間的関係で記述しようとする考え方を示している（Biederman, 1987）。

　ジオンは3次元の構成部品による対象記述法だが，つねに3次元で情報を扱う必要はない。たとえば顔の表情認知の多くは，パーツの2次元的な空間関係で十分記述できるであろう。顔の認知や母国語の表記文字などに関しては独立の画像ライブラリが脳内に構成されている可能性が高い。よく見知った物体や顔の認知に関するこのようなモデルの利点は，あるカテゴリー内の構成員間の区別に必要な最低限の情報を映像的に残すという意味で，保持情報の節約につながることである。抽象化による画像情報の圧縮は，記憶や判断など他の認知過程との相互作用が要求される高次の視覚処理過程においては不可欠である。

　私たちの日常生活では，物体の認知だけでなく，人や物が複雑に配置された

視環境(シーン)の認知もまた重要である。たとえば映画を見ているときにカットが急に変わって新しい場面に主人公が立っていたら,そこがどこなのかと考えるだろう。それが学校なのか,病院か,はたまた友人宅のリビングなのか。とにかく気持ちよく映画を楽しむためには迅速な理解が欠かせない。画像の呈示時間を変えて実験してみると,私たちはどんなに複雑なシーンでも部分の詳細な観察を待たず,およそ100ミリ秒以下という驚くべき速さで,たとえばそこが病院である,と答えを出すことができる(Potter, 1976)。おそらく,病院のようななじみ深い場面は,含まれる構成要素のリストとその状態,たとえば,多くの人の白衣やマスクの着用,溶液の入った注射器,淡い配色の壁や明るい照明,などが場面の本質や素性を示す情報(**ジスト**)として集約され,シーンの把握に利用されているのだろう(Friedman, 1979)。逆に,シーンの素性や本質と無関連な対象は,見ためが大きく変わっても,また無くなってしまっても気がつきにくいことが,変化の見落とし(change blindness)に関する研究から示されている。シーンのジストが迅速に獲得されることで,その後の視覚探索においては,見る側の意図(無意識的なものを含む)が主体的に反映されるからだろう。そのような見落としも起こりうるが,一方で場面の理解そのものは効率的に進むだろう。

　視環境の意味のある変化をとらえることは大事だが,物体やシーンの認知に不必要な変化は心内に表現されないかもしれない。いわゆる**知覚の恒常性**[3]はその機能の一部を担っている。大きさや形,色の恒常現象は,移動する車の大きさが時々刻々と変化しても,私たちが少し移動しただけで建物の形が大きく変化しても,視環境を安定的に見せるために働いている。また形,色,大きさといった特徴が異なる多くの変化を体験してもひとつの同じ対象としてとらえる

➡ 3　知覚の恒常性:日常,外界を見るとき,網膜上に映る映像はたえず変化するが,対象の見かけは比較的安定している。照明や距離,見る位置の違いにかかわらず,あまり変化を感じない。たとえば車が自分に近づいてくるとき,サイズや形が大きく変化して見えるが,同じ1台の車としてとらえることができる。

ことは，保持する情報量の節約にもつながるだろう。これまで見てきた高次の視覚認知過程は，視環境から入ってくる大量の情報を厳選し，抽象化して，操作性を高め，他の認知過程とも共有しやすい表現に変えてゆく過程といえるかもしれない。

4　環境と色彩

(1) 抽象化と精緻な情報保持のはざまで：色による多彩な表現

　物体やシーンの認識など高次視覚における情報処理の基本戦略が，画像の圧縮と抽象化の方向へ向かうとしても，物体の形状と表面の質感による視環境の表現は，なんらかの形で心の中に残るであろうし，私たちはこれに大きな影響を受ける。たとえば，個人の一大事や世界的大事件に関する非常に詳細な記憶であり，強い感情を伴うと言われる**フラッシュバルブ記憶**（Brown & Kulik, 1977）における鮮明な映像や，トワイライト（薄明）（コラム参照）での映像の質感などは，その見え方だけで私たちに大きなインパクトを与える。これらは高次視覚認知の主要な機能とは無関連で些末な情報，として分類されてしまうかもしれないが，必要に応じてはっきりとイメージでき，時間が経った後でも鮮明に思い出せる映像記憶の重要なコンテンツになりうるであろう。

　ここでは表面の質感を決める重要な要素であり，視環境の印象に大きな影響を与える色について考えてみよう。網膜の構造が3色性にもとづくことは先に述べたが，私たちの有彩色の見えは，赤，緑，黄，青の**4原色**のうち1つか2つで成立する（Hurvich, 1981）。黄緑は緑と黄，橙は黄と赤，水色は青と緑の2つの色成分からなっている。また同時に存在できない色成分もある。緑っぽい赤あるいは青みがかった黄という色は知覚できないし，実際に赤と緑を混ぜるとまったく違う色相の黄が生まれ，青と黄を混ぜると白になる。赤と緑および青と黄という2つの反対色対が存在し，この対は混じりあったものとして同時に知覚できない。3色性は網膜レベルで実現されているが，反対色性の基盤となるような振る舞いをする神経細胞が，網膜から脳への中継点である視床の

外側膝状核や大脳視覚野で見つかっている。

　私たちはこの赤，緑，青，黄の4原色に明暗（無彩色）の白と黒の絵具を加えた6つの要素で世界を表現する。各要素間の中間色に対する感度は，多くの神経資源が配置されているためにかなり高い。そのためグラデーションの識別範囲は広く，多くの中間色による多彩な表現が可能である。実際，人間が区別できる色数は700万以上もあり，そのうち約1万には色名がある。形状や配置の記述のためだけであれば，たとえば白黒写真のように白と黒と灰による表現で十分であるが，物体表面に使われた材質の質感まで表現するには不十分である。私たちは，区別可能な多くの色数に加えて，物体表面の模様である肌理(きめ)を多数区別できる。この色と肌理の組み合わせでもって，視環境は物理世界に近似した現実感のあるイメージとして表現されうる。

（2）　色によるシーンの認知とその心理的効果

　白黒に4つの有彩色の階調を加えた表現は，神経系による情報処理の大きな負荷となるはずであるが，情報はそれなりに節約されている。たとえば，シーン内の大局的な構造は色で描かれている方が，逆に詳細な構造は白黒で描かれている方が見やすいという研究から（Mullen, 1990），心の絵には細かい色彩情報や大局的な白黒情報が省略されている可能性があることが示唆される。細かな詳細部分は黒い線画で描き，空や地面などの広い領域は彩色された絵画のように，スケールの大きさに応じた分担は，保持情報の節約につながる。ハイビジョンテレビのように，多彩色による詳細な映像表現は可能だが，光学的な色収差[4]の影響から，超細密な色表現には限界があるだろうし，前述した人間の視覚システムでは処理できないだろう。先天的な色覚障害者の時空間解像力が健

➡ 4　色収差：光は波長によって屈折率が異なることを色収差という。そのため，たとえばレンズで長波長の赤に焦点をあわせると短波長の青は焦点がずれて画像にややぼけが生じる。また，ニュートンが発見したように，すべての波長成分を持つ白色をプリズムに通して投影すると，波長毎に光がずれて虹のような7色が見える。

常者に比べてむしろ良好であるという知見（Kawabata, 1994）や，極近辺や高地の見通しの良い場所に住む人々が非常に高い視力を持っていると同時に色覚障害の発生率が高いといった事実も，視覚表現における多彩色と高細密の両立が難しいことを示しているのかもしれない。

　ミュレン（Mullen, K. T.）らによれば，広く配置された有彩色は，その色合いが淡くてもよく知覚される。したがってときにはその色調がシーン全体の印象を決めてしまうこともあるだろう。美しく質感を持って心の中に描かれた世界に，自身が影響されてしまうということだろうか。視環境の配色が与える印象等の問題については，心理学だけでなく，建築や製品開発などにおける社会的要請から多くの領域で検討されてきている。たとえば青や緑系統色の鎮静効果や**赤の警告効果**が有名である。赤の警告効果は，進化的な側面から考えると，血の色と結びついた闘争をイメージする動物の本能に根ざした部分の影響かもしれない。オリンピックの格闘競技ではユニホームとして赤か青のどちらかを着ることが多いが，対戦する選手が同程度の技量であれば，赤を着た選手の勝率が有意に高いといった興味深い報告もある（Hill & Barton, 2005）。また経験や学習をとおして得られる効果も否定できない。最近，多くの国の大学生や高校生を対象にした研究で，テスト問題中の一部の単語や文字をある色で彩色すると，赤の場合のみテストの成績が低下したという報告があるが（Elliot et al., 2007），学生時代の長年にわたる赤ペンによる添削の効果だろうか。また室内壁面の配色が与える印象の場合は，物理的な色の違いだけでなく，個人の色の好みや場面のコンセプトにふさわしいか（たとえばリビングの壁面の色として），などが重要になるだろう。内壁の色としてもっともらしい10色程度の中から，もっとも好きな色と嫌いな色を1色選択し，それぞれの色で彩色した仮想空間内で，計算，記憶（言語・空間）課題を行ったところ，好ましい彩色の方が記憶課題等で成績が高くなる傾向がみられた（山本・川端，2007）。

　こういった効果は，前節までに述べてきた視覚情報処理の主要な問題からは外れるかもしれない。それでも視覚システムがとらえた表面の質感などの情報は，環境の印象形成や情緒的な側面にも，他の感覚とともに大きな影響を与え

ており，ときには私たちの心的状態を左右する情報としても働くようだ。

〈サマリー〉
　私たちは視覚をとおして，さまざまな対象物やシーンを見て理解する。また記憶の中の映像情報と比較する。視覚認知は複雑な情報処理の上に成立するが，処理がほぼ自動化されているため，その機能を意識することはあまりない。
　視覚システムが扱う物理的な光の環境は，昼夜などで大きく変化するが，その変化に柔軟に対応する機構が備わっている。人間の視覚は基本的に明るい昼間の環境を重視した設計になっており，明るさのレベルに応じて，感度だけでなく，視覚環境をとらえるときの細密さや彩色の程度を適切に変えている。
　詳細な映像処理には網膜の中心部が重要な役割を果たし，眼球運動で視線を素早く移動することで，複数の中心部の映像をもとに視覚が構成される。視覚の主要な仕事は，対象物の認識と自身を含む空間の把握に関わるものである。
　処理の過程で視覚情報は，可能な限り圧縮され，抽象化されることで他の認知機構が利用しやすい状態になる。一方で，視覚システムがとらえた色彩など表面の質感などの情報は，環境の印象形成や心的状態を左右する情報としても働く。

〈もっと詳しく知りたい人のための文献紹介〉
　松田隆夫　2000　知覚心理学の基礎　培風館
　　⇨知覚全般にわたって，詳細かつ網羅的に書かれている。具体例も多く，興味深く読み進めることができる。
　ハーヴィッチ，L. M.　鳥居修晃・和氣典二（監訳）　2002　カラー・ヴィジョン　誠信書房
　　⇨反対色説の主たる提唱者による解説書。視覚経験の中で色覚が果たす機能と役割について詳しく記述されている。

〈文　献〉

Biederman, I. 1987 Recognition by components : A theory of human image understanding. *Psychological Review*, **94**, 1915-1947.

Brockmole, J. R., & Irwin, D. E. 2005 Eyemovements and the integration of visual memory and visual perception. *Perception & Psychophysics*, **67**, 495-512.

Brown, R., & Kulik, J. 1977 Flashbulb memories. *Cognition*, **5**, 73-99.

Elliot, A. J., Maier, A. M., Mollen, A. C., Friedman, R., & Meinhardt, J. 2007 Color and psychological functions: The effect of red on performance attainment. *Journal of Experimental Psychology: General*, **136**, 154-168.

Friedman, A. 1979 Framing pictures: The role of knowledge in automatized encoding and memory for gist. *Journal of Experimental Psychology: General*, **108**, 316-355.

Hill, R. A., & Barton, R. A. 2005 Red enhances human performance in contests. *Nature*, **435**, 293.

Hood, D. C., & Finkelstein, M. A. 1986 Sensitivity to light. In K. R. Boff, L. Kaufman & J. P. Thomas (Eds.), *Handbook of perception and human performance* (Vol. 1). John, Willey and Sons. pp. 1-66.

Hurvich, L. M. 1981 *Color vision*. Sinauer.

Irwin, D. E., & Zelinsky, G. J. 2002 Eye movements and scene perception: Memory for things observed. *Perception & Psychophysics*, **64**, 882-895.

Kawabata, Y. 1994 Spatial integration in human vision with bichromatically-mixed adaptation field. *Vision Research*, **34**, 303-310.

松本キミ子・堀江晴美　1982　絵のかけない子は私の教師　仮説社

Mullen, K. T. 1990 The chromatic coding of space. In C. Blakemore (Ed.), *Vision: Coding and efficiency*. Cambridge University Press. pp. 150-158.

Pirenne, M. H. 1967 *Vision and the eye*, 2nd ed. Chapman and Hall.

Potter, M. C. 1976 Short-term conceptual memory for pictures. *Journal of Experimental Psychology: Human Learning*, **2**, 509-522.

Williams, R. A., & Fender, D. H., 1977 The synchrony of binocular saccadic eye movements. *Vision Research*, **17**, 303-306.

Wyszecki, G., & Stiles, W. S. 1982 *Color science: Concepts and methods, quantitative data and formulae*, 2nd ed. John, Willey and Sons.

山本裕基・川端康弘　2007　仮想室内空間の配色が与える心的影響について　日本心理学会第71回大会発表論文集　p. 1286.

2章　私たちはどうやってことばや音楽を聴き取っているのか？
——聴覚と言語音声と音楽

谷口高士

　私たちは自分を取り巻く環境を，目だけでなく耳から入ってくる情報によっても把握しています。もともとは，何よりもまず，生物として自分自身の安全や生存を確保するためであったのでしょう。たとえば，自分を捕食しようとする危険な外敵から身を守るには，何かがどの方向でどのくらいの距離にいるのかを，敏感に察知する必要があります。音がする方向やそこまでの距離を判断することは音源定位と呼ばれ，音が両耳に到達するまでの時間差や強度差などがその手がかりになります。音の入力器官（聴覚）は耳ですが，音源定位をしたりさまざまな音の中から特定の音を聴き分けたりする働きは，脳の仕事です（音の知覚）。そして，知覚した音がどのような意味をもつかを評価し，どのように反応するかを決めるのは，過去の経験との照合や推測をする必要があるため，さらに高次な働きになります（音の認知）。もちろん，今の私たちにとっての音は，たんなる環境手がかりにとどまらず，コミュニケーションの媒体であったり（言語音声），それ自体を楽しむ娯楽や芸術であったりします（音楽）。
　この章では，私たちの聴覚の仕組みを紹介した上で，空気の振動に過ぎない音が，どのようにしてことばや音楽として認識されていくのかについて解説します。

1　聴覚のメカニズム——音をとらえる仕組み

（1）音とは何か？

　はじめに，そもそも音とは何なのかについて簡単に触れておこう。音とは，物理的には，物体の振動が空気や水などの媒体を分子群の収縮・拡張によって伝播していく疎密波（弾性波）であり，音波と呼ぶ。心理的には，音波によっ

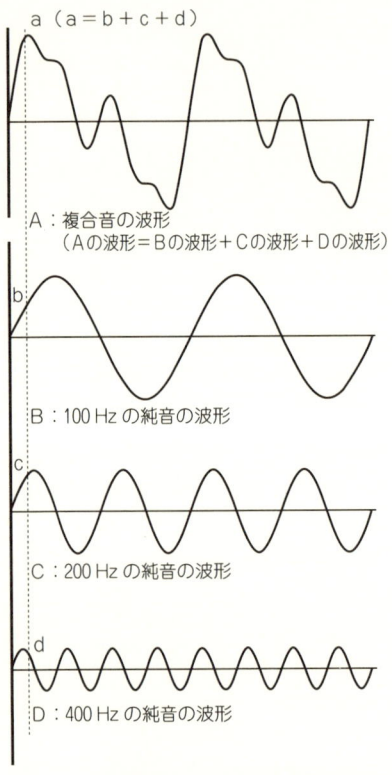

図2-1 複合音（A）および純音（B〜D）の波形

(注) 3つの純音B・C・Dを合成してできるのが、Aの複合音である。複合音の波形もまた、一定の周期（繰り返し）を持つことが分かる。

て生じる聴覚的感覚のことを指す。もっとも単純な音は、図2-1 B〜Dのような、周期性をもつ1本の正弦波（サイン波）グラフで表される。縦軸は音の強さ（音波のエネルギーや圧力）を表し、数値を簡単にするために**音圧レベル**（単位はデシベル：dB）を用いることが多い。横軸は時間である（位相とも呼ばれる）。時間進行に伴ってグラフは上下し（振幅）、振幅が1秒間に何回繰り返されるかが**周波数**（単位はヘルツ：Hz）あるいは振動数である。音波の秒速を周波数で割ると、1周期あたりの波の長さ（波長）を求めることができる。周波数成分がひとつしかない基本的な音を**純音**、2つ以上持つ音を**複合音**というが、私たちが耳にする音のほとんどは複合音である（図2-1 A）。身近な純音としては、時報や音叉の音などがある。ちなみに、周波数がまんべんなく混ざり合って「ザー」と聞こえる雑音はホワイトノイズ、特定の周波数が強く出ている雑音はピンクノイズと呼ばれ、聴覚特性、あるいはオーディオ再生装置や空間の音響特性を測定する実験でよく用いられる。

　音圧や周波数は音の物理量であり、それらに対応する人間の感覚は**音の大きさ**（ラウドネス：loudness）や**音の高さ**（ピッチ：pitch）となる。周波数が上がるほど高い音に、下がるほど低い音に感じられるが、その関係はかならずしも

2章　私たちはどうやってことばや音楽を聴き取っているのか？

直線的ではなく，とくに高音域になるほど感覚量の増加は鈍くなる。一方，音の大きさの感覚は，物理量である音の強さの対数にほぼ比例する（ウェーバー＝フェヒナーの法則）。たとえば音圧レベルは $20\log_{10}(P/P_0)$ で求められ（P は音の圧力，P_0 は基準の圧力），音の強さ（圧力）が2倍，4倍，8倍…と倍増していくときに，私たちが

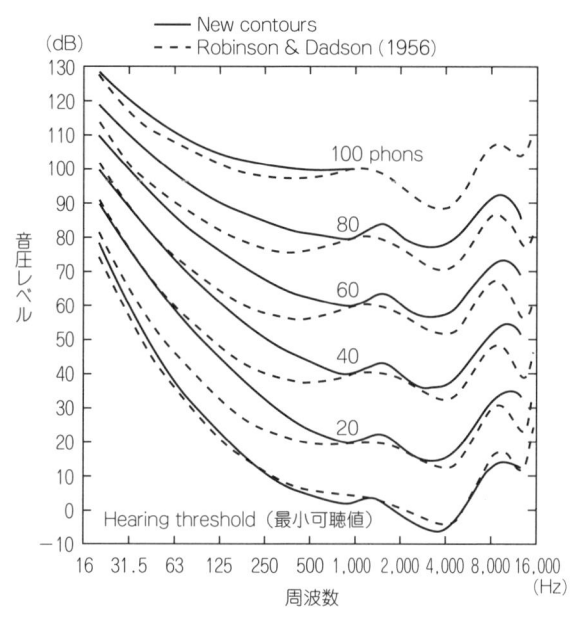

図2-2　新旧の等ラウドネスレベル曲線

（注）　実線は2003年に定められた最新のもの（ISO226：2003），点線は前規格の元になったもの。100phonsの実線はデータが少ないため参考値とされている。
（出所）　鈴木，2003

感じる音の「大きさ」は等間隔に（6 dBずつ）大きくなる。また，私たちが感じることができる音の周波数には限りがある（**可聴範囲**：およそ20〜20,000 Hz）。周波数によって同じ大きさに聞こえる音の強さは異なり，1,000 Hzの純音を基準としてこれを示したものは**等ラウドネスレベル曲線**（音の大きさの等感曲線）と呼ばれ，ISO 226として世界標準規格が定められている（2003年8月に大きく改訂されたISO226：2003が最新の規格である：図2-2）。周波数によって最小可聴値（これ以下だと聞こえない）や最大可聴値（これ以上だと痛みを感じる）は異なり，等ラウドネスレベル曲線の一番下と一番上（100phons）の曲線がそれらに相当する。年齢とともに可聴範囲は狭くなり，最小可聴値が上がって感度レンジも低下していく。つまり，高音や低音が聞こえにくくなり，ちょうどよく聞き取ることができる音量の幅も狭くなるのである。長時間大音

量にさらされた場合も一時的に最小可聴値が上がって音が聞こえにくくなるが，場合によってはそれが永続的な聴力損失となってしまうことがあるので，とくにポータブルプレイヤーでのヘッドホン聴取が常態化している人や騒音レベルの高い職場で働いている人は，注意や対策が必要である。

　ところで，私たちが音を聞いて感じるのは，高さや大きさだけではない。音の識別に大きな役割を果たしている感覚のひとつに音色（timbre）がある。音の高さや大きさとあわせて，音の3大要素ともいわれる。私たちは，音色によって，楽器や人の声や動物の鳴き声を聞き分けることができる。たとえば，オーケストラで同時に鳴っているたくさんの楽器の中からたった1本のオーボエが奏でる旋律を追いかけることができる。見えていなくともドアの外で話をしている知り合いが誰か分かる。音色の感覚はJIS（日本工業規格）でも「聴覚に関する音の属性の一つで，物理的に異なる二つの音が，たとえ同じ音の大きさ及び高さであっても異なった感じに聞こえるとき，その相違に対応する属性」としか規定されていない。実際，音色はおもにその音の成分構成（どの周波数がどれくらい強く出ているかのことで，周波数スペクトルや波形に現れる）によって決まるが，振幅の時間的変化（ビブラートやゆらぎ），音の立ち上がり（音が出始めてから一定の強さに達するまでの時間的な変化）や減衰など多くの要因が関与している。音色の定義はとても曖昧なのである。

（2）聴覚器官の仕組み

　さて，空気の振動としての音波は，どのようにして感覚としての音となるのだろうか。誰でも知っているように，私たちの聴覚器官は「耳」であるが（図2-3），通常見ることができるのは耳介（耳たぶ）と，せいぜい外耳道（耳掃除をするところ）までである。耳介は集音装置であり，いわばパラボラアンテナである。よく見ると複雑な形をしているのは，さまざまな方向から届く音波を拾うためである。音波は外耳道を通って突き当たりにある鼓膜にぶつかって振動させる。鼓膜には耳小骨と呼ばれる3つの骨（槌骨・砧骨・鐙骨）がつながっており，振動が効率よく奥に伝わっていく。この部分が中耳である。そ

の先が内耳で，まるでカタツムリの殻のような2回転半のらせん形をした**蝸牛**という器官がある。蝸牛はリンパ液に満ち，縦に3室に分かれており，その一部に毛足の長い絨毯のような**基底膜**がある。耳小骨から伝わる振動の多少によって基底膜の異なる場所が共鳴することで，おおざっぱな周波数分析が行われる（聴覚フィルターとも呼ばれる）。基底膜の基部は幅広で高い周波数に共鳴し，先端部にいくほど狭くなり低い周波数に共鳴する。

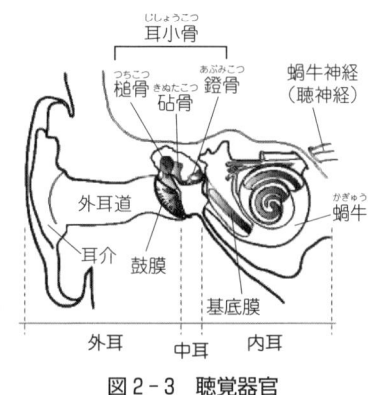

図2-3 聴覚器官

(注) 耳介から内耳の蝸牛までの，おもな聴覚器官の名称を記した。

このような蝸牛基底膜の働きを発見したフォン・ベーケーシ（von Békésy, G.）は，1961年にノーベル生理学医学賞を受賞している。基底膜はたんに届いた振動を受動的に拾うだけではなく，基底膜上の有毛細胞が能動的に共鳴して弱い信号を増幅する働きがあることも分かっている。基底膜上の共鳴は神経パルスに変換され，これが蝸牛神経（聴神経）を通じて中枢神経系へと送られて，詳細な分析を受けることになる。

（3） 聴覚情報を処理する中枢

図2-4は，音の情報が耳から脳に伝わるまでの経路（**聴覚伝導路**）の概略を示したものである。蝸牛から出た神経パルスは，延髄部にある蝸牛神経核に送られ，各周波数に対応するニューロンが反応することによって周波数情報が処理される。また，同じく延髄部にある上オリーブ核で左右の耳からの信号が出会って空間的な情報が処理される。蝸牛神経核と上オリーブ核からの情報は，中脳にある下丘に送られて，周波数情報と空間情報から音源定位や音の性質に関する処理をおこなう。これらの情報は視床の内側膝状体を通じて，大脳皮質の側頭葉にある**一次聴覚野**（ブロードマン41野，42野）へと送られて，音の高さや大きさ，どこから聞こえているか（音源位置の同定），何が聞こえてい

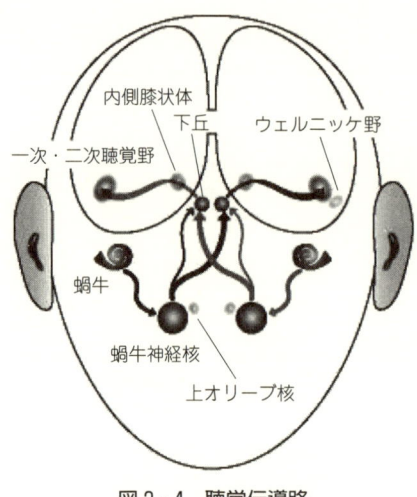

図2-4 聴覚伝導路

(注) 耳から大脳の聴覚野までの聴覚神経の経路と、聴覚情報の処理に関わるおもな部位の名称を記した。

[図中ラベル: 内側膝状体、下丘、ウェルニッケ野、一次・二次聴覚野、蝸牛、蝸牛神経核、上オリーブ核]

るか（音源種類の同定や分離）などの知覚的処理をおこなう。その周辺の二次聴覚野は他の領域とも連合して、音楽ならばメロディ（旋律）、リズム、ハーモニー（和音）といった、パターンの認知的処理などに関わっていると考えられている。また、左脳の**ウェルニッケ野**（ブロードマン22野）は入力された言語音声の処理、つまり話しことばを理解するための重要な役割を担っており、感覚性言語中枢と呼ばれる。より高次な聴覚的認知は、視覚や運動、記憶などとも関連するので、感覚野以外の連合野でおこなわれる。なお、発話に関係する運動性言語中枢はブローカ野と呼ばれ、左前頭葉にある（ブロードマン44野・45野）。

耳から脳までの聴覚伝導路は交叉しており、簡単に言えば右耳から入った音は左脳で、左耳から入った音は右脳で処理される。この仕組みを利用して聴覚のラテラリティ（左右脳の機能差）を調べるために用いられる比較的簡易な方法が、左右の耳に異なる刺激を提示してどちらがより優位に処理されるかを測定する**両耳分離聴**（dichotic listening）法である。しかし、聴覚の交叉は視覚ほどはっきりしてはおらず、同側にもかなりの情報が送られることが分かっており、当初想定されていたほど厳密なものではないとも考えられている。

（4） 聴覚の基本的な働き

私たちは音の高さや大きさ、あるいは方向などといった属性を体験しているのではなく、蝉の鳴き声だとか、お母さんの声だとか、踏切の警告音といった、具体的な音を体験する。さらにそれらから何らかの意味を汲み取ったり意味を

付与したりもする。なぜそのようなことができるのだろうか。そこで，音声や音楽の知覚，そして環境の中から重要な音を知覚するための基礎となっている働きを2つほど紹介しておきたい。

　ひとつは，何が聞こえているかを把握することである。つまり，一緒くたに耳に入ってくる音の中からある音と別の音を分けたり，まとめてひとつながりの系列としたりすることであり，これを**聴覚の情景分析**（auditory scene analysis）という。情景分析では，重なった音の系列を分離する働き＝**音脈分凝**（ぶんぎょう）（auditory stream segregation）と，同一音源からの音列をひとつのものとして統合する働きが必要である。現実場面においては，音源や環境が限定されないために，解は一義的には定まらない。にもかかわらず，私たちは実際にさまざまな環境音や騒音の中から人の声や音楽を聞き分けている。どのような仕組みになってるのだろうか。

　ブレグマン（Bregman, A. S., 1990）は，聴覚の情景分析の背景として，次のような4つの規則を提唱した：①同じ音源から生じる音の変化は急激ではない（漸近的変化），②同じ音が続くときは基本周波数の整数倍の倍音が発生する（調波構造），③関連のない音は一緒に始まったり終わったりしない（共通の立ち上がりと立ち下がり），④一続きの音が変化するときには周波数や強さや方向などの性質が同時に同じように変化する（音響的変化）。これらの規則はいつも同じように成り立つとは限らないが，かなりの場合に一連の音のつながりを他の音から分離するのに役に立つ。蝸牛によって周波数ごとにばらばらの神経パルスに分解された音の情報は，このような規則に従って，対応する周波数にマッピングされた（周波数ごとに処理する場所が割り当てられている）一次聴覚野によって再統合されるのである。聴覚の情景分析の働きによって，メロディやリズムのゲシュタルト的知覚（3節を参照）や，よく知られる「カクテルパーティー効果[1]」を説明することができる。

➡ 1　カクテルパーティー効果：パーティー会場のように，人ごみの中で同時に多くの人の声がきこえてくるような場面でも，自分の名前が呼ばれると気がついたり，特定の相手との会話を続けて内容を理解することができる等の↗

コラム　マスキングの仕組みと効用

ある周波数の音をマスクするために必要な帯域（周波数の範囲）は，中心の周波数が500 Hz程度まではほぼ100 Hz，それ以上だと中心周波数の1/5程度であることが分かっている。耳に入った音はこのような一定の帯域ごとに処理されていると考えられており，臨界帯域と呼ばれる。各臨界帯域は，蝸牛の基底膜上の約1ミリに相当する。マスキングとは，マスクされる音と同じ臨界帯域にある別の成分によって引き起こされる干渉ということになる。

音が聞こえなくなるというのは悪いことのように思われるかもしれないが，マスキングが起こることによって，余計な音を意識しないですむということでもある。たとえば病院の待合室やオフィスでのかすかなBGMなどがそうだ（ただしBGMが主役になってしまうと騒音になりかねない）。逆に，実際には音が一部欠落していても，そこがノイズで埋められていれば，本来あるはずのものがマスキングされたものとして補完的な知覚をおこない，つながっているものと認識することもある（たんなる無音だと，とぎれたと認識される）。

現在では，このようなマスキングの働きを利用して，音声や音楽の情報を圧縮する技術が開発されており，その成果がネット配信やデジタル携帯プレイヤーなどで利用されているmp3などの情報圧縮符号化形式である。つまり，mp3では，マスキングによって隠されてしまう音の情報量を落としているのである（さらに削ってもあまり影響のない高周波の成分，およそ8,000 Hz以上をばっさりと削除している）。人間の聴覚特性に合わせて音の情報を減らすことによって，ファイル容量を劇的に小さくしているのであるが，それは品質を劣化させているということでもあり，圧縮の程度や楽曲の性質などによっては聞いていて明らかに不自然な場合もある。

もうひとつは，**音の遮蔽**（**マスキング**：auditory masking）である。たとえば，図書館などの静かな場所ではひそひそ声でも会話ができるのに，にぎやかな街中では大声を出さないと聞こえない。あるいは，ヘッドホンで聴いていた音楽が，電車に乗ったら聞こえにくくなる（そのために音量をかなり上げてしまう）。

↘現象を「カクテルパーティー効果」と呼ぶ。

このように，ある音が別の音によって妨害されてしまう現象がマスキングである。別の言い方をすれば，他の音があるために，ある音の最小可聴値が上昇する現象である。マスクする音とマスクされる音との時間関係から，同時に呈示された音の一方が聞こえなくなる同時マスキングと，継時的に呈示された音の一方が聞こえなくなる継時マスキングがある。継時マスキングはさらに，先に出た音によって後の音が妨害される順向マスキングと，後から出た音によって先に出た音が妨害される逆向マスキングとに分けられる。

2 音声はどのように知覚されるのか？

(1) 声を出す仕組み

　私たちの耳にはさまざまな音が飛び込んでくる。その中から，人の声を聞き分けるためには，人の声がどのような特徴を持っているかを知らなければならない。そこでまず，声がどのようにして作られるのか，つまり，発声のメカニズムを簡単に紹介しておこう。私たちは当然のように声を出し，ことばを使っているが，意外とその仕組みを理解していないことが多いものである。

　前節で，音は物体が振動してそれが伝わったものであると述べた。当然，声の場合も，最初に振動する物（発音体）がある。母音（日本語では「あいうえお」）の場合，それは呼気による声帯の振動である。しかし，声帯による初期の振動はブザーのようなもので，そのままでは私たちがふだん聞いているような「声」にはならない。異なる母音になり，また，はっきり聞こえるような声量になるためには，特定の周波数のパワーが増幅されるような，共鳴が必要である。共鳴の仕方は，声道（喉頭・咽頭・口腔・鼻腔）の形，大きさ，長さによって決まる。

　男女や大人と子どもで違うような「声の高さ」は，**ピッチ**と呼ばれる。ピッチは，声帯の長さや厚さで決まる基本の周波数（**F0**と呼ばれる）の違いや，声道の長さによる全体的な共鳴特性の違いによって特徴づけられる。一般に女性よりも男性，子どもよりも大人の方が，声帯は長く厚く声道も長いので，F0

や共鳴特性が低めになる。一方，どのような種類の母音かは，そのような高低のピッチとは別である。性や年齢が違っても，「あいうえお」は同じように「あいうえお」と認識される。これは，母音によってどの周波数成分が強調されるかが違うためであり，声道の形（ごく簡単に言ってしまえば口の形や開き方）や緊張などによって決まる。そのようにして強調された周波数成分を**フォルマント**といい，周波数の低いものから第一フォルマント（F1），第二フォルマント（F2）などと呼ぶ。母音の種類を特徴づけるのはおもにF1とF2で，F3を加えるとかなりの区別が可能になるとされている。フォルマントはある程度の幅を持っているが，F1とF2のおよその値と範囲，両者の相対的な関係はほぼ決まっており，ピッチに関わらず母音を特定することができるのである（図2-5）。もちろん，母音を続けて言う場合や子音と組み合わせて単語や文を発話する場合には，フォルマントが遷移するため，母音の特定はやや不明瞭になる。アナウンサーや俳優のように訓練を受けた人のことばは，フォルマントの遷移が素早くおこなわれるために，聞き取りやすいのである。

（2）音声知覚の特徴

　音の中でも，音声は，私たちが他者と意思の疎通をおこなう上で大変重要なものである。発声された他者の音声からさまざまな特徴を抽出して，何という音なのか，話者が誰なのかを同定したり，込められた感情を感じ取ったり，単語として群化したりしていくのが，人の**音声知覚**（speech perception）である。また，一種のパターン認識として，言語的意味情報を判定するところまで含めてコンピュータなどで処理することを，**音声認識**という。音声認識と**音声合成**を組み合わせることによって，限定的ながら人と機械との対話？もある程度可能になっている。たとえばカーナビゲーションシステムなどである。ただし，人が実際にどのようにして音声を知覚しているのかと，工学的な音声認識の実装とは，かならずしも一致するわけではない（視覚のパターン認識もそうである）。極論すれば工学的には結果が得られればよいのであって，そのプロセスやメカニズムは人間と同じである必要はないからだ。

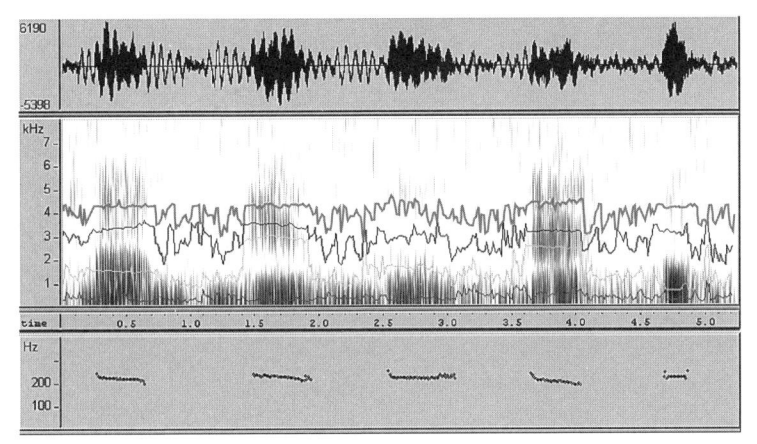

2章　私たちはどうやってことばや音楽を聴き取っているのか？

A：女性

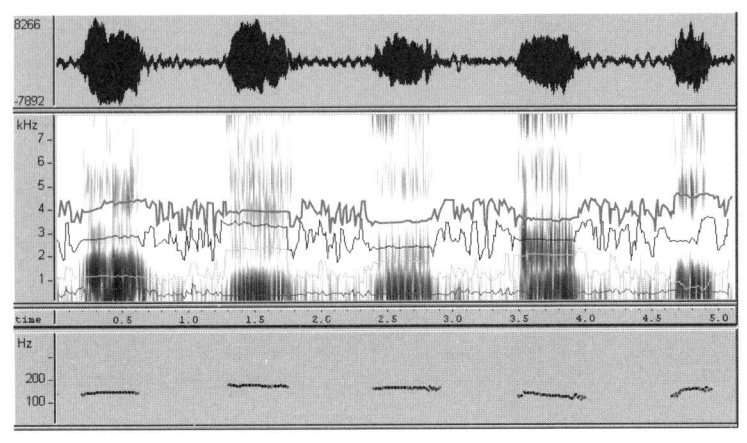

B：男性

図2-5　人の声のサウンドスペクトログラム（A：女性，B：男性）

(注)　「あいうえお」と発音したものを録音し，wavesurferという音声分析ソフトで解析したもの。上段から，振幅波形（音の強さの時間的変化），サウンドスペクトログラム，抽出された基本周波数である。サウンドスペクトログラムは縦軸が周波数で，強く出ている帯域ほど濃い色で表示されている。白黒だと分かりづらいが，その中の4本の折れ線がフォルマントの変化を示している（下からF1, F2, F3, F4）。男性の方がやや声が低いこと，しかし声の高低にかかわらず，フォルマント関係は同じ音については同等であり，そのために聞き手には同じ「あいうえお」と発音したことがわかる。

33

さて，私たちは，会話の相手が発したことばや俳優の台詞から，ひとつひとつの音素（母音と子音）や音節[2]を厳密に聞き取って，それを群化して単語認知をおこない，さらに一連の単語からなる文を判別して文法的解釈をおこない，話の全体を理解していく……とは限らない。もちろん，そういったボトムアップ的な処理もおこなわれる。とくに，難しい内容の話ほど，ひとつひとつのことばを聞き取って積み上げていこうとするだろう。そのようなボトムアップ的な処理は，1節で取り上げた聴覚メカニズムをもとにおこなわれている。つまり，音声のピッチやフォルマント，強弱，それらの時間的な変化の処理である。フォルマントから音節が特定されたり，時間的な空白から単語として区切られたりする。やや高次[3]には，リズム，テンポ，間などの時間的な要素，声の高低や強弱によるアクセント，声の高さの変化であるイントネーション，単語の強勢配分といった，韻律情報が形成され，それをもとにより大きなまとまりであるフレーズを認識し，文全体を把握していく。

　しかし，現実には，単語間がつながっていたり，助詞などがほとんど発声されなかったり，ときには他の音に妨害されて一部が聞こえなかったりすることがあり，それでも会話の意味内容は把握できることが多い。それは，私たちの音声知覚が，ひとつひとつの音節や単語の知覚や韻律パターンの認知といったボトムアップ的な処理と，会話の全体的な意味から発話内容を推測したり次に来る単語や韻律のパターンを予測したりするトップダウン的な処理を併用しておこなっているからである。

（3）　音声からことばへ

　私たちは，知らない言語での会話を聞いたとしても，何となく単語の区切り

➡ 2　音素と音節：日本語では，たとえば「か（ka）」が音節，「k」と「a」が音素である。音節は基本的に「子音（音素）＋母音（音素）」または単独の「母音」で構成される。

➡ 3　より多くの情報や計算が必要で，かつ，複数のものを関連させることを「高次」と表現している。

や文の区切りは分かる。しかし、感情表現はともかく、言語の意味内容を理解することはできない。意味が分かるためには、少なくともある程度の単語の辞書的知識や、韻律に関する経験的知識、できれば会話の背景となる事象や概念に関する知識をもっていなければならない。

　音声の成分そのものの分析は一次聴覚野まででおこなわれるとしても、実際にことばとして認識され、単語の意味を認識するためには、二次聴覚野やウェルニッケ野の働きが必要になる。しかし、ある単語の意味は、頭の中に辞書を持っていたとしても、その単語だけから一意に定まるものではなく、文の文法的解釈や会話の文脈と併せて決まるものである。したがって、音声が意味内容を伴った言語として理解されるためには、聴覚器官や聴覚野の働きだけではなく、連合野における記憶の呼び出しや推論といったより高次な働きとの連携が必要であり、しかもそれをある程度の時間幅の中で逐時的におこなわなければならない。そこにはもちろん、韻律などによる感情的な情報も含まれるし（高揚していると声は高く抑揚も大きくなるし、沈んでいると全体に低く平板になる）、話者の表情や身振り、プレゼンテーションなどの視覚情報も加わる。

　じつは、それほど高次の言語処理でなくても、視覚情報と聴覚情報は相互作用することがわかっている。おそらくもっとも有名なのが、**マガーク効果**（McGurk effect：McGurk & MacDonald, 1976）であろう。これは、音（聴覚手がかり）と口の形（視覚手がかり）を、実際の発音とは違う組み合わせで同時に呈示すると、どちらでもない音として知覚される現象である。たとえば「バ（/ba/）」の音と、「ガ（/ga/）」の口を同時に提示すると、その中間の音にあたる「ダ（/da/）」として聞こえたように感じるのである。視覚と聴覚の競合や融合はこの他にも多く観察されている。日常的には、音源の方向定位（どの方向から聞こえたか）などでは、視覚が使用可能だとかなり視覚優位な処理がおこなわれる。よい例が、映画やテレビでの俳優の台詞や、ライブコンサートでのMC（master of ceremonyの略で、司会・進行から転じて、曲と曲とをつなぐ語りのこと）などである。実際にはかなり右や左から聞こえていたとしても、真ん中で話している人からことばが出ているように感じてしまう（逆に真ん中

から音が聞こえていても端っこの人が話していればそのように感じる)。もちろん，実験で厳密に音源定位をさせれば，視覚と聴覚のズレは日常よりも正確に認識されるだろうが，だからといって私たちがいつもそのように音を認識しているわけではないということは，踏まえておいてほしい。つまり，聴覚に限らないが，潜在的にどこまで正確に知覚できる能力があるかということと，日常的におこなっている知覚とは，かならずしも同じではないということである。

3 音楽はどのように知覚されるのか？

(1) 音楽を構成する要素

　言語音声と同様に音楽の場合も，私たちはまず空気の振動である音波を聴覚的に処理した上で，それを再構成して音楽として体験している（図2-6)。音そのものの性質として，音楽に使用される音に特徴的なのは，管楽器や弦楽器の音である**楽音**が基本周波数の整数倍音のみでできた複合音であることと，それが規則性と周期性を持った離散的な高さのシステムである「ドレミファソラシド」などの音階に則って発音されることである。[4]

　私たちは音楽を聞きながら，属性やその変化の仕方が共通している一連の音を同じ楽器から出ていると知覚したり，楽器は違っても連続したメロディであるとして受け止めたりしている。また，言語の文法とは異なるものの，音楽にはある種の階層的構造があり，音高的また時間的にまとめられた複数の比較的短い音列を互いに関連づけて，構造全体を分析的に理解することもできる。一方で，音楽は言語ほど明確な意味内容をもっておらず，どちらかというと明確な概念や具体的な事象の指示よりも，感情的ニュアンスの伝達に適しているともいえる。歌詞はたしかに言語的メッセージを伝えることも可能ではあるもの

➡ 4　たとえば，図2-1のAのような波形。この場合，100 Hz が基本で，200，400 Hz が整数倍音となる。ただし，実際の楽器の音には，さまざまな歪みや非整数倍音も含まれている。また，打楽器の音は楽音ではないが，ピアノや木琴などの持続している音は楽音である。

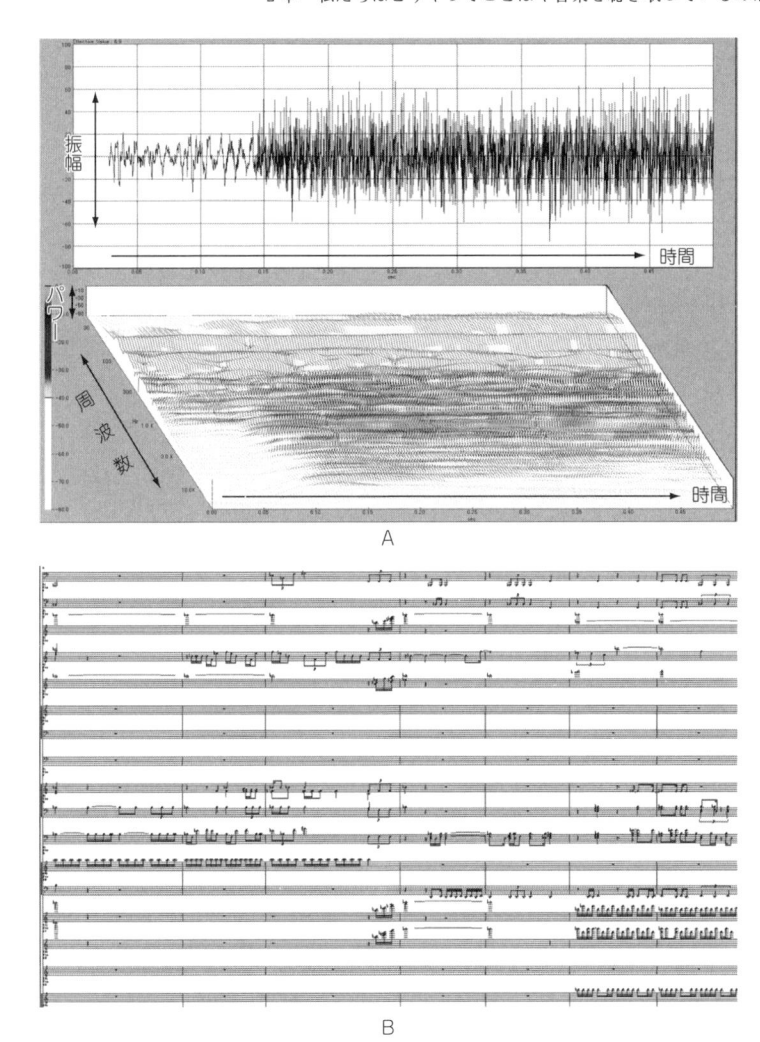

2章 私たちはどうやってことばや音楽を聴き取っているのか？

図2-6 音響と楽譜（A上：振幅波形，A下：周波数スペクトルの時間的変化，B：元の楽譜）

　Bの楽譜をもとに演奏した音は，空気の振動としてはA上のような強弱の変化として耳に届く。どの音の成分がどれくらい強く出ていてどのように時間的に変化していくかを3次元的に表したのがA下の図である。私たちの聴覚情報処理では，A上のようになって耳に届いた音をA下のような粗い周波数情報に変換し，それを情景分析によって分離したりまとめたりする。最終的に（完全にではないにしても）元の楽譜（B）のような複数のパートの流れを音楽として認識し，ある音のつながりを主旋律，その他を背景の伴奏として感じ取るのである。

37

の，言語そのものとは異なる性質を持っていることが，失語症や言語的機能の低下した認知症の患者において歌唱が可能である症例が存在するなどの事実から推察される。音楽がどのようにして成立したかについては諸説あるが，言語音声の韻律的側面が強調されて音楽（とくに歌）になったという説は，音楽の起源のひとつとして大いに説得力があるだろう（もちろん，動物の鳴き声や自然の音の模倣，身体運動に伴うもの，偶然生まれたリズムの反復など，音楽の起源としてはさまざまなものが考えられる）。

　いずれにしても，音楽を理解するためには，音や音列をたんなる音響としてではなく，音楽の基本的な要素として知覚することが基礎となる。それでは，音楽の基本的要素とは何だろうか。それは，**メロディ，リズム，ハーモニー**であるといわれる。ごく簡単に言ってしまえば，メロディ知覚とは音の高さの変化に基づいて主観的なまとまりを感じること，リズム知覚は音の長さや強さの変化（とくに繰り返し）に基づいた主観的なまとまりを感じることである。現実には，メロディからリズム的要素を完全に取り除くことはできないので，ここでいうメロディとリズムとは，より正確にはメロディの音高的側面と時間的側面であるといえる。一方，ハーモニーとは，異なる高さの音が同時に生じてできる響きであり，西洋音楽においては**和音（コード）**によるものとなる。その知覚は，調和感，融合感，安定感，あるいは滑らかさといった，響きに対する主観的印象である。音色とハーモニーの概念はやや似ているが，一般的には，ひとつの音源（楽器や声）から出た音の響きを音色，複数の音源から出た音が合わさったものをハーモニーと呼ぶことが多いようである。

（2） メロディとリズムの知覚

　あるひと続きの音の流れをメロディとして知覚するということは，聴覚器官によって周波数成分に分解された音情報を，何らかの手がかりによって**群化**（grouping）して，形をなすもの＝パターンとして再構成するということである。音の群化は以前に述べた情景分析の規則にしたがっておこなわれ，具体的には，視覚における「**ゲシュタルトの群化規則**」（1章参照）に類似した群化

の要因を当てはめることができる。もちろん，2つ以上の要因が同時に存在することも多く，群化を強め合う方向に働くこともあれば，ときには競合することもある。群化の要因が競合する場合には，もっとも簡潔で秩序だったまとまりを形成しようとする傾向がある（プレグナンツの法則）。

ここでは，音がひとまとまりの音列として知覚される際の群化の要因として，近接の要因，類同の要因，よい連続の要因，共通運命の要因を取り上げる。視覚と聴覚では，どのような刺激属性がこれらの要因に関係するのかが異なるので，単純に置き換えることはできないが，できるだけ対応づけて考えてみよう。

近接の要因：図形では空間的距離が近いものがまとまって知覚される（例：||| ||| ||| |||）。音の場合で「近い」というのはどういうことだろうか？単純に考えても，音高的な近接，時間的な近接，それに音源の空間的な近接などがあることが経験的にわかるだろう。音楽的刺激の場合，音高とは音階の中でどの音名を持った音か，ということになる（オクターブ情報も併せて，A4（＝オーケストラがチューニングするときの基準になるラの音）などと書く場合もある）。音高が異なる複数の音が継時的に呈示されるとき，私たちは音高が近い音同士をひとつながりのメロディ的音列として知覚しやすい。極端な場合，ある程度音高が離れた音が素早く交互に呈示されるとき，私たちは上下するひとつの音列としてではなく，高音パートと低音パートの2つの音列として知覚することがある。たとえば ♪♫♪♫♪♫♪♫ は ♪♪♪♪♪♪♪♪ と ♫♫♫♫♫♫♫♫ に分かれて聞こえる。また，空間的に異なる方向から音が聞こえる場合は，同じ方向から聞こえる音同士がまとまりやすい。時間的には，音と音との間隔が同じもの同士（とくに短いもの同士）がまとまりやすい。これはリズム知覚の基礎である。さらに，長短の間隔の組み合わせが反復されると，ひとつ上の階層でのリズムパターンの知覚になる。たとえば ♪,♪,♪♪♪,♪,♪,♪♪♪, は，小さくまとめると ♪,♪,（タ・タ・）と ♪♪♪,（タタタ・）だが，ちょっと大きくとらえると ♪,♪,♪♪♪,（タ・タ・タタタ・）の反復となる。

類同の要因：図形では同色や同濃度（例：○○●●○○●●），あるいは同形のもの（▽▽△△▽▽△△）がまとまって知覚される。音の場合，同じ楽器や

同じ声のように，音色が同じ音同士がつながったものとして知覚されやすい。多くの音が鳴っている合奏や合唱で特定の楽器やパートによるメロディを知覚できるのはこの働きによるものである。また，時間的に長さの同じ音同士，同じ強さをもつ音同士もまとまって知覚されやすく，これもまたリズム知覚の基礎となる。現実には，音のゲシュタルト的知覚における近接の要因と類同の要因とが組み合わさっていることが多い。

よい連続の要因：図形では，×を見ても，＞と＜がくっついたものではなく，／と＼が交差していると知覚する。滑らかな連続が続くように知覚されやすいということである。同じように，音階を上昇していく系列と下降してくる系列が同時に鳴っていても，それらが混ざるのではなく2つの音列として知覚される。たとえば♪♪♪♪♪♪♪♪は♪♪♪♪♪♪と♪♪♪♪♪♪が交差するように聞こえる（ゆっくりだと交互に上下するように聞こえる）。また滑らかな輪郭を描くような音高の変化もひとつのメロディ的音列として知覚される。おもしろいことに，そのように知覚される音列の一部が欠けたりしても，私たちはつながっているものとして補完的に連続的な音列を知覚することが多いのである。

共通運命の要因：静止している点と同じ方向に動く点があると，近接の要因にかかわらず同じ方向に動くもの同士がまとまって知覚されるものである。音楽の場合，同じタイミングで音が出て同じ方向に音高が変わるものは同じ音列を構成するものとして知覚されるが，わずか（30ミリ秒程度以上）でもずれると，同じ音の流れとは認識されなくなってしまう。オーケストラの中で同じ楽譜を奏でる同じ楽器の音が，音色的にも時間的にも音高的にも同一方向に動くとき，全体として豊かな響きのひとつの楽器群の音として聞こえるのに対して，タイミングがずれていたり音を間違えたりするとばらばらに聞こえるのも，このような働きによるものである。

（3） 音列の知覚から音楽の認知へ

音がつながりを持った音列として知覚されたり，ある音列が他の音列から分離されたりする仕組みは，だいたいお分かりいただけたことだろう。ところで，

私たちが音楽を聴くということは，たんに音列を連続的に知覚しているということではない。リズムを伴うメロディ状のものとして知覚された比較的短い音列パターンは，大きくまとめられて楽句や楽節として認識される。楽句や楽節の中では，同じもしくは似たパターンの小さな楽句が繰り返されたり，全体としていくつかの楽句がつながって大きく上昇・下降の輪郭が描かれたりする。私たちはそこから，感情的な調子（意味）を感じたり，音楽的な規則性や構造をつかんだり，メロディとしての善し悪しや好き嫌いなどを判断したり，次に来る音や音列を予測したり，和音の進行とメロディとの整合性を評価したりしている。また，その楽曲が何という曲名か，以前聴いたことがあるか，そのときどんな気持ちや状況だったかなど，個人の経験と結びついた認知的活動をも引き起こす。

　音の動きの意味，感情的なニュアンス，作曲者のメッセージなどを受け止めるためには，このような高次の音楽認知をおこなう必要があり，そのためには多くの音楽聴取体験や背景となる音楽的知識が必要である。それは，さまざまな人が話すことばを聞いた経験と，多くの単語や文法的知識を持っていなければ，音声をことばとして理解することができないのと同じである。

〈サマリー〉
　本章では，私たちが生きていくのに欠かすことのできない聴覚の基本的な仕組みや働きと，聴覚が重要な役割を果たしている言語音声，そして音楽の知覚と認知の基本について紹介してきた。
　物理的現象としての音の特徴を分析したり音源を定位したりすることは，環境手がかりをつかむために必須であり，一次聴覚野までの比較的低次な処理として素早くおこなわれる。そのような音の知覚は，以前思われていたほど受動的な働きではなく，聴覚神経系でのフィードバック（特定の音に注意を向けたり，知覚できない音を文脈から補ったりするなど）や有毛細胞の自発的活動などの能動的な側面も持っている。
　一方，ことばとして認識された音声や音楽の聴取では，辞書的意味や感情的意味をつかみ，それを継時的に統合して全体を理解していくことが必要である。そのためには，知識や経験，規則などの記憶にアクセスし，次に来る音をある程度予測したり，不明確な音を類推して補完するなど，より高次な認知的処理が必要である。

聴覚の基礎も音声や音楽の認知についても，ここでは紹介しきれなかった興味深い内容がたくさんあり，また，まだ分かっていないこともとても多い。

〈もっと詳しく知りたい人のための文献紹介〉

谷口高士（編）　2000　音は心の中で音楽になる——音楽心理学への招待　北大路書房
⇨音楽心理学の入門書として，音楽の知覚や認知を中心に，生理学的基礎や臨床的応用まで幅広く解説されているもの。音楽について詳しくない心理学の初学者でも，心理学を学んだことのない音楽家・音楽愛好家でも読むことができるように，語り口は優しく，しかし各領域での基本的な研究や比較的新しいトピックもしっかりと紹介されている。

大山正・今井省吾・和氣典二（編）　1994　新編 感覚・知覚心理学ハンドブック　誠信書房
⇨個人で入手するには値がはるが，聴覚を含めて感覚の神経・生理・心理的な仕組みをしっかりと学ぶために，図書館で借りてでも，ぜひ一度手にとってほしい。2007年には，増補版として〈Part2〉も出版されている。また，聴覚については，すでに絶版になっているが，難波精一郎（編）の『聴覚ハンドブック』（1984年，ナカニシヤ出版）も探してみてほしい。

〈文　献〉

Bregman, A. S. 1990 *Auditory scene analysis: The perceptual organization of sound.* The MIT Press.

McGurk, H., & MacDonald, J. 1976 Hearing lips and seeing voice. *Nature,* **264**, 746-748.

鈴木陽一　2003　2次元等ラウドネス曲線の全聴野精密決定　独立行政法人 新エネルギー・産業技術総合開発機構2000～2003年度国際共同研究助成事業報告書 http://www.nedo.go.jp/itd/grant/pdf/00is1.pdf（2010年8月18日閲覧）

3章　時間の経過はどのようにわかるのか？
——感覚と時間知覚

田山　忠行

> 　私たちは，外界の対象や出来事，また自己の内部の変化などの情報を感覚器を通じて取り込み，自らの生存のために利用しています。感覚器が刺激されることによって生じるもっとも直接的な意識経験を**感覚**（sensation）といい，感覚器によって得られた情報を分析・統合して，事物や事象をまとまりのあるものとして認識することを**知覚**（perception）といいます。知覚は認知活動のひとつで，その顕著な特徴は，今ここで実際に見ている，聞いているという現実感が伴われるところにあります。この章では，感覚・知覚のメカニズムの基本的特性を解説しながら，私たちの時間経験がそれらのメカニズムとどのように関係しているかについて見ていくことにします。

1　感覚・知覚のメカニズム

　ここでは，感覚を得たり識別するといった感覚・知覚の基本的特性をはじめ，同時性判断と時間順序判断の違い，反応時間，眼球運動，感覚記憶など，短い時間にかかわる情報処理過程に関する特性について解説する。

（1）刺激閾と識別閾

　感覚が生じるために必要な刺激の大きさの最小値を**刺激閾**（stimulus threshold）という。たとえば，光を見るための刺激閾を光覚閾，音を聞くための刺激閾を可聴閾という。また，同じ感覚であっても，2つの感覚の違いを表す測定値として，**識別閾**（または**弁別閾**：discrimination threshold）がある。これは，ある標準の刺激とそれとわずかに異なる比較刺激が与えられたときに，

2つの刺激を識別できる刺激の大きさの差の最小値である（**丁度可知差異**（just noticeable difference，略して**jnd**）ともいう）。標準刺激の大きさ（S）と識別閾（ΔS）の比を**ウェーバー比**（ΔS/S）という。さまざまな感覚の識別閾を測定すると，特定の感覚ではこの比がおおよそ一定になる。これを**ウェーバーの法則**という。フェヒナー（Fechner, G. T.）は，ウェーバーの法則を拡張して，感覚量（R）が刺激量（S）の対数に比例して変化するという以下の式を導き出した。

$$R = K \cdot \log S \quad (K は定数)$$

これを**フェヒナーの法則**，もしくは**ウェーバー・フェヒナーの法則**という。これらの法則は，刺激が極端に大きい場合や小さい場合に成立しないといわれている。図3-1に示したように，持続時間に関しては，500ミリ秒から2秒の標準時程の範囲でウェーバー比がおおよそ0.02と一定になっている。これは最低2パーセントの違いがあれば持続時間の長さが識別できることを意味している。つまり1秒の場合は0.02秒，2秒の場合は0.04秒の違いがあれば，その違いがわかるということである。図3-1が示すように，ウェーバーの法則は，持続時間に関しては，500ミリ秒以上では適合するが，それより短くなると適合しない。

識別閾の測定とは異なり，スチーブンス（Stevens, S. S.）は，感覚の大きさを直接測定する方法として**マグニチュード評価法**を考案した。これは感覚の大きさ（感覚量）を数字で評価する方法である。たとえば，ある重さを基準の100として，他の刺激の重さ（刺激量）がその2倍の大きさに感じられたら200，半分に感じられたら50というように数字で答えていく。このような方法で刺激と感覚の関係を調べていくと，以下の式のように感覚量（R）が刺激量（S）の冪乗（べき）に比例して変化することが知られている。

$$R = K \cdot S^p \quad (K と p は定数)$$

これをスチーブンスの**冪法則**という。感覚によって冪指数（p）は変化し，電気ショックの大きさや長さの感覚，また明るさの感覚の大きさをマグニチュード評価法で測定すると，図3-2aのようになる。この図は，電気

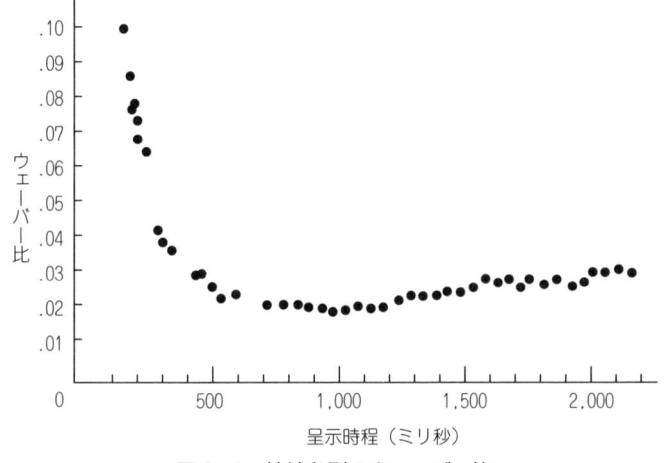

図3-1 持続弁別のウェーバー比

(出所) Kristofferson, 1976

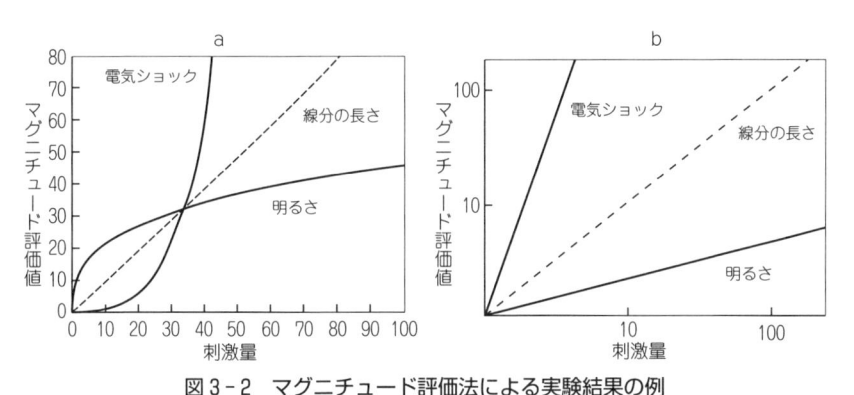

図3-2 マグニチュード評価法による実験結果の例

(注) 冪指数は電気ショック,線分の長さ,明るさの順に3.0, 1.0, 0.333として示されている。

ショックでは,刺激の物理的な大きさが2倍,3倍になると,感覚の大きさはおおよそ2^3倍,3^3倍と変化するが,明るさはその逆で,感覚の大きさを2倍,3倍に感じるためには,刺激の物理的な大きさをおおよそ2^3倍,3^3倍にしなければならないことを示している。なお,図3-2aの横軸と縦軸を対数表記すると図3-2bのようになり,各感覚は一定の傾きを持った直線で示される。この直線の傾きが冪指数 (p) を表している。

（2） 同時性の範囲と時間順序

　ピエロン（Pieron, H.）(1958) は，暗闇の中で同じ場所に一定の時間，2回小光点を呈示すると，その時間間隔が10ミリ秒以下では1点にしか見えないが，30-40ミリ秒離れると，2点が継時的に呈示されたように見えると述べている。また，ペッペル（Pöppel, E., 1985）は，左右の耳にそれぞれ1ミリ秒のクリック音を聞かせる際に，それらを同時に呈示すると1音に聞こえるが，1ミリ秒ずらして左耳の方を先に呈示すると音は融合して頭の少し左側に聞こえ，それらが3-5ミリ秒離れると2音が分離して聞こえると述べている。これらを総合すると同時性の範囲は視覚と聴覚で異なり，聴覚では3-5ミリ秒ぐらいであるのに対し，視覚では30-40ミリ秒ぐらいということになる。触覚では，その中間の10ミリ秒ぐらいである。ところが，2つの刺激の内，どちらが先でどちらが後かという時間順序を判断するためには，視覚，聴覚，触覚を問わず，20-40ミリ秒の時間が必要であるといわれている（Hirsh & Sherrick, 1961; Pöppel, 1985）。これらは，同時性の判断には感覚器の性能の違いが反映されるが，順序判断には感覚器よりももっと高次（大脳）の働きが関与していることを示唆している。

（3） 視覚と聴覚における反応時間

　反応時間とは，刺激が呈示されてから所定の反応が生じるまでの時間であり，**反応潜時**（latency）ともいわれる。認知心理学研究において，反応時間は非常に頻繁に用いられる測定値のひとつである。自らが被験者となったペッペル（Pöppel, 1985）の実験では，聴覚刺激に対する単純な反応時間の平均は130ミリ秒程度であった。それに対して，視覚刺激に対する単純な反応時間の平均は170ミリ秒程度であった。聴覚より視覚の方が40ミリ秒ほど長かったが，これは上で述べた同時性の範囲に関する視覚と聴覚の差と同じ程度の差であり，感覚器の違いを反映していると考えられる。反応時間といっても，刺激の出現に対する単純反応だけではなく，右か左かというような選択反応の場合もある。一般に，単純反応のみならず選択反応も，視覚よりも聴覚の方が早いことが知

3章 時間の経過はどのようにわかるのか？

られている。しかし，ペッペルによれば，単純反応時間と選択反応時間の差を比較すると，その差は視覚でも聴覚でもほとんど変わらないという。この差は選択決定のための時間を意味しており，それは感覚の違いに依存しないと考えられている。

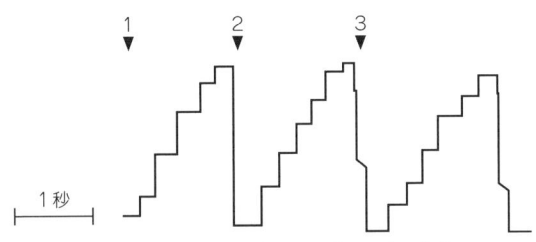

精神分析における無意識の概念に関する叙述
1 ▶ Eine Vorstellung — oder jedes andere psychische Element —
2 ▶ kann jetzt in meinem Bewußtsein gegenwärtig sein und im
3 ▶ nächsten Augenblick daraus verschwinden, sie kann nach einer

図3-3　読書時の眼球運動
（注）　横軸は時間，縦軸は空間的位置を示す。
（出所）　Pöppel, 1985 を一部改変

（4）　読書時の眼球運動

　私たちが読書をする際，自分の眼は上から下，もしくは左から右へと印刷された行を単調に通り過ぎていく感じがする。しかし実際に眼球運動を測定してみると，図3-3に示すように，視点が移動する際に**サッケード**という飛び越し運動をしていることが分かる。一度，サッケードした後は，200ミリ秒から300ミリ秒の間動くことができない。この時間を停留時間といい，人間はこの時間の壁を越えて動くことができない。これは視点が移動している間，視覚入力がシャットアウトされていることを意味している。そのため，もしも視点が移動している間に視覚情報が入ると視覚世界は安定せず見えにくくなる。このような視覚入力の抑制を**サッケード抑制**という。私たちの視覚世界は，このような抑制があるために，安定して見えやすくなっている。人は他人が眼を左右に動かすとその動きを見ることができるが，自分の眼の動きを鏡で見ようとするとそれができない。この例はサッケード抑制を示していると考えられている（一川, 2008）。

（5）　感覚記憶とパターン認知

　私たちは，読書時の眼球運動の停留時間の間に，網膜上の像を次から次へと

```
Z    Q    B    R

M    C    A    W

T    K    N    F
```

図 3-4　部分報告実験の刺激

(出所) Sperling, 1960

図 3-5　部分報告実験の結果。ISI に対する推定文字数

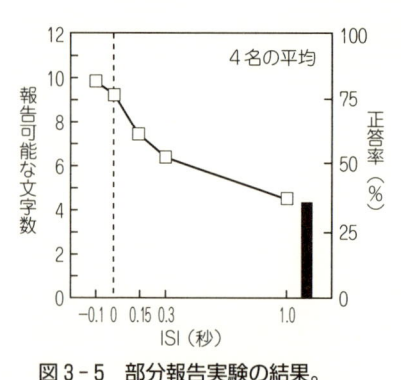

(注) 右下のバーは全体報告の正答率を示す。
(出所) Sperling, 1960

統合しながら文字情報を取り込んでいる。この統合が，ある像の情報を次の像の情報と照合しながら進行していくとすれば，最初の像の情報は数百ミリ秒の間，一時的にどこかに保存しておかなければならない。この短い視覚的情報の保存は**感覚記憶**ともいわれ，スパーリング（Sperling, G., 1960）によってこのような記憶の所在が確認されている。彼はまず，図 3-4 のような文字パターンを**タキストスコープ（瞬間露出器）**を用いて50ミリ秒間呈示し，その後，どのような文字が呈示されていたか被験者に自由に答えてもらった（**全体報告実験**）。この場合の平均正答文字数は4.5個程度であったが，被験者には，もっと多くの文字を読み取ったのに答える最中に忘れてしまったという印象が残る。そこで次の実験では，文字パターンを呈示した後に，高い音，中ぐらいの音，低い音のいずれかを手掛りとして呈示し，音の高さに対応した行の文字群のみを答えてもらった（**部分報告実験**）。文字数×部分報告率を計算して全体報告数を推定し，それを刺激が消えてから音が出るまでの**刺激間時間**（inter stimulus interval：ISI）の関数で示すと図 3-5 のようになった。これは，ISI が短い場合，正答率はかなり高くなり，ほとんどの文字が記憶として保存されていたことを示している。しかし ISI が 1 秒以上になると，正答率は低下し，全体報告実験との違いがなくなることを示している。したがって，きわめて短い時間の間，非常に多くの視覚情報が保存されるが，時間経過とともにそれが急激に減衰することを示している（4 章も参照）。

エリクセンとコリンズ（Eriksen, C. W., & Collins, J. F., 1967）は，図 3-6 の

3章　時間の経過はどのようにわかるのか？

☕ コラム1　私たちに自由意志は存在するか？

　神経生理学者のリベット（Libet, B., 2004）は，意識的意図に先行して，脳が無意識のうちに運動のための計算を始めていることを実験によって示した。実験参加者の頭と指の部分に電極をつけて，脳波と筋電図を測定した。参加者は自発的に指を曲げることを意図し，実際に指を曲げた。指を曲げる意図をもった瞬間がいつであるか，参加者の目の前に置いてあった時計の針の位置を答えてもらい，その時点を測定した。その結果，脳の準備電位は，参加者が曲げようと意図した350ミリ秒前に始まっていること，また指を実際に曲げる行動は，意図から200ミリ秒後であることを明らかにした。この実験は，あらゆる意識的かつ自発的行為が，それが行われる500ミリ秒前に無意識的な脳のプロセスとしてすでに始動していることを示している。つまり，私たちがある行為をしようとする前に，脳の中ではその行為がすでに行われていることを意味している。そのため，私たちに自由意志は存在するか，という哲学的議論に発展した。

ようなドット・パターンを用いて，単語認知に要する時間を測定した。彼らは，図3-6aのようなパターンを呈示してから，適当なISIを経て，図3-6bのようなパターンを呈示した。ISIが0ミリ秒のときには，図3-6cのように，2つのパターンが重なって単語（HOW）が明確に見えるが，ISIが75ミリ秒になると正答率は激減し，100～300ミリ秒になると定常値に達してドット・パターンが分離して見えるという結果を得た。この結果も，ごく短い時間の間に多くの視覚情報が急激に失われることを示している。

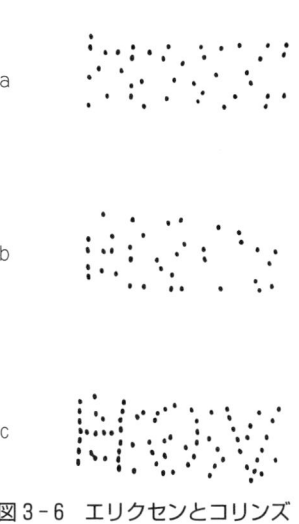

図3-6　エリクセンとコリンズの実験で用いた刺激

（出所）　Eriksen & Collins, 1967

2 時間の認識

ここでは，感覚によって得られた情報を統合する機構やそれに関係する比較的短い時間経験について解説する。

（1） 知覚的体制化

知覚システムが行うもっとも重要な働きは，背景からさまざまな対象を区別し，それが何であるかを認識することである。これは知覚における体制化の問題である。たとえば，図3-7を見てみよう。これは何であろうか。これを見ている間，私たちの眼の網膜には幾つかの黒い斑点が写しだされる。これを見る際，私たちは，黒点と黒点を結びつけ，その不足分を補いながら全体を見ようとする。この過程は思考にも似ている。やがてそれが，こちらを向いた鹿であることがわかるであろう（洞爺湖に住む蝦夷鹿である）。同じように，私たちは音楽のメロディをたんなる音の寄せ集めとしてではなく，意味のあるまとまりとして聞く（2章参照）。知覚システムには，このように見たり聞いたりするものを意味のあるものにまとめる働きがあり，これを**知覚的体制化**（perceptual organization）という。**ゲシュタルト心理学者**[1]たちは，知覚的体制化の原理を追求し，幾つかの**群化**（grouping）**の規則**を発見した。その規則として，近接の規則，類同の規則，よい連続の規則，閉合の規則，共通運命の規則などがある（図3-8参照）。これらの規則は単独で作用するよりも，幾つかが同時に作用してまとまりを生じているのが普通である。このまとまりの現われ方は，全体として簡潔で秩序のあるまとまりであるといわれている。何かも

➡ 1 20世紀初頭，ゲシュタルト心理学者たち（たとえば，ウェルトハイマー（Wertheimer, M.），ケーラー（Köhler, W），コフカ（Koffka, K.）ら）は，全体は，部分の総和と異なり，それ自体がひとつのまとまりあるゲシュタルト（形態）を形成すると主張し，どのような条件下でこのゲシュタルトが発生するかを解明しようとした。

3章　時間の経過はどのようにわかるのか？

図3-7　これは何か？

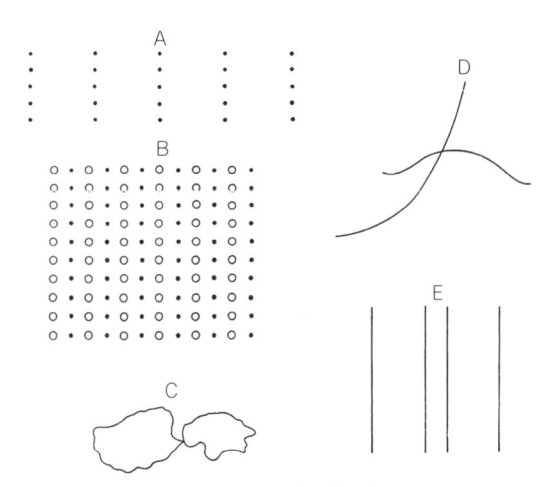

図3-8　群化の規則
（A：近接；B：類同；C：閉合；D：よい連続；E：割り切れ）

のを見たり聞いたりする場合，われわれは注意して見たり聞いたりしている対象を**図**（figure）とし，それが現れる背景を**地**（ground）として区別する。たとえば，図3-9の反転図形では，黒い部分を図として見ると新聞を読む男の形が見えるが，白い部分を図として見るときつねが逆さまに写って見える。どのようなものを図として見るかについても幾つかの規則があり，た

図3-9　新聞を読む人とキツネ（両義図形）

（出所）　前川，2008を一部改変

とえば，狭くて閉じた方，明るい方，寒色より暖色などを図として見る傾向があるといわれている（1章も参照）。

(2)　3秒は意識の限界か？

　知覚の体制化の働きは情報を統合する働きであるともいえる。ペッペル（Pöppel, 1985）によれば，情報処理の統合能力としての**意識の時間的限界**は，おおよそ3秒である。たとえば，メトロノームによって2つの音だけで主観的

なひとつのまとまりを形成する場合，そのまとまりの限界は2秒から3秒であるという。これより長ければひとつの単位にまとめる統合は壊れてしまう。このような時間的限界のある統合的メカニズムが，主観的現在，すなわち「今」の感覚の基礎になっていると考えることができる。図3-10の**ネッカーの立方体**を見る際に，私たちはこれを右下の正方形を手前にして左上

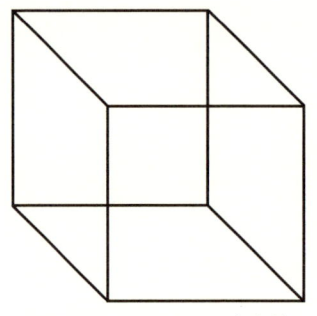

図3-10 ネッカーの立方体

の正方形を奥に見ることも，あるいはその逆に，左上の正方形を手前にして右下の正方形を奥に見ることもできる。これを訓練して，できる限り速く反転できるようにする。その後，絶対反転させないという意図をもってこれを見る。そうすると，おおよそ3秒後には，他方の見え方へと自動的に反転してしまうであろう。図3-9でも同じ実験ができるが，この場合は，意識の中につねにひとつのものしか存在せず，一方が注意の中心にあると，他方は背景に引っ込んでしまう。しかし，新しいものが意識に入らなければ，おおよそ3秒後には，他方の見え方が自動的に意識の中に入ってくる。ペッペルによれば，3秒という時間のグループ化は，発話においても同様に見いだされる。人が何かを話す場合，連続する個々の発話の単位は平均3秒程度である。人が何かを話す場合，統語規則にしたがって文章を正しい語順に並べる必要があり，これを無制限に遅らせることはできない。語りながら，前もって単語を並べる時間の限界もまた3秒程度であるという。この基本的リズムは，どの言語にも見いだされる。これを明確に示すのが詩である。たとえば，次のようなドイツ語の詩を声を出して朗読してみよう。どの行を読むのにも3秒程度の時間がかかるであろう。

　　Wem nie durch Liebe Leid geschah,（愛する苦悩を経験しなかったものに）
　　Dem ward auch Lieb' durch Lieb' nie nah；（愛は燃え盛ることもなかった。）
　　Leid kommt wohl ohne Lieb' allein,（愛がなくとも苦悩はあるが，）
　　Leib' kann nicht ohne Leiden sein.（苦悩なくして愛はない。）

　　ペッペルが，ドイツ語の200の詩を調査してみたところ，その内の3/4ぐら

いは，一行あたりの朗読時間が3秒程度であった。また，英語，フランス語，日本語など，その他の言語でも，3秒詩がとくに好まれていることを見いだした。時間的限界には個人差があるため，3秒という時間にかならずしもこだわる必要はない。しかし，私たちの意識が，時間的に連続する事象を現在という形態に統合する能力と関係しており，それには時間枠があり，この時間枠の中で意識が現れるという考えは非常に貴重な見解である。

（3） 時間順序の錯視

　感覚器に入ってくる情報が同じであっても，それが異なるものに見えるのが錯視（illusion）である。錯視といえば，幾何学的錯視などがよく知られているが，ここでは時間順序に関係する錯視を紹介する。もっとも単純な時間順序の錯視としては，**逆仮現運動**（reversed apparent motion）がある（Anstis, 1978）。これは，図3-11aの右側に図3-11bを視角15分[2]ほどずらして重ね合わせる場合，a，bの順に切り替える（dissolve：aがフェイドアウトすると同時にbがフェイドインする）と，矢印が示すように，上と下で逆の方向に運動が見えるという現象である。上の白い棒が右方向に動いて見えるのに対し，下の黒い棒が左方向に動いて見える。この錯視が見られる原理については，幾つか考えられているが，まだはっきりとわかっていない。

　時間の遅れに関する錯視としては，**フラッシュ・ラグ効果**が知られている。たとえば，図3-12左のように，水平方向に運動する2つの対象の中央にある対象を，一瞬光らせて（フラッシュして）見せると，実際には3つの対象が同じ垂直線上にあるにもかかわらず，図3-12右のようにフラッシュした静止対象が遅れて知覚される。フラッシュ・ラグ効果とは，このようにフラッシュによって時間的な遅れを引き起こす現象で，同じ原理がサッカーのオフサイド判定の誤審を引き起こす要因になっているともいわれている（Baldo et al., 2002）。

　その他の時間順序に関する錯視として，色と運動の**非同時性錯視**がある。こ

➡ 2　視角15分（15′）とは視角1度（1°）の1/4である（1章 p. 13参照）。

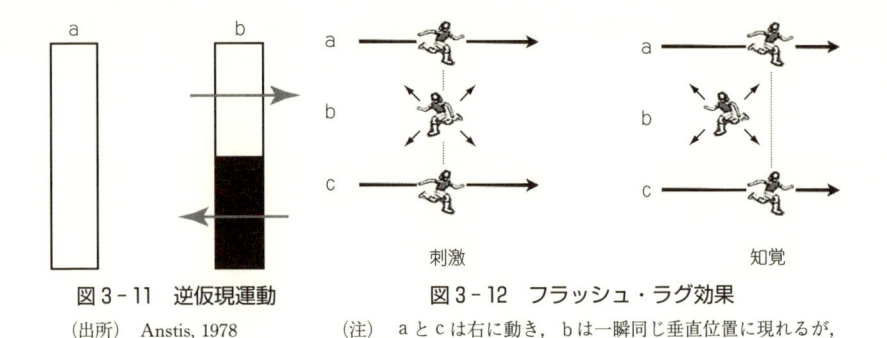

図3-11 逆仮現運動
（出所） Anstis, 1978

図3-12 フラッシュ・ラグ効果
（注） aとcは右に動き，bは一瞬同じ垂直位置に現れるが，遅れた位置に知覚される。

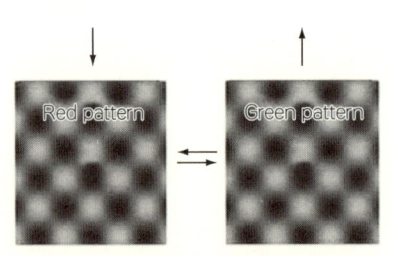

図3-13 色と運動の知覚的非同時性
（出所） Tayama & Tandoh, 2008

れは，図3-13のように，1つの固定した枠組みの中で，赤のパターンのみを下方向に250ミリ秒動かし，その後緑のパターンを上方向に250ミリ秒動かす。これを連続して繰り返していくと，どの運動方向とどの色が一致するのかわからなくなるという現象である。これは運動方向の変化が色の変化に比べて100ミリ秒ほど遅れて知覚されるために生じる。この錯視をはじめて示したモートシスとゼキ（Moutoussis, K., & Zeki, S., 1997）は，これが色と運動の処理に関わる神経上の遅れに基づいて生じると考えたが，西田とジョンストン（Nishida, S., & Johnston, A., 2002）は，これが神経上の遅れではなく刺激構造上の違いに基づいていると述べており，議論は続いている。

最近では，手の交叉による順序の錯視が報告されている。山本と北澤（Yamamoto & Kitazawa, 2001）は，腕を交差させて時間順序を判断させると順序が逆転して知覚されるという現象を見いだした。左右の手に継時的に刺激を与えてその時間順序を判断させると，通常は時間差が30ミリ秒程度で70％以上，100ミリ秒で95％以上の正答率になる。しかし，腕を交差させると，時間差が300ミリ秒以内では順序判断の逆転が増え，時間差が1.5秒以上になると再び正

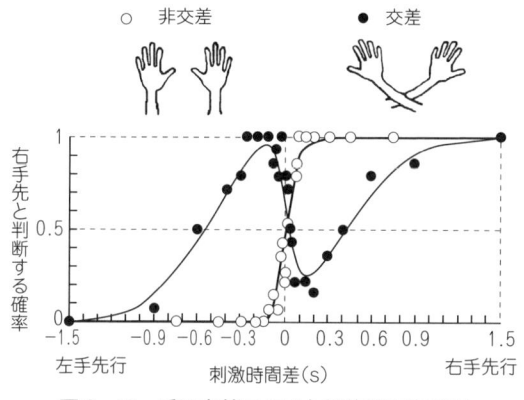

3章 時間の経過はどのようにわかるのか？

○ 非交差　● 交差

図3-14 手の交差による主観的順序の逆転
(出所) Yamamoto & Kitazawa, 2001

答となり，判断曲線がN字型となった（図3-14参照）。また，手は交差しなくても手に持った棒を交差させて棒に刺激を与えても同様の現象が生じるため，この現象は，たんなる左右の手の取り違えだけでは説明できない。これは，時間順序判断が刺激の発生源と推定される空間位置と関係することを示している。

(4) 持続時間の知覚

知覚される持続時間の長さもさまざまな条件によって変化することが知られている。ここでは，おおよそ十数秒以内の時間に関する研究について述べる。同じ物理的時間であっても，その持続時間を視覚刺激で呈示するより聴覚刺激で呈示する方が長く感じられることが知られている（Goldstone & Lhamon, 1974）。また，刺激の始めと終わりをクリック音で区切る**空虚時程**より，始めから終わりまで音で満した**充実時程**やそれを分割した**分割時程**の方が長く感じられることが知られている（Buffardi, 1971）。

また一般に，刺激は大きくて複雑なほど持続時間が長く感じられることが知られている（Ornstein, 1969 ; Schiffman & Bobko, 1974 ; Canter & Thomas, 1977）。図3-15は，実際の実験で用いられた刺激である。このような刺激を同じ時間見ていたとしても，複雑な刺激ほど持続時間は長いと評価される。知覚される

55

持続時間の長さが空間の大きさに依存することは、**カッパー効果**（または**S効果**）として知られている。これはたとえば、左から右へと水平軸上の3つの光点が継時的に点滅する場合（これをa，b，cとする），時間abと時間bcが等しくても、距離abが距離bcより長ければ、時間abの方が時間bcより長く感じられるという現象である。これは、光点が実際に動く場合でも同様で、速度が大きければ持続時間が長く感じられるといわれている（Mashour,

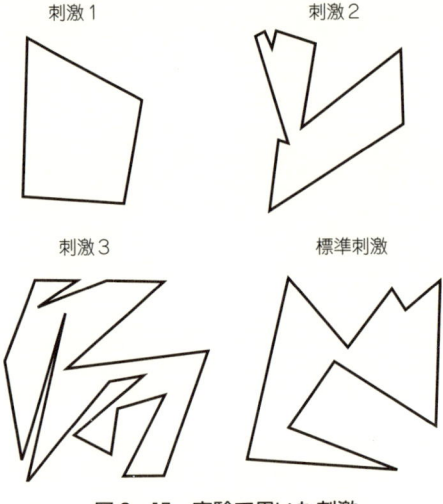

図3-15 実験で用いた刺激

（注）刺激は番号1, 2, 3の順に複雑になり、評価された持続時間の標準刺激に対する比率も、0.81, 0.90, 0.965と増加した。
（出所）Ornstein, 1969を一部改変

1964；Rachlin, 1966）。たとえば、私たちは、電車に乗って外を見ている場合、同じ持続時間であっても速い速度で（長い距離を）動いている方が時間を長く感じるであろう。しかし、速度が大きければいつでも持続時間が長く知覚されるというわけではない。ゆっくり運動するパターンよりも静止パターンを見ている方が持続時間が長く感じられ、その相対的な傾向は持続時間が長くなるほど顕著になるともいわれている（Tayama et al., 1987）。たとえば、私たちが乗っていた電車がある場所で止まり、それが信号待ちなどのために、なかなか動かない場合に、その時間をとても長く感じることがある。この停止した時間は長ければ長いほど非常に長く感じることであろう。

（5）時間知覚のメカニズム

私たちはどのようにして持続時間を判断するのだろうか。この疑問についてはまだ正しい答えが見つかっていない。しかし、持続時間を見積もるメカニズ

ムについては，基本的に異なる2つの考え方があるので，ここでは最初にそれらを紹介しよう。ひとつは，人間が**内的時計**をもっていて，それを基にして時間を判断するという考えである。他のひとつは，そのような時計を仮定せず，記憶や経験を手掛りとして持続時間を判断するという考えである。

　内的時計の考えを支持する証拠としては，人間の体内に周期的に変動するものが幾つもあることが挙げられる。呼吸や脈拍の他，人間には，信号が一巡するのに一定の時間がかかる反響回路という閉じた神経回路などがあり，これらが時計の役割を果たしている可能性がある。最近の生理学研究では，哺乳類の**概日リズム**を司る時計が**視交叉上核（SCN）**であることが明らかにされている（コラム参照）。もっと短い時間知覚などに関しては**大脳基底核**が，また，運動制御や声の発生，音楽の演奏などに関係するもっと短いミリ秒単位の時間制御については**小脳**が関係していると考えられている（Buhusi & Meck, 2005）。

　内的時計を仮定した時間知覚のモデルは古くからある。たとえば，図3-16に示すトライスマン（Treisman, M., 1963）のモデルでは，時間を判断するために不可欠な要素として，パルスを発生する**ペースメーカー**，パルス数を数えるカウンタ，その測定値を貯蔵する貯蔵庫，過去と現在のカウンタ値を比較する

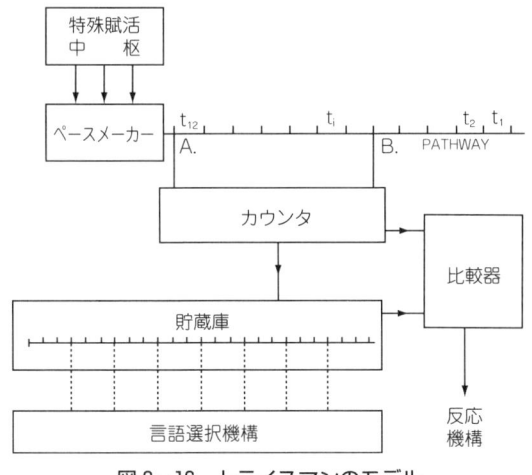

図3-16　トライスマンのモデル

（出所）　Treisman, 1963

コラム2　概日リズム

概日リズム（circadian rhythm）とは，地球の自転によって起こる1日のリズムである。体温，血流，尿形成，ホルモン濃度，毛の伸長，代謝速度など，動物の生体過程の多くは，1日のリズムで上昇したり下降したりする。概日リズムの形成に重要なものは，太陽や地球ではなく，生物時計である。太陽や地球上の変化（明暗，気温，湿度など）は，人間や動物が外界の時間を知る手掛りとなる**時間同調因子**である。これがあると動物は昼夜のリズムに同調し，24時間の周期を維持する。人間や動物をこの時間同調因子を省いた隔絶した環境で生活させると，活動リズムがより安定し，おおよそ24時間周期

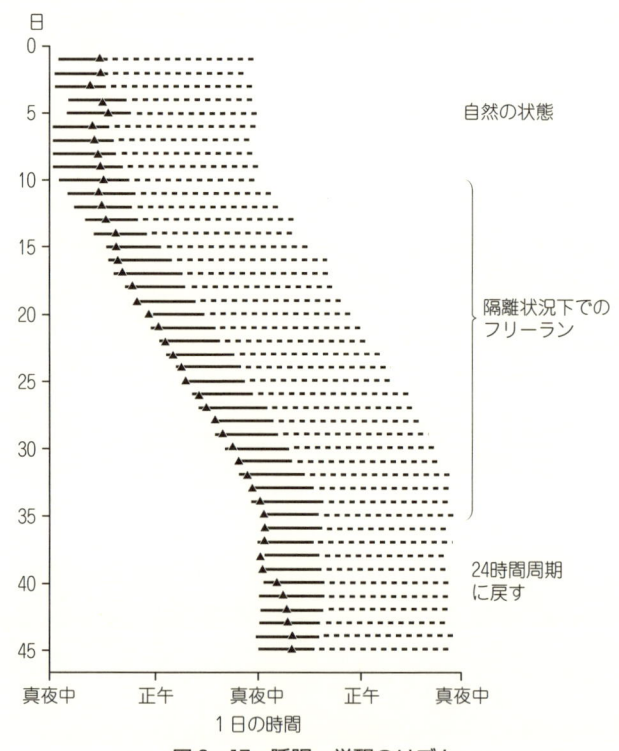

図3-17　睡眠─覚醒のリズム

（注）　ある人の日単位の睡眠─覚醒周期を示す。各々の線は1日を示す。直線は睡眠を，破線は覚醒を示す。三角印はその日でもっとも体温が低かったときを示す。

（出所）　ベアーほか，2007

に落ち着く（図3-17参照）。この場合のリズムを**フリーランリズム**という。フリーランリズムは，マウスで約23時間，人間では24.5～25.5時間周期である。ただし時間同調因子を完全に取り除くことは難しい。人間に地下室など完全に時間同調因子を省いた隔絶した環境で生活してもらうと，はじめは25時間周期で安定するが，数日から数週間経過すると，20時間起きて12時間眠るというように，30～36時間周期という驚くほど長いフリーランの周期（自走周期）をとり始めるといわれている。

　概日リズムを生み出す動物の生物時計は脳の視覚系の一部を構成する場所にあり，ゴキブリ，コオロギは視葉に，鳥類は松果体や視交叉上核に，カエルやトカゲは網膜外光受容器に，哺乳類は視交叉上核にあると考えられている。人間を含む哺乳類の生物時計と見なされている視交叉上核（suprachiasmatic nuclei, SCN）は，視床下部にある体積0.3mm^{3}未満という小さな1対のニューロン群である。SCNを電気的に刺激すると，概日リズムを予測された方向に移行させることができ，またSCN無しでは，脳内のリズムが回復できないことが知られている。しかし，SCNが唯一の時計であるとはいえない現象もあるため，第二の時計の存在が疑われている。

比較器，また1秒とか2分などの言語ラベルを引き出す言語選択機構などが仮定されている。多くの仮定が含まれているためか，このモデルの妥当性はほとんど検証されていない。

　もうひとつの考え方は，記憶や経験を手掛りとして持続時間を判断するというものである。その代表的なモデルとして，オルンスタイン（Ornstein, R. E., 1969）の**認知的蓄積容量のモデル**がある。これは，持続体験を長期記憶に喩えたものであり，持続時間の長さはその時間内に蓄積されて残った情報の関数であることを仮定する。このモデルでは，持続判断の決定においてもっとも重要なのは，どれほど情報が蓄積されて残ったかである。このモデルでは，事象の数や複雑さが増加すると持続時間の体験が長くなることが説明される。

　これらの2種類の考え方を折衷したモデルもある。トーマスとウィーバー（Thomas, E. A., & Weaver, W. B., 1975）は，時間情報（f）と非時間情報（g）という2つの処理器を仮定し，2つの処理器のどちらに多くの注意が向けられるかによって知覚時間が変動するというモデルを提出している。

ところで,持続判断の研究では,被験者が時間判断をすることをあらかじめ知っている場合と,被験者には最初にそれを知らせず後で想起させて持続時間を判断させる場合がある。これらの時間を**予期的時間**(prospective time)と**追想的時間**(retrospective time)として区別することもある。オルンスタインのモデルは追想的時間を,トーマスとウィーバーのモデルは予期的時間(100ミリ秒以下)を説明するものであった。ザッカイ(Zakay, D., 1993)は,これら両方の時間の違いを説明する二過程モデルを提案した。このモデルでは,タイマーによる処理 P (t)と記憶情報処理 P (m)という2つのプロセスが仮定されている。追想的時間については,時間は意識されず P (m)のみが働くため,オルンスタインのモデルと同様,記憶負荷が大きくて複雑な刺激を呈示すると持続時間が長く感じられることが予測される。他方,予期的時間では P (t)が働き,単調な刺激が提示される場合は,時間経過に対する割り当てが増えるので,P (t)が大きくなり時間が長く感じられるが,複雑な刺激が提示される場合は,時間経過に対する割り当てが減るため,P (t)が小さくなり時間が短く感じられることが予測される。彼はこのモデルの妥当性を実験によって示したが,このような予測に反する実験結果も数多くある。どのモデルがもっとも妥当であるかについては,今後もさまざまな観点から検討していく必要がある。

3 日常行動と時間

ここでは,日常生活と密着したさまざまな時間経験や日本人に特有な時間的行動,また時間の逆説的現象などについて紹介する。

(1) 日常経験と時間知覚

ホーグランド(Hoagland, H.)のエピソードを紹介しよう。ホーグランドは妻が40度の熱を出したので薬を買いに行った。彼はわずか20分で帰ってきたが,彼女はもっと長い時間が経ったと主張した。これに疑問をもった彼は,熱のある妻にタッピングさせてその速度を測った。それはとても速かった。これを契

機として彼は，脳の中には新陳代謝の速度を司り主観的時間のリズムを制御する化学的なペースメーカーが存在するという仮説を提唱した（Hoagland, 1933）。この仮説によると，安静時よりも歩行時や走行時の方が，持続時間を長く感じることが予測される。しかしこれを裏付ける研究は意外にも少ない。伊藤（2001）は走行時と安静時の産出時間を比較してこれを裏付ける結果を示したが，折原（1992）は，数字減算をしている間の歩行速度と再生時間[3]の関係を調べて，この予測と逆の結果を報告している。

　睡眠時の時間知覚についても調べられている。人の睡眠は，**レム睡眠**と**ノンレム睡眠**に分けることができる。レム睡眠とは，急速眼球運動睡眠（REM 睡眠，Rapid Eye Movement Sleep）のことで，眼は急速に動いていて脳波は覚醒しているように見えるので**逆説睡眠**ともいう。レム睡眠時は身体が動かず夢を見ていると考えられている。レム睡眠以外の睡眠をノンレム睡眠という。持続時間の長さは，どちらの睡眠時も，覚醒時と同じぐらいに感じられるといわれている。レム睡眠が始まってから5分後か15分後に被験者を起こして，どちらの時間が経過したかを識別させたところ，80％以上の正答率が得られた（Dement & Kleitman, 1957），ノンレム睡眠についても，持続時間の判断がかなり正確にできた（Noble & Lundie, 1974），等の報告がある。起床時間の正確性については，2時間から5時間後の決められた時間に，被験者の32％が10分程度の誤差で起床できたという報告がある（Zung & Wilson, 1971）。

　きわめてまれな研究として**白昼夢**の研究もある。白昼夢とは，意識が過去に向いたり未来を想像したりというような空想的な状況である。このような状況では，時間が短く感じられるといわれている（Wheeler, 1969）。また，光や音

➡ 3　産出法では，1秒や3秒などの数値が与えられた後，テスト刺激を提示して，その時間が経過したら反応するという方法によって，時間を作り出すことが求められる。この時間を産出時間という。再生法では，テスト刺激を実際に観察した後に，標準刺激などを提示して，同じ持続時間を作り出すことが求められる。この時間を再生時間という。これら2つの時間は正反対の結果をもたらしやすいため，比較する場合には注意が必要である。

など刺激が遮断された**感覚遮断**の状況下では，時間が過小評価されるという報告が多いが（Forgays & McClure, 1974 ; Vernon & McGill, 1963），最初の数時間は逆に長く感じるという報告もある（Murphy et al.（Block (1979) より引用））。薬物と時間知覚の関係については，一般に，興奮剤を飲むと覚醒や機敏さが増大して意識に達する情報が大量にもたらされ持続体験が長くなるが，鎮静剤はその逆の効果をもたらすといわれている。LSD，マリファナなどの幻覚剤の場合は，密度の濃い体験を経験して通常より持続時間を長く感じ，睡眠薬やアルコール，精神安定剤の場合は，持続時間を短く感じるといわれている（Ornstein, 1969 ; Orme, 1969）。

（2） 生体リズムと精神テンポ

私たちは普段，歩いたり，走ったり，自転車に乗ったりしている。これらの動作に関係する時間の研究も数多くある。たとえば，足立（1995）は東京都内の歩行者の歩行速度を調べているが，その平均値はおおよそ 1 Hz であった。[4] これは歩行の通常のリズムが 1 Hz 前後であることを示唆する（ただし後述の Levine & Bartlette (1984) を参照）。このような動作のリズムが，呼吸や心拍などの生体リズムと関係しているか否かは興味深いところである。野ウサギやイヌ，ウマの駆け足中の動作のリズムと呼吸の間には基本的に 1：1 の対応があるといわれている。人間でも，ランニング，自転車運転，ボート漕ぎなどでは動作のリズムと呼吸との間に同期化が起こるが，その比は 1：1 に限らず，2：1，3：1 などさまざまであることが知られている（Bramble & Carrier, 1983 など）。

ところで，人間には各自が好む固有のテンポがあり，その人らしさを特徴づけている。心理学ではこのようなテンポのことを精神テンポと呼んでいる。精神テンポの個人差は非常に大きいが，これが時を隔てて比較的一貫していることからパーソナリティの理解や評価に有効であると考えられている。精神テン

➡ 4　1 Hz とは 1 秒の間に右足と左足をそれぞれ一歩ずつ動かす速さを意味している。

ポの研究では，しばしば課題間の一貫性が問題となる。これは，しゃべるのが速い人は歩くのも速いというように，どのような行動でも同じテンポが存在するか否かということであり，一般性と特殊性の問題と見なすことができる。しゃべるのも歩くのも速いというのは一般性の例であり，しゃべるのは速いが歩くのは遅いというのは特殊性の例である。初期の研究では一般性を支持する説が有力であったが（Eysenck, 1947；Harrison, 1941 など），その後，一貫したテンポはないが類似した課題の精神テンポどうしは関連が深い（Rimoldi, 1951）というのが定説となっている。また，精神テンポは個人にとってもっとも経済的であり，外的に強制するテンポは有害であるという見解もある（Rimoldi, 1951）。

（3） 時間に正確な日本人

レヴィンとバートレット（Levine, R., & Bartlette, K., 1984）は，日本，台湾，インドネシア，イタリア，英国，米国で，銀行の時計の正確性，歩行者の歩く速さ，郵便局の切手販売にかかる時間を測定した。各々の国では，たとえば東京と仙台のように大都市と中堅都市で測定した。その結果，1位はいずれも日本であった。すなわち日本の銀行の時計は一番正確に時を刻み，歩行者の歩く速度も一番，郵便局でも一番速く切手を購入することができた（図3-18参照）。2位は米国と英国でほぼ同じであった。同じ西洋でも，イタリアは時間にやや不正確で遅かった。

彼らは，これらのデータとタイプA特性や心臓病などの**冠状動脈性疾患**との関係について分析した。**タイプA**とは，1950年代後半に米国で発見された冠状動脈性疾患の心理・行動的危険因子のことで，この特性をもつ人は，時間に追われて何かを達成しようと精力的に活動し，他人との競争の中で攻撃性や敵意が高まった行動をとるという特徴を持つといわれている。このような特性をもたない人をタイプBという。レヴィンらの研究結果は，イタリアよりも米国や英国の方が，またそれらの国より日本の方がタイプAの特性をもつ人が多いことを示唆する。それに伴って冠状動脈性疾患も多くなると考えられる。ところ

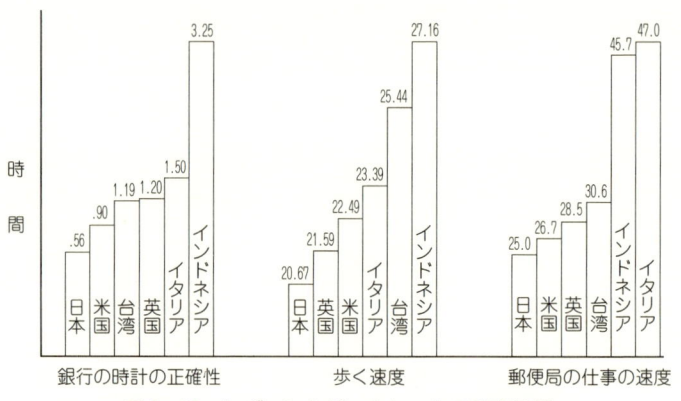

図3-18 レヴィンとバートレットの調査結果
（注）銀行の時計のずれは分単位，歩く速度と郵便局の速度は秒単位。
（出所）Levine & Bartlette, 1984

が不思議なことに，日本人には，冠状動脈性疾患が少ない。どうしてこれほど時間に切迫した日本人に疾患が少ないのか。日本人の生活スタイルは今や西洋的になっており，一体どこに米国と違いがあるのか。食物の違いなども考慮する必要があるが，レヴィンらが重要な要因として指摘したのは，日本人のもつ仕事における協調性（cooperation）やグループでの達成感（group achievement）であった。彼らによると，冠状動脈性疾患は，日本人の行動パターンである勤勉性とはかならずしも関係がなく，強い動因（hard driving）[5]や競争的側面と関係がある。しかし，レヴィンらの指摘からすでに20年以上が経過している。この間に，日本は，競争性が強調される社会に変貌を遂げてきているので，注意する必要があるかもしれない。ただし，近年ではタイプA特性と冠状動脈性疾患の関係はあまり重要視されていないようである。

(4) 時間の逆説

人は楽しいことをしているとまたたく間に時間が過ぎ去り，つまらないことをしていると時間を長いと感じる。しかし，後で振り返ってみると，楽しいこ

➡ 5 強い動因（hard driving）：強い競争心や闘争心を意味する。

とは長く記憶に留められ，つまらないことは容易に忘れ去られる。このように持続時間の長さの感じ方は，それを直接的に経験した場合と想起した場合で逆転してしまう。これをここでは**時間の逆説**（パラドックス）と呼ぶ。このような時間の逆説はどうして生じるのか。自分が今経験したことは極端に長く感じたり極端に短く感じたりするかも知れないが，それは時とともに忘却の彼方に沈んでしまう。これは極端さがなくなり平均化してしまうことを意味する。つまり長く感じた出来事は短く感じる方向へ，短く感じた出来事は長く感じる方向へ，その表象が推移していく。時間の逆説とは，この反対方向への内的変化を指しており，実際には逆転する必要のないものなのかもしれない。すなわち，この逆説は実験によって検証することもできるが，それを明確に示した実験はいまだ報告されておらず，また，仮に実験によって逆説的な結果が得られない場合でも，上述したように，表象の推移が逆方向を向いていることで，逆説的に感じられることがあり得るということである（詳細は田山（2000）参照）。これに似たもうひとつの時間の逆説がある。どんなに辛くて悲しいことも，嬉しいことに，時はすべてを解決してくれる。しかし，どんなに楽しく嬉しいことも，悲しいことに，時はすべてを忘却の深淵に押し込んでしまう。

〈サマリー〉

1節「感覚・知覚のメカニズム」では，心理物理学的な基本的法則について概説し，同時性の範囲や時間順序の判断に必要な時間の長さ，またそれらが反応時間とどのように関係しているのか，また，読書時の眼球運動や非常に短い時間の情報の保存，単語認知に要する時間について概説した。

2節「時間の認識」では，知覚的体制化の働きがどのようなものかについて概説し，それと密接な結びつきをもった私たちの情報統合能力が，意識や今という感覚とどのように関係しているのかに関する見解を紹介した。また，さまざまな時間順序の錯視や時間知覚の現象，およびそれらを含めて私たちの時間経験を説明する基本的なモデルを紹介した。

3節「日常行動と時間」では，日常生活のさまざまな状況で時間がどのように知覚されるか，また生体リズムと精神テンポについて概説し，日本人のテンポの独自性について触れた。最後に，時間の逆説に関するひとつの考察を紹介した。

〈もっと詳しく知りたい人のための文献紹介〉

松田文子・調枝孝治・甲村和三・神宮英夫・山崎勝之・平伸二（編）1996　心理的時間——その広くて深い謎　北大路書房
⇨心理的時間の問題の複雑性や多様性について論じており，時間知覚や時間評価の研究法について解説している。わが国の心理的時間に関する最前線の研究を多くの専門家が広範囲にわたって紹介している。心理学的時間の研究に関心のある人にとってはバイブルともいえる本である。

一川誠　2008　大人の時間はなぜ短いのか　集英社新書
⇨楽しい時間は速く過ぎ去ってしまうのに，どうして退屈な会議はなかなか終わらないのか，大人になると，どうして子どもの頃より1日や1年が短く感じられるのか，など物理的な時間とは異なる人間が体験する時間の不思議を，最新の知覚心理学の知見を交えながら，丁寧に解説している。

〈文　献〉

足立和隆　1995　ヒトの歩行のテンポ　体育の科学, **45**, 12-17.

Anstis, S, 1978 Apparent motion. In R. Held, H. W. Leibowitz & H. Teuber (Eds.), *Handbook of sensory physiology*, *Vol. 8. Perception.* Springer-Verlag. Chapter 21, pp. 655-673.

Baldo, M. V., Ranvaud, R. D., & Morya, E. 2002 Flag errors in soccer games: The flash-lag effect. *Perception*, **31**, 1205-1210.

ベアー, M. F.・コノーズ, B. W.・パラディーソ, M. A.　加藤宏司・後藤薫・藤井聡・山崎良彦（監訳）2007　神経科学——脳の探求　西村書店

Block, R. A. 1979 Time and consciousness. In G. Underwood & R. Stevens (Eds.), *Aspects of consciousness.* Academic Press. Chapter 8, pp. 179-217.

Bramble, D. M., & Carrier, D. R. 1983 Running and breathing in mammals. *Science*, **219**, 251-256.

Buffardi, L. 1971 Factors affecting the filled-duration illusion in the auditory, tactual, and visual modalities. *Perception & Psychophysics*, **10**, 292-294.

Buhusi, C. V., & Meck, W. H. 2005 What makes us tick?: Functional and neural mechanisms of interval timing. *Nature Neuroscience*, **6**, 755-765.

Canter, N. E., & Thomas, E. A. 1977 Control of attention in the processing of temporal and spatial information in complex visual patterns. *Journal of

Experimental Psychology : Human Perception and Performance, **3**, 243-250.

コーエン, J. 小野章夫／シズエ・クラン（訳）1971 時間の心理――その正常と異常 協同出版

Dement, W., & Kleitman, N. 1957 The relation of eye movements during sleep to dream activity : An objective method for the study of dreaming. *Journal of Experimental Psychology*, **53**, 339-346.

Eriksen, C. W., & Collins, J. F. 1967 Some temporal characteristics of visual pattern perception. *Journal of Experimental Psychology*, **74**, 476-484.

Eysenck, H. J. 1947 *Dimensions of personality*. Routledge & Kegan Paul.

Forgays, D. G., & McClure, G. N. 1974 A direct comparison of the effects of the quite room and water immersion isolation techniques. *Psychophysiology*, **11**, 346-349.

Goldstone, S., & Lhamon, W. T. 1974 Studies of auditory-visual differences in human time judgment : I. Sounds are judged longer than lights. *Perceptual and Motor Skills*, **39**, 63-82.

Harrison, R. 1941 Personal tempo and the interrelationships of voluntary and maximal rates of movement. *The Journal of General Psychology*, **24**, 343-379.

Hirsh, I. J., & Sherrick, C. E. 1961 Perceived order in different sense modalities. *Journal of Experimental Psychology*, **62**, 423-432.

Hoagland, H. 1933 The physiological control of judgments of duration : Evidence for a chemical clock. *Journal of General Psychology*, **9**, 267-287.

一川誠 2008 知覚体験の時間的特性と心的時間 辻正二（監修）山口大学時間学研究所（編）時間学概論 恒星社厚生閣 第6章, pp. 119-141.

伊藤友記 2001 動的状況下における時間評価の特性 九州スポーツ心理学研究, **13**, 66.

Kristofferson, A. B. 1976 Low-variance stimulus-response latencies : Deterministic internal delays ? *Perception & Psychophysics*, **20**, 89-100.

Levine, R. L. 1988 The pace of life across cultures. In J. E. McGrath (Eds.), *The social psychology of time : New perspective*. Sage Publication. Chapter 3, pp. 39-60.

Levine, R., & Bartlette, K. 1984 Pace of life, punctuality and coronary heart disease in six countries. *Journal of Cross-Cultural Psychology*, **15**, 233-255.

Libet, B. 2004 *Mind time.* Harvard University Press.（下條信輔（訳） 2005 マインドタイム 岩波書店）

前川祐弥 2008 新聞を読む人とキツネ（両義図形） http://www.ne.jp/asahi/sapporo/kirin/tool/tool.html（2017年4月1日閲覧）

Mashour, M. 1964 *Psychological relations in the perception of velocity.* Stockholm studies in psychology 3. Amguist & Wiksell.

松田文子・調枝孝治・甲村和三・神宮英夫・山崎勝之・平伸二（編） 1996 心理的時間――その広くて深い謎 北大路書房

Moutoussis, K., & Zeki, S. 1997 A direct demonstration of perceptual asynchrony in vision. *Proceedings of the Royal Society of London*, **B264**, 393-399.

Nishida, S., & Johnston, A. 2002 Marker correspondence, not processing latency, determines temporal binding of visual attributes. *Current Biology*, **12**, 359-368.

Noble, W. G., & Lundie, R. E. 1974 Temporal discrimination of short intervals of dreamless sleep. *Perceptual and Motor Skills*, **38**, 445-446.

折原茂樹 1992 計算課題を行いつつ歩行を求めた際の生活時間評価に関する研究 国士舘大学教育学論叢，**10**，132-144.

Orme, J. E. 1969 *Time, experience and behaviour.* Illife.

Ornstein, R. E. 1969 *On the experience of time.*（本田時雄（訳） 1975 時間体験の心理 岩崎学術出版社）

ピエロン，H. 島崎敏樹・豊田三郎（訳） 1958 感覚 白水社

Pöppel, E. 1985 *Grenzen des Bewußtseins : Über Wirklichkeit und Welterfahrung.* Deutsche Verlags-Anstalt GmbH.（田山忠行・尾形敬次（訳） 1995 意識のなかの時間 岩波書店）

Rachlin, H. C. 1966 Scaling velocity, distance, and duration. *Perception & Psychophysics*, **1**, 77-82.

Rimoldi, H. J. A. 1951 Personal tempo. *Journal of Abnormal and Social Psychology*, **46**, 283-303.

Schiffman, H. R., & Bobko, D. J. 1974 Effects of stimulus complexity on the perception of brief temporal intervals. *Journal of Experimental Psychology*, **103**, 156-159.

Sperling, G. 1960 The information available in brief visual presentations. *Psychological Monographs*, **74**, 1-29.

田山忠行 2000 経験される時間と想起される時間の主観的印象 北海道大学文学

部紀要, **102**, 91-105.

Tayama, T., Nakamura, M., & Aiba, T. S. 1987 Estimated duration for rotating-spot-pattern. *Japanese Psychological Research*, **29**, 173-183.

Tayama, T., & Tandoh, K. 2008 Velocity influence on detection and prediction of changes in color and motion direction. *Journal of the Graduate School of Letters (Hokkaido University)*, **3**, 55-68.

Thomas, E. A., & Weaver, W. B. 1975 Cognitive processing and time perception. *Perception & Psychophysics*, **17**, 363-367.

Treisman, M. 1963 Temporal discrimination and the indifference interval: Implications for a model of the "internal clock." *Psychological Monographs*, **77** (Whole No. 576), 1-31.

Vernon, P. A., & McGill, T. E. 1963 Time estimation during sensory deprivation. *Journal of General Psychology*, **69**, 11-18.

Wheeler, J. G. 1969 *Fantasy, affect, and the perception of time.* Doctoral dissertation, City University of New York.

Yamamoto, S., & Kitazawa, S. 2001 Reversal of subjective temporal order due to arm crossing. *Nature Neuroscience*, **4**, 759-765.

Zakay, D. 1993 Relative and absolute duration judgments under prospective and retrospective paradigms. *Perception & Psychophysics*, **54**, 656-664.

Zung, W. W. K., & Wilson, W. P. 1971 Time estimation during sleep. *Biological Psychiatry*, **3**, 159-164.

4章　意識とは何だろうか？
——短期記憶，ワーキングメモリ，自伝的記憶

仲　真紀子

　意識とは何でしょうか。辞書には「物事に気づくこと」「(混濁・無意識などに対して) はっきりとした自律的な心の働きがあること」「状況・問題のありようなどを自らはっきり知っていること」と説明されています (大辞林　第二版)。また，心理学者であるコールマン (Colman, A.M) は，意識を「人の平常的な心的状態で，外界に関する知覚，思考，感情，気づきによって特徴づけられる覚醒した状態，および自己の気づき」としました (コールマン，2004)。この説明によれば，意識はさまざまな側面から理解することができるといえるでしょう。知覚という観点から見れば，意識的な状態とは，適切に注意を向けられる状態だといえるかもしれません (1-3章参照)。思考・推論という観点から見れば，自分の考えていることを把握しコントロールできる，いわばメタ認知が可能な状態だということができるでしょう (8, 10章参照)。また，感情がわき起こる，感情を感じることができるということは，心が一定の覚醒水準にあるということです。眠たい，ぼんやりとした状態では感情を感じることはできず，逆にパニックに陥るような崩壊した状態でも感情は起き得ません。感情があるという状態は，心が適切に喚起されている状態だということになるでしょう (11章参照)。さらに，気づきという問題は，記憶という観点から理解することもできます。知覚，思考，感情については他の章で扱いますので，ここでは記憶という観点から意識の問題を見ていくことにしましょう。

1　意識とは何か？

(1)　気づいている (頭にとどめている) ことと短期記憶
　人の心は情報を一定期間，保持することができる。この保持する活動，保持

されている情報内容を記憶という（記憶にとどめることを**記銘**ないし**符号化**ということもある）。記憶は，情報が瞬時（0-1，2秒）保持される記憶（**感覚記憶**，3章参照），10-15秒といった短い期間保持される記憶（**短期記憶**），より長い期間保持される記憶

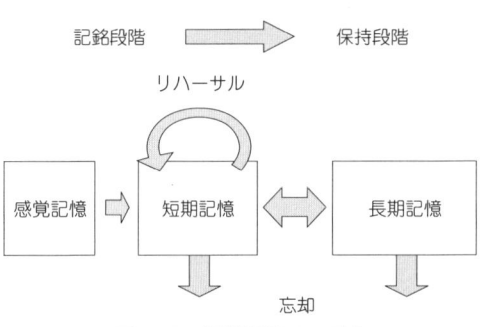

図4-1 短期記憶のモデル

（**長期記憶**）に区別することができる。たとえば講義の最中に教授の話をノートに書き写そうとする場合，私たちは感覚記憶のふるいを経て入ってきた情報を，ノートに書き写すまでは頭にとどめておかなければならない（つまり，短期記憶に保持しておかなければならない）。しかし，書き写してしまえば，教授の口調や具体的な発話の詳細は忘れてしまっても構わない。ノートに書き取られる内容も，長期記憶に送られる情報も，聞いた内容のエッセンスだけであるだろう。ここでの短期記憶，すなわち情報を頭にとどめておくことを「意識している」状態と見ることができる。

短期記憶にある情報は，繰り返し声に出して（あるいは頭の中で）唱えたり（**リハーサル**という），他の情報と結びつけたり（**精緻化**），まとめたり（**チャンク化**）することで，よりよく記憶にとどめることができる。こういった記憶の過程は，単純化すれば図4-1のように表すことができる。すなわち，短期記憶に入った情報はリハーサルしている限り短期記憶に保持され，その一部は精緻化やチャンク化などの処理を経て長期記憶へと転送される。このような記憶の過程は，シフリン（Shiffrin, R. M.）らによって定式化された（Shiffrin & Atkinson, 1969）。

短期記憶の大きさは，数字をいくつまで保持できるかによって測定することが多い。これを**記憶容量**または**メモリスパン**といい，一般に次のように測定する。1秒に1数字の割合で「6，4，2，8」と読み上げ，それを復唱しても

らう。これができたならば，数字を一つ増やして「9，1，8，2，7」などの5桁の数列を提示する。この課題もできたならば，数字をさらにひとつ増やし，提示する。そのようにして，ひとつずつ数字を足していき，復唱できた最後の数列の桁数を，その人の記憶容量とする（通常，同じ桁数の課題2つに連続して失敗するまで行う）。一般に，定型成人の記憶容量は7±2だとされる（7が平均値で，2が標準偏差である。すなわち，5〜9の間に，定型成人の約68％が含まれることになる）。記憶容量は，記憶する対象が数列でも単語のリストでもおおむね7であることから，**マジカル・ナンバー7**と呼ばれることがある。短期記憶に保持される情報を意識だとするならば，同時に意識できる項目は7つ程度だということができるだろう。

（2）ワーキングメモリ

　短期記憶は計算，文章読解，思考，会話などのさまざまな認知活動において重要な働きをもつ。上記のモデルでは短期記憶は貯蔵庫としてモデル化されているが，バデレーら（Baddeley, A., 2000 ; Baddeley & Hitch, 1974）は，短期記憶を作業が行われる場としてとらえ，**ワーキングメモリ**（作動記憶）と呼んだ。ワーキングメモリには，4つの要素を区別することができる。すなわち，①音韻情報を保持する**音韻ループ**（リハーサルは「ROKU YON NI HACHI」など，音韻的な繰り返しにより行われることから，音韻情報を保持する要素はループになっているとされる），②視覚的な情報を保持する**視空間スケッチパッド**，③注意配分を司る**中央実行系**（たとえば運転をしながら会話する場合，中央実行系は運転と会話に適宜，心理的な資源を割り当てる），および④**エピソードバッファ**（文脈と結びついた出来事情報を保持する）である（10章も参照）。なお，このモデルにおいては情報が蓄えられている長期記憶をレファレンスメモリ（参照記憶）と呼ぶこともある。

　短期記憶は数唱課題で測定することが多いが，ワーキングメモリは活動を伴う記憶により測定する。たとえば，文を次々に提示し，文を読ませるとともにその文に含まれる単語（下線が引いてある）を記憶させる。このようにして提

示した単語をいくつ再生できるかにより，ワーキングメモリを測定する（これをリーディングスパン・テストという）。「意識」は，ワーキングメモリとして捉えることもできるだろう。ワーキングメモリという観点から言えば，意識には聴覚的，視空間的，そして文脈と結びついた出来事としての要素があり，注意配分を司っているということができる。

（3） 意識と活性化

　短期記憶やワーキングメモリのモデルでは，外からの入力（たとえば実験者が読み上げる数字の列等）を保持することに焦点が当てられているように読み取れたかもしれない。しかし，そもそも数列が数列として理解されるには，入力情報と長期記憶に保持されている「知識」との照合が必要である。たとえば，実験者が読み上げた「ROKU YON NI HACHI」といった音韻情報は，長期記憶に蓄えられている「ROKU＝6，YON＝4，NI＝2，HACHI＝8」といった知識との照合を経た上で，短期記憶内で保持され，用いられる。

　子どものころの出来事を思い出すという例を考えてみよう。アルバムを見て，長期記憶にある子ども時代の旅行の思い出が引き出されたならば，短期記憶内でその情報を保持し，子ども時代の出来事をありありと思い浮かべることができる（すなわち，子ども時代の出来事を意識することができる）。意識するということは，すでに長期記憶にある情報を短期記憶に引き出すことだと言い換えることもできるだろう。

　図4-1の記憶モデルは，主として記憶の転送，すなわち短期記憶から長期記憶へと情報が送られたり，長期記憶から取り戻された情報が短期記憶へと送られたりする過程に焦点が当てられている。これに対し，長期記憶の想起（**検索**ともいう）に焦点を当てた記憶のモデルを**ネットワークモデル**という（Anderson（1980）などのモデルが有名である）。ネットワークモデルは脳の神経細胞（ニューロン）から成るネットワークを模しており，単純化すれば図4-2のように表される。蓄えられている知識は**ノード**（細胞体にあたる）で表され，それらは**リンク**（軸索や樹状突起にあたる）によって結びつけられている。

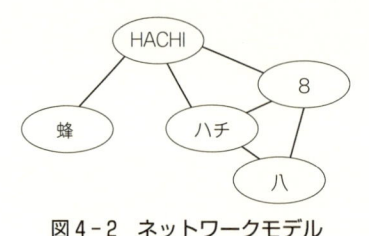

図4-2　ネットワークモデル
(注)　楕円はノード，線分はリンクを表す。

生理学的には，ニューロンは情報を電気的，化学的な信号として受け取り，別のニューロンへと伝達する。すなわち，情報を受け取ったニューロンは活性化し，その情報を軸索や樹状突起と呼ばれる繊維を通じて，結合している他のニューロンへと伝播する。ネットワークモデルでも，こういったニューロンの特徴が示されている。たとえば，外部からの情報（ROKU YON NI HACHI）により，ROKUにあたるノード，YONにあたるノード，NIにあたるノード，HACHIにあたるノードは同時に活性化される。ROKUという「音」を表すノードからは，活性化された情報（活性化情報）が6，六，VIといった文字やイメージを表すノードへも伝播するだろう。YON, NI, HACHIも同様である。このような活性化は一定期間持続する。この状態は，いわば情報が短期記憶に入っている状態であり，意識に対応する状態だといえる。

　図4-1のモデルでは，情報が短期記憶の貯蔵庫に入っているか否かの2値しかなかった。しかし，ネットワークモデルでは活性化のレベルを連続変数で表すことができる。「意識化」されるレベルの閾値（たとえば60%）を設定することで，中程度に覚醒している度合い，もう少し情報がくれば意識化される状態なども表すことができる。

2　内観できない意識的過程

(1)　ヘッブの思考実験

　1節では意識を，特定の情報が短期記憶・ワーキングメモリで保持されている状態，あるいはネットワークモデルにおける活性化の状態として捉えた。短期記憶，ワーキングメモリに保持されている情報は，リハーサルや精緻化が可能な情報であり，いわば「**内観**」ができる。内観ができるか否かは，日常的に

いう「気づき」や「意識」の概念と近いかもしれない。これに対し，比較行動心理学者であり，客観的に記述できる行動や脳内の活動によってのみ心を記述しようとしたヘッブ（Hebb, D. O.：1904-85）は，以下のような議論を展開した（ヘッブ，1975）。

日常的な言葉としては，意識は自分の精神活動（の一部）を「内観する，または知る」ことができること，無意識はそれができないことを意味するかもしれない。しかし，はっきりと覚醒した状態であっても，心の活動をすべて内観できるとは限らない。たとえば「9 + 1は？」と尋ねられた人は「10」と答えるだろうが，どのようにして10という答えがでてきたかは説明できない（心に10という数字が思い浮かんだ，というしかないだろう）。このような例を考えるならば，「意識」は内観できるかどうかとは関係なく，むしろ人間／高等動物が正常な覚醒状態にあり，環境に対して適切に反応し得る状態およびその脳の活動状態と考えるのが妥当だということになる。ヘッブはこのように考え，さらに「意識」の指標について，次のような思考実験をした。

意識の指標は「反応性」であろうか。否，なぜならば，昏睡状態にある人でも身体的な刺激に対して反応することがある。よって反応性の有無によって意識の有無を判断するのは適切ではない。意識の指標は「言語」であろうか。否，言語をもたない動物でも（チンパンジーなど），人間が示す非言語的な活動と似た反応を示すことがある。このような推論の後，ヘッブは，**無意識**は「感覚支配的な過程」だが，**意識**は先行する心理的状態に応じた反応が選択的に返せる過程だとした（ヘッブはこれを**媒介過程**と呼んだ）。たとえば，熱い湯に誤って手を入れれば，あわてて手を引き出すだろう。覚醒している状態であっても，このように反射的に起きる活動は無意識的だとされる。これに対し，人は，「2つの数字を足すように」と指示された後に「9，1」と聞けば10という数字を，「2つの数字をかけるように」と指示された後に「9，1」と聞けば9という数字を答えるだろう。ヘッブはこのような，同じ刺激（9，1）が与えられても選択的な反応を行うことができる過程（いわば，足す，かけるという媒介過程が活性化されている状態）を意識だとした。

（2） 細胞集成体モデル

　ヘッブはこのような選択的反応を支える媒介過程を，上記のネットワークモデルの基礎ともなった**細胞集成体モデル**により表した。

　細胞集成体とは，同時にしかも繰り返し活性化されることで結合した複数のニューロンの集合体である。これらの中には，ニューロン同士がループを成し，一度活性化されると活性化情報がループ内を巡り，なかなか減衰しない集成体もある。また，あるニューロンから別のニューロンへの信号伝達を容易にしたり（**促通**），別のニューロンへの信号伝達を**抑制**したりするニューロン／細胞集成体もある。

　ある刺激により，細胞集成体Xが活性化されたとする。そのときに，他のどの集成体も活動していなければ，Xの活動は，何の行動的反応も引き起こさないまま減衰してしまうかもしれない。しかし，集成体Aが活性化していれば，そこからの促通を得てA′の行動が生じるかもしれない。一方，集成体Bが活性化していれば，Bからの促通によりB′の行動が生じるかもしれない。つまり，すでに活性化している情報により，異なる反応が起きることになる。

　ヘッブは，心の内面に対する気づきがあることではなく，外の刺激に対して選択的な反応ができることが意識だとしたが，そのような過程は，上記のような媒介過程によって表すことができる。

（3） プライミング

　ヘッブが媒介過程と呼んだプロセスは，**プライミング**という概念によって理解することもできる。プライミングとは，先行情報を提示することで，特定の反応を生じさせる準備状態をつくることを指す。古典的な研究において，ルイス（Lewis, J. L.）は**両耳分離聴**という方法を用い，次のようなプライミング効果を示した（Lewis, 1970）。

　参加者のそれぞれの耳にヘッドフォンで異なる単語を提示する。参加者は，一方の耳（注意を向ける耳，Aとする）に示される単語を口頭で繰り返すように求められる。もう一方の耳（注意を向けない耳，Bとする）に提示される単

語は無視するよう求められる。ただし，耳Bに提示される単語は，耳Aに提示される単語（仮にパンとする）との①連想価が低い（連想されにくい）同義語（かて（糧）），②連想価が低い非同義語（いと（糸）），③連想価が高い非同義語（バター），であった。耳Aに単語が示された後，参加者がこの単語を繰り返すまでの反応時間を測定したところ，耳Bの単語が③である場合に比べ，①，②である場合（連想価が低い場合），反応時間はより長くなった（実験1より）。参加者は，耳Bの単語は無視していたにも関わらず（実際，参加者はこれらの単語を後で想起することはできなかった），連想価が高い単語は，耳Aに聞こえた単語の処理を促進したといえる。つまり，耳Bに示された情報は，内観することはできないが，認知的な処理に影響を及ぼしたといえる。

（4） フロー体験と没我の境地

『楽しむということ』という著書を著した心理学者チクセントミハイ（Csikszentmihalyi, M.）（1991）も，ヘッブとは異なる仕方で，とぎすまされてはいるが内観できない過程を記述している。チクセントミハイが扱ったのは，物事に夢中になり没頭している過程であり，**フロー体験**と呼ばれる。

チクセントミハイは，人が活動を「楽しむ」とはどのようなことかを調べるために，作曲家，ダンサー，チェス・プレイヤー，ロック・クライマー，外科医など，趣味や仕事に没頭する人々に調査を行った。その結果，「楽しい」とされる理由は，その活動をやることそれ自体にあり（これを**自己目的的活動**という），リラックスする，競争に勝つ，尊敬を集めるといった効果は二次的であることを見いだした。また，自己目的的活動の特徴として，一連の刺激や規範がはっきりしていて領域が限定されていること，目標が明確でフィードバックがあること，挑戦（チャレンジ）があること，有能感・支配感を感じられること，そして没我の境地になること（いわば，行為が**自動化**すること）などがあることを明らかにした。とくに没我の境地にある人の感覚は，以下のような声に見ることができる。

「登りはじめると，記憶は断ち切られたようになるのです。覚えてるこ

とといえば，最後の30秒だけ，先のことについて考えられるのは，次の5分間のことだけです。ものすごい注意の集中のため，日常の世界のことは忘れてしまいます。」(ロッククライマー)

「努力は不要です。ゲームは闘争ですから，注意を集中することは息をするようなものです。屋根が落ちてきたとしても，私にぶつからなかったら気がつかないでしょう。」(チェス・プレイヤー)

「熟知しているものの中に没入すること，つまりすべてがうまくいくということは，楽しいものであり得るのです。手仕事の楽しさがあるんです。動作のシンフォニーです。自分が何をすべきかわかっている計画的な手術でも，くつろぎを感じる。」(外科医)

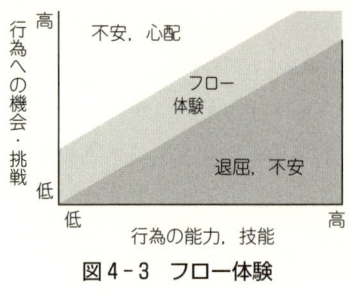

図4-3 フロー体験
(出所) チクセントミハイ，1991より作成

これらの言葉は没我の境地をよく表している。逆に，内面が意識される状態とは没頭できない，楽しめない状態であることも示された。あるロック・クライマーは，調子がよいときには何も考えずに自動的に行動できるが，うまくいかないと，自分のことを考えだすと述べている。また，ある外科医は，器官組織が結合されない，輸血が必要になるといった状況では，気持ちが高ぶり，緊張し，自分の行為を強く意識するようになると述べている。このようなときには気が転倒し，自分がぶざまであるように感じ，心配になり，不安になり，手術の滑らかさもなくなってしまうのだという。

こういった調査を通し，チクセントミハイは，状況や課題が難しすぎて技能が追いつかない場合は不安や心配が生じて自己に意識が向くが，状況や課題が容易すぎる場合にも退屈感が高まり自己に意識が向くことを見いだした。そして，チャレンジの機会と能力・技能のバランスがとれた状態こそ，人が時間を忘れて楽しむことのできる状態だとし，これをフロー体験と名付けている（図4-3参照）。フロー体験は，とぎすまされ，適切な行動がとれる状態であるが，内面への注意は向かない。これも内観を伴わない意識的過程だといえるだろう。

3 自伝的記憶と意識・無意識

1節では内観できる意識的過程，2節では内観を伴わない意識的過程について述べた。しかし，どちらにおいても自分なしには意識は存在し得ない。内観するのは自分の心であり，内観できないのも自分の心である。ここでは，自己をかたちづくる記憶について見ていこう。

(1) 自伝的記憶

自己が体験した出来事の記憶や，自己に関わる記憶を**自伝的記憶**という。5章でも見るように，長期にわたり保持される記憶は，**意味記憶**（辞書的な意味，世界に関する知識）と**エピソード記憶**（特定の時間，場所で自分が体験した出来事の記憶）に分けることができるが，自伝的記憶は自己に関する意味記憶（自分は〇〇で生まれ，△△で育った等）と自己の体験のエピソード記憶（いつ，どこで，どのような体験をした）から成る記憶の総体である。

①自伝的記憶のモデル

認知心理学者であるコンウェイら (Conway, M. A., & Pleydell-Pearce, C. W., 2000) は，自伝的記憶を図4-4のようなネットワークモデルで表した。自伝的記憶には構造があり，ひとつの軸は時間である。また，自伝的記憶は人間関係，仕事などのテーマごとにくくられており，これらの記憶は階層構造を成すと考えられている。

階層構造の上位には，たとえば人間関係における特定の期間，仕事における特定の期間（これらの期間を**ライフタイム・ピリオド**という）が時間軸状に並んでいる。その下の階層には個別の出来事，たとえば「Xとの最初の出会い」「旅行に行ったときのこと」などが，仕事に関しては「最初の仕事」「〇〇で働いていたときのこと」などが連なっている。これらの抽象度の高い出来事のまとまりを，一般的・全般的な出来事 (GE：general event) と呼ぶ（コラム1も参照）。

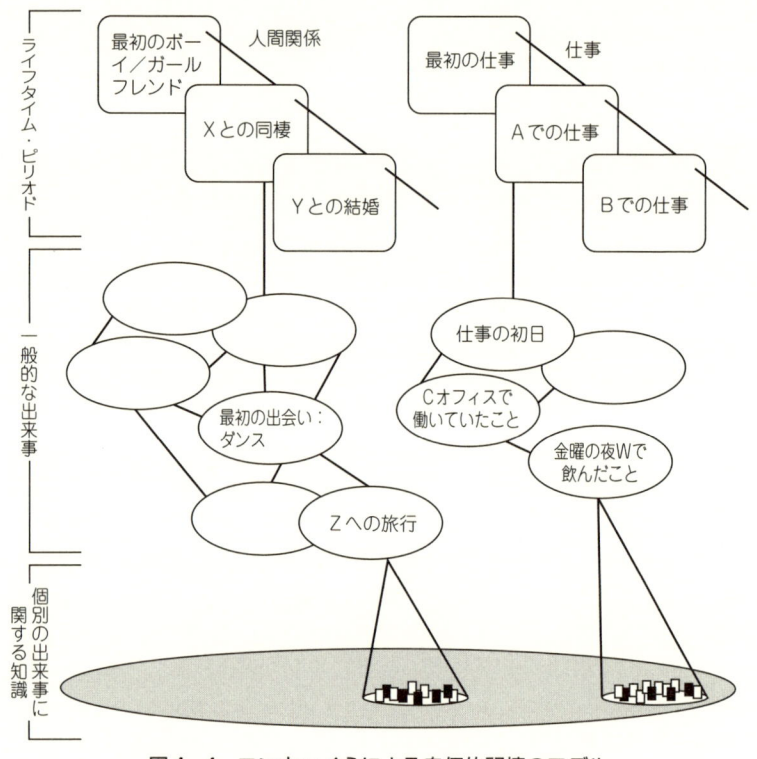

図4-4 コンウェイらによる自伝的記憶のモデル
(出所) Conway & Pleydell-Pearce, 2000

　それぞれの GE には知覚的情報や文脈的情報など，より具体的な情報が連なっている。最初の出会いでダンスをした，その出来事を思い出すときにはホールの様子や照明，ざわめきなどの情景がありありと思い浮かぶかもしれない。最初の仕事のことを思い出すときには，慣れないユニフォームや，ロッカー室のにおい，緊張感などが思い出されるかもしれない。こういった具体的な情報を，出来事に関する個別の知識（ESK：event specific knowledge）という。これらの記憶はリンクによってつながっており，ある記憶が活性化すると，時間的，テーマ的に近い別の記憶も活性化すると考えられている。

4章　意識とは何だろうか？

☕ コラム1　スキーマとスクリプト

　自伝的記憶の形成には，人生のどの時期にどのような出来事が起きるか（たとえば，いつ入学するか，いつ卒業するか，いつ結婚するか，いつ就職するか）という一般的な知識も関わっていると考えられている。このような人生の出来事に関する枠組み的な知識をライフスクリプトというが，ここではライフスクリプトという概念の元にもなったスキーマ，スクリプトについて説明する。

　「○○さんが家を建てた」と聞けば，私たちは，家の詳細を説明されなくとも，その家には屋根，壁，出入り口等があると推測するだろう。「レストランに行こうか」と尋ねられれば，行くだけでなく，お金を払って食事をするのだろうと考えるだろう。このように，私たちは明示的に言及されない情報も仮定して情報処理を行うことができる。スキーマ，スクリプトは，このような私たちがもっている知識の特性を，人口知能の上に表現しようとする中で構築された。

　スキーマはラムハートら（Rumelhart, D. E., & Ortony, A., 1977等）によって精緻化された概念である。たとえば「家」の屋根，壁，出入り口などの要素は，知識の枠組みとなる「変数」（スロットとも呼ばれる）であり，そこに特定の値（茅葺き，漆喰，引き戸，または瓦，レンガ，ドア）が入ることで，具体的な家が特定される。しかし，特定の値が入らなくても，何らかの値が欠損値として投入される（つまり，わざわざ言及されなくとも「出入り口はある」と推定される）。

　スクリプトは，シャンクとアベルソン（Schank, R. C., & Abelson, R. P., 1977）が提唱した，事象（レストランに行く，歯医者に行く等）の流れに関する枠組み的な知識を指す。そもそもスクリプトとは台本のことであり，そこでは登場人物や大道具，小道具も想定される。たとえばレストランのスクリプトにおける登場人物は客，店員，大道具はテーブルや椅子，小道具はトレイや食器などだろう。スクリプトには「入る─席に着く─注文する─食べる─支払う─店を出る」といった事象の流れを表す変数ないしスロットがあり，席に着くのが椅子か座敷か，注文するのがフレンチか蕎麦か等を特定することにより，具体的な事象を記述できる。しかし，特定されなくとも，何らかの欠損値が仮定される（つまり，「今，レストランから出て来たところだ」と聞けば，この人は食事をしたのだな，と推測される）。

　このように，枠組み的な知識においては，具体的な情報が入らなくとも，そこには何

らかの値が入ることが期待され，そのことにより，言及されない情報を前提とした推論が可能となる。スキーマ／スクリプトはまた，記憶における記銘，保持，検索の枠組みとしても機能し，スキーマ／スクリプトによって推論された値が，あたかも真の記憶であるかのように思い出されることもある。

　人生の出来事に関わるライフスクリプトもまた，どのような出来事が記銘され，どのような出来事が想起されるかの枠組みとして機能する。

~~~~~~

　②アクセスしにくい記憶：幼児期健忘
　生まれてこのかた体験してきたさまざまな出来事は，すべて「自分」の形成に関わっていると考えられる。しかし，私たちはそういった過去の出来事をすべて思い出すことはできない。たとえば，一般に，人は3歳前の記憶を思い出すことができない（これを**幼児期健忘**と呼ぶ。健忘という名称がついているが，病気ではない）。幼児期健忘が生じる説明としては，3歳前の幼児においては，(a)記銘（覚えること）に関わる海馬が未発達であるため，十分に記憶できない，(b)言語が十分に習得されておらず，言語的な記銘ができない（多くの場合，人は言語的手がかりによって記憶を思い出そうとするため，うまく思い出せない），(c)自己の感覚が未発達であり，体験を「自分のもの」として記憶することができない，(d)出来事を記憶するための形式（いつ，どこで，誰が，どうしたといった形式やストーリーライン）が習得されておらず，体験がうまく記銘されない，といった説明がなされている。これらは排他的ではなく，どれもが寄与していると考えられる。

　③アクセスしやすい記憶：レミニセンス・バンプ
　また，記憶にアクセスしやすい時期があることも知られている。自伝的記憶の研究法のひとつに「**手がかり語法**」がある。これは参加者に「馬」「木」などの手がかり語を提示し，特定の記憶を思い出してもらい，どの時期の出来事かを尋ねるというものである（加えて，その記憶の重要性や鮮明度について尋ねることもある）。このようにして数十個の記憶を思い出してもらい，時間軸上にプロットすると，思い出せる記憶の量は，単純な忘却曲線（最近のことはよ

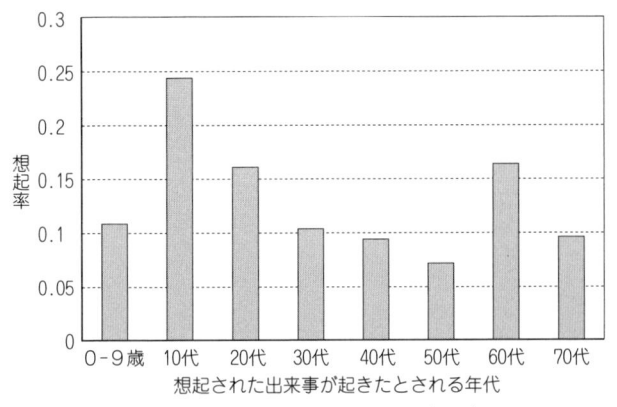

図 4-5 自伝的記憶におけるバンプ

(注) 想起率は，個々が想起した全記憶個数における，各年代の記憶の割合を示す。
(出所) 槙・仲，2006 より作成

く思い出せるが，時間がさかのぼるほど，思い出せる記憶の数は少なくなる）には従わないことが知られている。40-70代の記憶については，忘却曲線が適応でき，10代以前の記憶にも忘却曲線と同様の減衰が見られる（ただし，上述のように，3歳以前の記憶はあまり想起されない）。これに対し10-30代に体験したとされる出来事の記憶は想起されやすい。図4-5に示されるように，10-30代の記憶はコブのように見えることから，これを**レミニセンス・バンプ**（レミニセンスは思い出すこと，バンプはコブの意味である），またはたんに**バンプ**という。

なぜバンプが生じるのかという問題についても，いくつかの説がある。10-30代という年代は，(a)認知的にもっとも活発な時期であり，他の時期に比べ体験が記銘されやすい，(b)入学，卒業，就職，結婚，子育てなど，実際に多くの出来事が起きる，(c)自己が確立する時期であり，多くの出来事が「自己」と関連づけて記銘される，(d)人の一生に関する知識を**ライフ・スクリプト**というが，ライフ・スクリプトにおいては10-30代に起きると期待される出来事が多く，これが記銘の枠組みとしても，検索手がかりとしても機能する，などの説が唱えられている。これらの説も排他的ではなく，それぞれが一定程度現象の説明に寄与しているものと考えられる。

バンプは「好きな曲」「重要な本」「重要な社会的出来事」などの想起を求める場合にも見られるが，典型的なバンプは，日常的な出来事の想起に見られる。バンプに含まれる出来事は，特段に重要であったり，鮮明であったりするわけではない。また，思い出そうとしなくてもふと思い出される記憶もある。自己は，かならずしも顕在化することのない多くの記憶により形成されているといえるだろう。

（2） 記憶の抑圧と回復

最後に，思い出せない記憶について考えてみよう。精神分析学者であるフロイト（Freud, S.：1856-1939）は，内省ができる心の部分を意識，内省はできないが，行動に影響を及ぼすと考えられる心の部分を**無意識**と呼んだ。彼は，人がたいへん嫌な体験をした場合，防衛規制のひとつとしてそのような記憶を無意識へと「**抑圧**」することがある（追いやり出てこないようにする）という考えを提唱した。

この「記憶の抑圧」については，1990年代から2000年代にかけて，欧米の一部の臨床心理学者と認知心理学者の間で，大きな議論が行われた。論点は，「すっかり忘れていたのに時間を経て回復した記憶」（性虐待の被害や殺人事件の目撃といった外傷体験の記憶）が事実と言えるのかどうかであった。事実だとする立場と，かならずしもそうとはいえないとする立場とが多くの議論を闘わせた（ロフタス・ケッチャム，2000）。

回復した記憶は事実だと主張する研究者や実践家は，そういった記憶を思い出すことで心理的な問題を改善できると考え，記憶を回復するためのさまざまな技法を用いた。また，思い出された記憶を根拠として，加害したとされる人を告発する裁判も行われた。回復した記憶は事実とはいえないとする研究者は，「回復した」記憶は，治療の過程で与えられた暗示や誘導により作られた**擬似的な記憶（偽りの記憶，フォールスメモリーともいう）**であると論じた。

まったく思い出せなかったことを「思い出した」としても，その出来事を裏付ける証拠がない限り，それが実際の記憶か偽りの記憶かを区別することは困

難である。しかし，この論争の過程において，実際には体験していないことであっても暗示や誘導によって記憶を「植え付ける」ことは可能であることを示す実験がいくつも行われた。ロフタス（Loftus, E. F.）（1997）は，架空の出来事，たとえば「ショッピングモールで迷子になる」などの出来事について，参加者に繰り返し「思い出す」努力をしてもらうと，実際にはそのような体験はしていないにも関わらず，体験したかのような記憶をもつにいたるケースが約1/4の参加者で生じることを示している。参加者は，最初は「記憶がない」と答えるが（実際に体験していないことなので当然である），出来事をイメージさせたり，ヒントを与えたりすることにより，擬似的な記憶をもつようになった。

　2節において，意識的な過程であってもかならずしも内観できるとは限らないことを示した。記憶の植え付け実験は，別の角度から，「思い出せる」という感覚（内観ともいえる）と実際に体験したか否かとはかならずしも一致しないことを示したといえる。

コラム2　記憶の抑圧・回復に関する信念はどこから来るのか？

　日常的な生活において，自己を脅かすような外傷的な記憶を抑圧したり，回復したり，あるいはそういった体験をもつ人に出会うことはあまりないように思われる。しかし，一般市民のもつ記憶の抑圧，回復に対する信念は強い。欧米の調査でもそうであるが，私たちが市民に対して行った調査でも，約6割の人が外傷的な記憶の抑圧・回復を信じていた。こういった信念はどこから来るのだろうか。

　先行研究によれば，人は抑圧・回復をやみくもに信じているわけではなく，そこには出来事が起きる一般的な確率（基準確率）が関わっていることが伺われる。たとえば，大学生を対象とする研究（Van Wallendael, 1999）では，「子どものころショッピングモールで迷子になった」という記憶が回復する方が，「子どものころ性虐待にあった」という記憶を回復するよりも「もっともらしい（あり得そうだ）」と判断された。また，「記憶はひとりでに回復した」という方が「催眠によって回復した」というよりも「もっともらしい（あり得そうだ）」と判断された。このような先行研究は，日常生活における一般的な体験の基準確率（起こりえそうな度合い）が，抑圧・回復の信念と関わっていることを示唆している（つまり，一般に起こりえそうな度合いが高い出来事の方が記憶の抑圧・回復がおきやすいと考えられていることになる）。

信念項目	評定値
外傷体験は，細部まで正確に貯蔵される	3.0
外傷体験は，抑圧できる（押さえ付けて出てこないようにできる）	2.7
外傷体験の記憶は，完全に思い出せなくなることがある	2.9
外傷体験の記憶は，意識に上らなくても不安感情となって現れる	4.1
すっぽり抜け落ちた記憶があるとすれば，それは外傷体験の記憶である	2.4
（全く記憶にない）外傷体験の記憶が，回復することがある	3.4
外傷体験は，一時的であっても完全に忘れ去られることはない	3.7

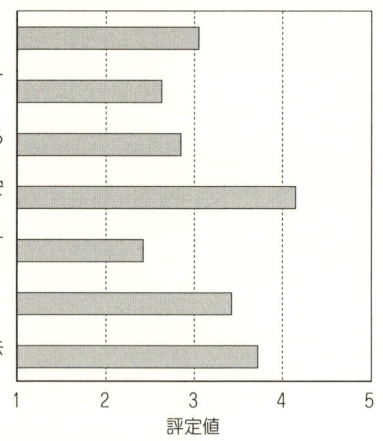

図4-6 外傷体験の記憶に関する信念

（出所） Naka & Maki, 2006 より作成

　以上は出来事の内容そのものに関する基準確率であるが，抑圧・回復と類似した体験として「忘れる」「思い出す」ということがあるだろう。そこで，私たちは日常生活における「忘れる」「思い出す」という体験（がどの程度起きるかということについての信念）が，外傷体験の記憶の抑圧・回復に関する信念と関連があるのではないかと考え，以下のような調査を行った。111人の大学生に，まず，日常的な文脈で「すっかり忘れていたが今は思い出せる」（完全に忘れてしまったことが，後で思い出される）ということが現実にどの程度あると思うか尋ね，そういった体験があれば書いてもらった。その結果，133の反応が得られた。うち6割は出来事（忘れていたが，写真を見て思い出した等），場所（忘れていたが，行ってみたらわかった等），事物（物を無くした／借りた／貸したことを忘れていた等）などのエピソード記憶，3割は知識（テストの際まったく思い出せなかったが，教室を出たとたん思い出した等），名称（物の名称，人の名前等）などの意味記憶であり（残りは予定を覚えておくこと，すなわち展望記憶など），どれもが一般的に起きる忘却，想起の現象であった。

　これに加え，同じ参加者に，記憶一般，および外傷体験の記憶の抑圧・回復に関する質問（計39項目）への回答を求めた。質問は①「記憶は思い出せる」という概念に関する質問（繰り返し何度も思い出そうとすれば思い出せる，一生懸命思い出そうと努力すれば思い出せる等），②「体験したことは忘れない」という概念に関する質問（実際にあったこととなかったことを間違えることはない，思い出せることはすべて事実を反映

している等),③「記憶は無意識に残る」という概念に関する質問(意識にのぼってこなくても無意識の中に残っている記憶がある,意識にはなくても身体が覚えていることがある等),④「記憶は抑圧できる」という概念に関する質問(人から「忘れろ,思い出すな」と強く命じられれば忘れられる,自分で「忘れろ,思い出すな」と強く念じれば忘れられる等)であった。1(全くそう思わない)~5(強くそう思う)の5件法で回答を求めたところ,平均値は①,②,③,④の順に3,3.2,3.8,2であり,参加者はとくに「記憶は無意識に残る」という信念をもっていることが示された。さらに,外傷体験に関する記憶についても尋ねたところ,ここでも外傷体験の記憶は忘れることはない,意識に上らなくても残っている,といった信念が見られた(図4-6)。

　さて,先に調べた日常生活における忘却や想起の体験(どの程度起きるか,および記述数)と記憶や外傷体験に関する信念との相関を調べたところ,日常的な体験と①記憶は思い出せる,③記憶は無意識に残る,「外傷体験の記憶は抑圧できる」「外傷体験の記憶は回復することがある」に正の相関が見られた。つまり,日常的な忘却・想起をよく体験するという人ほど外傷的な記憶の抑圧・回復に関する信念が強かった。相関であるので,日常体験における忘却・想起が信念の形成に関わっているのか,信念があるから日常体験における忘却・想起に気づきやすいのかは不明である(また,背後に別の要因がある可能性もある)。しかし,少なくとも,抑圧や回復に関する信念は,日常の記憶体験と関連があることが示された。

〈サマリー〉
　この章では意識に対する心理学的考え方を示した。意識は「外界に関する気づき」「はっきりした心の状態」として特徴づけられる。知覚,思考,感情などの側面からも見ることができるが,ここでは記憶の側面から検討した。1節では,意識を一定の期間,情報を心にとどめておくことのできる状態として捉え,短期記憶,ワーキングメモリという用語を用いて説明した。また,貯蔵庫という側面を主とした記憶のモデルや,活性化を重視したネットワークモデルについても学んだ。
　2節では,外界への気づきはあっても,その状態はかならずしも内観できない場合があることを学んだ。ヘップによる媒介過程やチクセントミハイによるフロー体験という概念は,内観のない意識的過程を表すモデルとして捉えることができる。内観できるか否かと,意識があり外界に対して選択的な反応ができるかどうかを区別しておくことは重要である。

ところで，内観するかしないかにかかわらず，意識をする主体は「自己」である。そこで3節では，記憶の中でもとくに「自己」にかかわる記憶，自伝的記憶について概観した。自伝的記憶は時間やテーマにより構造化されていること，アクセスしやすい記憶もあれば，そうでない記憶もあることを示し，記憶の抑圧・回復に関する議論にも触れた。

本章では，いくつかのモデルを提示したが，モデルは記憶のような目に見えない過程を理解し，研究をガイドする有用な道具である。読者には心理学の知見を得るだけでなく，モデルをつくって考えるという思考法にも慣れ親しんでいただきたい。

〈もっと詳しく知りたい人のための文献紹介〉

太田信夫（編） 2006 記憶の心理学と現代社会 有斐閣
  ⇨記憶研究の最新の知見を，産業，医療，犯罪，生涯発達等の社会の問題との関わりの中で学ぶことができる。
クラッキー，R. L. 川口潤（訳） 1986 記憶と意識の情報処理 サイエンス社
  ⇨記憶と意識を扱った良書であり，記憶に関する基本的知見を得ることができる。

〈文　献〉

Anderson, J. R. 1980 *Cognitive psychology and its implications*. Freeman.

Baddeley, A. 2000 The episodic buffer: A new component of working memory? *Trends in Cognitive Sciences*, **4**, 417-423.

Baddeley, A. D., & Hitch, G. J. 1974 Working memory. In G. A. Bower (Eds.), *The psychology of learning and motivation*. Academic Press. pp. 47-89.

コールマン，A. M. 藤永保・仲真紀子（監修） 2004 心理学辞典 丸善

Conway, M. A., & Pleydell-Pearce, C. W. 2000 The construction of autobiographical memories in the self-memory system. *Psychological Review*, **107**, 261-288.

チクセントミハイ，M. 今村浩明（訳） 1991 楽しむということ 思索社

ヘッブ，D. O. 白井常（訳） 1975 行動学入門 紀伊国屋書店

Lewis, J. L. 1970 Semantic processing of unattended messages using dichotic listening. *Journal of Experimental Psychology: General*, **85**, 225-228.

ロフタス，F. E. 仲真紀子（訳） 1997 偽りの記憶を作る——あなたの思い出は本物か 日経サイエンス，**12**, 18-25.

ロフタス, E.・ケッチャム, K. 仲真紀子（訳）2000 抑圧された記憶の神話——偽りの性的虐待の記憶をめぐって 誠信書房

槙洋一・仲真紀子 2006 高齢者の自伝的記憶におけるバンプと記憶内容 心理学研究, **77**(4), 333-341.

Naka, M., & Maki, Y. 2006 Belief and experience of memory recovery. *Applied Cognitive Psychology*, **20**, 649-659.

Rumelhart, D. E., & Ortony, A. 1977 The representation of knowledge in memory. In R. C. Anderson, R. J. Spiro & W. E. Montague (Eds.), *Schooling and the acquisition of knowledge*. Erlbaum. pp. 99-135.

Schank, R. C., & Abelson, R. P. 1977 Scripts, plan, and knowledge. In P. N. Johnson-Laird & P. C. Wason (Eds.), *Thinking: Readings in cognitive science*. Cambridge University Press. pp. 421-435.

Shiffrin, R. M., & Atkinson, R. C. 1969 Storage and retrieval processes in long-term memory. *Psychological Review*, **76**, 179-193.

Van Wallendael, L. R. 1999 Training in psychology and belief in recovered memory scenarios. *North American Journal of Psychology*, **1**, 165-172.

5章 記憶はどのように知識になるのか？
——記憶，知識，学習

伊東 裕司

> 私たちは，普段何気なく何かを行う際にもさまざまな知識を用いています。たとえば電車に乗って目的地に向かう際にも，何線がどこを走っているのかについての知識，必要な切符などについての知識，どのようにして改札口を通ればよいのかについての知識，などを利用しているのです。海外で電車に乗ろうとして戸惑うことがあるのは，これらの知識を持っていないことがひとつの理由となるでしょう。では，これらの知識はどこから来たのでしょうか。もちろん最初から持っていたわけではなく，人から説明を聞いたり，他人のふるまいを観察したり，実際に自分でやってみたりといった，直接的，間接的な経験により学習してきたものなのです。自分の直接的な経験や人から聞いたことがらは，いったん記憶という貯蔵庫に格納され，利用可能な知識となっていくのです。この章では，記憶や知識にはどのような形のものがあり，どのように獲得されるのかについてみていきましょう。

1 記憶と知識はどのように異なるのか？

　記憶と知識はどのように異なるのだろうか。本章のタイトルからは，記憶と知識ははっきり異なっており，記憶が変化して知識になるように受け取れるかもしれない。じつは，たしかにこうした考え方が当てはまるような変化はさまざまなところで見られるのであるが，記憶と知識ははっきりと区別できない場合が多いのである。
　記憶という用語は，心の中で何らかの情報が時間を越えて保たれるという現象に関連して用いられる。情報を取り入れ，取っておき，のちに使うために取り出す，といったはたらきを記憶と呼ぶこともあるが，情報を取っておく入れ

物，貯蔵庫のようなもの，を記憶と呼ぶこともある。日常用語でも，「記憶がよい」というときは前者の意味であり，「記憶にない」というときは後者の意味であろう。また，取っておく情報そのもの，すなわち覚えている内容を記憶という場合もある。一方，知識という用語は，一般的には「知っていることがら，内容」を指す。したがって，最後に示した意味での記憶は，知識とほぼ同義であるといってよいであろう。

にもかかわらずこの章において「記憶が知識になる」という言い方をしているのは，3番目の意味での記憶，すなわち記憶された情報のうちの，知識と呼ぶにはあまりふさわしくないものが，知識と呼ぶによりふさわしいものに変化する，ということを示している。別の言い方をすると，記憶は，すぐには使用に耐えられないようなものから，何かを行う際に使用できるものへと変化する場合がある，ということである。続く節では，記憶や知識の分類を試みながら，このような変化がどのようにして生じているのかについて見ていこう。

2 記憶が定着する条件

(1) リハーサルの回数

4章で見てきたように，私たちの記憶には短期記憶と長期記憶，あるいはワーキングメモリとレファレンスメモリと呼ばれる記憶が存在すると考えられる（10章も参照）。外部から入ってきた情報がワーキングメモリに存在している場合，それらのほとんどはすぐに消えてしまうものであるから，その情報をその人が持っている知識と呼ぶことはあまりふさわしくないように思われる。ワーキングメモリ内の短期間しか持続しない記憶が，長期間にわたって忘れることのない，持続的な記憶として定着することで，「記憶が知識になった」ということができるであろう。ではこのような記憶の定着が起きるのはどのような場合なのだろうか。私たちは何かを覚えようとする場合，何度も声に出して，あるいは心の中で繰り返すことがある。これを**リハーサル**と呼んでいるが，リハーサルの回数が多くなると記憶は定着するのだろうか。ランダス（Rundus,

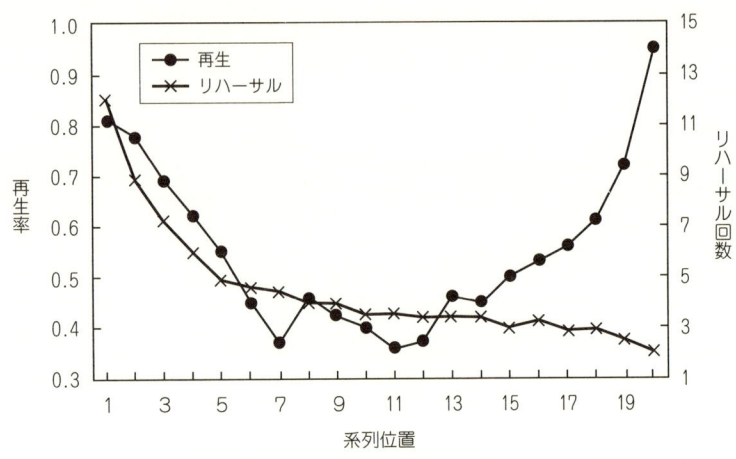

図5-1 系列位置の関数としての再生率とリハーサル回数
(出所) Rundus, 1971

D., 1971)は単語の自由再生実験を行う際に，リハーサルを声に出して行ってもらうことによって，リハーサルの回数と記憶成績との関係を検討した。

自由再生実験とは単語など覚えるべき項目を一定の時間間隔でひとつずつ提示し，用意した数十個の項目を提示し終わるとすぐに，提示された項目を順序に構わずできるだけ多く思い出してもらう，という実験手続きである。自由再生実験を行い，学習時に何番目に提示された項目をどれだけの実験参加者が思い出せたかを見ると，最初に提示された数項目と最後に提示された数項目がその間の多くの項目と比べよく思い出されることが知られており，記憶における**系列位置効果**と呼ばれている。最初の数項目がよく思い出されることは**初頭効果**，最後の数項目がよく思い出されることは**新近性効果**と呼ばれるが，このうち新近性効果は，項目が短期記憶に存在するうちに思い出されるために生じると考えられている。ランダスは，初頭効果が生じるのは，最初の数項目のリハーサルされる回数が中間部の項目と比べ多いためではないかと考えたのである。

実験の結果は，リハーサルの回数は最初の項目でもっとも多く，つづく数項目で減少してゆき，5，6項目目からはほぼ一定となり，新近性効果が生じて

いる部分を除くと再生率の変化とよく一致していた（図5-1）。このことは，リハーサルを繰り返すことが記憶を定着させるはたらきを持つことを示すものと考えられる。しかし実験はたんにリハーサルを行うことが記憶を定着させることを示しているのだろうか。覚えようという気もなく，心の中で項目を繰り返すだけでも記憶は定着するのだろうか。このような疑問に答えようと行われたのがクレイクとワトキンス（Craik, F. M. I., & Watkins, M. J., 1973）の実験である。

（2） 2種類のリハーサル

　クレイクとワトキンスは，のちのちまで覚えておこうと意図することなしに，項目をリハーサルさせるために，実験参加者に以下のような課題を課した。実験参加者にはひとつずつ英単語が提示されるのだが，リストのすべての単語が提示された後で，あらかじめ決められていた特定の文字（たとえば「G」）で始まる単語のうち最後に提示されたものを答えるよう求めたのである。たとえば「GARDEN, GRAIN, TABLE, FOOTBALL, GIRAFFE, ……」というリストを考えてみよう。最初の GARDEN という単語が提示された時点では，リストの残りの単語に G で始まる単語があるかどうかはわからず，この単語を答える必要があるかもしれないため，GARDEN をリハーサルするであろう。しかし，次に GRAIN が提示されると，もはや GARDEN を答える必要はなくなるので GARDEN のリハーサルは必要なくなり，代わりに GRAIN のみをリハーサルすればよい。続いて TABLE, FOOTBALL が提示されている間は，GRAIN のリハーサルを続けることになるが，GIRAFFE が提示されると GRAIN のリハーサルはやめて GIRAFFE をリハーサルするようになる。このように G で始まる単語が提示されてから次に G で始まる単語が提示されるまでに，いくつ G 以外で始まる単語が挿入されているかによって，その単語がリハーサルされる時間や回数が異なることが期待される。上記の例の場合，挿入単語数は GARDEN で 0 個，GRAIN で 2 個となる。いずれにしてもひとつの単語だけを短時間記憶しておけばよいので，その間リハーサルを続けさ

えすれば，単語をのちのちまで覚えておく必要はない課題の状況であることに注目してほしい。

　このように単語のリストが提示され，その最後にひとつの単語のみを答える，という試行が繰り返されたのちに，実験の最後に実験参加者はこれまでに出てきたGで始まる単語をすべて思い出して答えるように求められた。もしリハーサルの回数が増えるほど記憶が定着するのであれば，Gで始まる単語のあとにG以外で始まる単語が多く挿入されている場合ほどその単語を思い出せる率は高くなると考えられる。しかし実験の結果はそうはなっておらず，挿入単語数が10個以上の場合も0個の場合も，記憶成績に変わりはなかったのである。

　このような結果からクレイクとワトキンスは，たんに項目を短期記憶内でリハーサルしているだけではその項目の記憶が定着することはないと考え，リハーサルにはたんに項目を短期記憶内にとどめておくはたらきしかない**維持リハーサル**と，項目の記憶を定着させるはたらきのある**精緻化リハーサル**の2種類があると考えた。では一時的な記憶をしっかりとした知識に変化させるともいえる精緻化リハーサルというのはどのようなはたらきなのだろうか。

（3）　積極的な意味処理の役割

　この疑問に答えるものとしてクレイクとタルヴィング（Craik, F. M. I., & Tulving, E., 1975）の実験がある。彼らは実験が記憶に関するものであることを実験参加者に知らせずに，提示した単語の形態（大文字で書かれているかどうか），音韻（ある単語と韻を踏んでいるかどうか），意味（ある文の中に入れて意味が通るかどうか）に注意を向けさせる課題を行うよう求めた。いくつもの単語について上記のいずれかの判断を求めたのちに，これらの単語の記憶をテストしたところ，形態より音韻に注意を向けた場合に記憶成績がよく，さらに意味に注意を向けた場合にもっとも成績が良かった。この結果は，記憶項目のより意味的な側面に注意を向けることによって記憶の**精緻化**がなされ，その項目の記憶はよりしっかりとした持続的なものになることを示すものといえよう。

ここで紹介したクレイクらの行った実験は，いずれも実験参加者は覚えようという意図を持たずに記憶材料に接触している偶発学習課題による実験である。ブランスフォード (Bransford, J. D.) らの研究は，実験参加者が意図的に記憶材料を覚えようとする意図的学習課題を用いた場合でも，意味的な側面に注意を向けることが記憶の定着をもたらすことを示すとともに，さらに記憶する主体の積極的な関与が重要であることを示した (Bransford et al., 1982；Stein et al., 1982)。彼らの実験では，小学5年生の実験参加者に「空腹の男が車に乗った」，「いたずら好きな男が指輪を買った」といった形の文が8つ提示され，のちに「空腹の男が」といった手掛かりを見てどんな行為を行ったのかを答えられるよう，8つの文を覚えるよう求められた。このとき子どもたちは，どんな男が何をしたのかを覚えるのに役立つ文の続きを作るように求められた。子どもたちは，たとえば「空腹の男が車に乗った」という文に対して「レストランに行くために (to go to restaurant)」，あるいは「そして出かけた (and went out)」といった文の続きを作ったが，前者は空腹の男と車に乗るという行為を結びつけるものであるが，後者はそのようなことはなく，車に乗るのはほかの誰でもよいことになってしまうことに注目してほしい。のちに手がかりに対して正しい行為を再生できた率は，前者のようなタイプの続きを作った場合，すなわち適切な精緻化が行われた場合には，後者のようなタイプの続きを作った場合，すなわち精緻化が不適切であった場合と比べ，15％から30％程度高かった（表5-1。なお，適切な精緻化の割合は，学校での成績がよい生徒ほど高かった）。

表5-1 精緻化の適・不適と記憶成績
（正再生率：％）

生徒の学校での成績	精緻化の適・不適	
	適切	不適切
上位	91.1	76.3
中位	88.1	59.4
下位	66.7	42.7

（出所）Stein et al., 1982

ブランスフォードらは一連の研究の中で，文の続きを作るように，といった指示がない場合，記憶対象を丸暗記しようとした場合より意味の結びつきを考えようとした場合に記憶テストの成績がよくなることを示唆する結果を報告している。これらの結果を総合すると以下のようなことが考えられよう。外部か

ら入ってきた記憶がしっかりとした知識として定着するためには，記憶情報の意味的な側面に注目した情報処理が重要であり，この情報処理は，外部から入ってきた情報のみに頼る受動的なものではなく，すでに持っているさまざまな知識を用いた積極的な過程である，ということである。つまり，「レストランに行くために」といった文の続きは外部からは与えられておらず，自分の知識を積極的に用いて導き出したものであり，意味的，内容的に一貫した知識を作りだす心的活動，すなわち精緻化が生じていると考えられる，ということである。

ここでは外部から記憶に入ってきた情報がどのようにして定着し，しっかりと持続性のある知識となるかについて見てきたことになるが，この過程は，意味的な側面に注意を向けたものであり，すでに持っているさまざまな知識を用いた創造的な過程である，ということができるであろう。ここで紹介したブランスフォードらの実験では，文の続きはかなり恣意的であり，極端な例といえるかもしれない。また，丸暗記に近い形の知識の獲得がまったくないわけではないであろうが，私たちの知識獲得の過程がきわめて積極的で創造的な過程であることは，多くの心理学者たちの認めるところである。

3 個別の記憶からより抽象的な知識へ

(1) エピソード記憶と意味記憶

私たちの長期記憶は，その内容からエピソード記憶と意味記憶と呼ばれる，性質の異なった2種類の記憶を含んでいると考えられている。この区分を最初に提唱したのはタルヴィング (Tulving, 1972) である。**エピソード記憶**とは，自分の経験についての記憶であり，したがって特定の時間や場所といった文脈を伴った，特定の出来事に関する記憶，ということになる。たとえば，「私は昨日の夕食には，家で海老フライを食べた。」という出来事の記憶はエピソード記憶の例である。一方，**意味記憶**とは特定の文脈からは独立した，より一般的な事柄についての記憶であり，私たちが通常「知識」と呼ぶものに近い。

「名古屋の人は一般に海老フライを好んで食べる。」という記憶は意味記憶の例であり，また辞書に描かれているような言葉の意味の記憶，教科書に書かれているような知識の記憶も意味記憶である。なお前節で紹介したような単語の記憶実験における記憶は，実験という文脈の中で特定の単語を見たり聞いたりした経験の記憶なので，エピソード記憶ということになる。

　エピソード記憶と意味記憶の違いは，たんに内容が自分の経験したことか，そうでないか，個々の出来事に関するものであるのか，より一般的なものであるのかという点だけでなく，さまざまな性質においてみられる。たとえば，私たちの記憶は老化によって衰えることが知られているが，エピソード記憶は加齢とともに衰えていくのに対し，意味記憶では健常な高齢者の場合には加齢による衰えはそれほど見られない（Nilsson, 2003）。ナイバーグ（Nyberg, L.）らは，加齢のほか，薬物や脳の障害などが記憶に与える影響を調べた多くの研究を総合的に検討し，エピソード記憶と意味記憶に異なった影響を与える要因が多数存在することを示している（Nyberg & Tulving, 1996）。これらの研究から，エピソード記憶と意味記憶はたんに内容的な相違があるのみではなく，記憶システムとして異なっている，すなわち両者にはそれぞれ異なった記憶の仕組みがあり，脳における神経基盤も異なるのではないかと考えられている。

　記憶がどのようにして知識になるのか，という観点から考えると，エピソード記憶と意味記憶の区分は興味深い事柄を示唆しているように思われる。私たちの意味記憶はどこからやってくるのだろうか。たとえばおそらく多くの読者にとって，先の「名古屋の人は一般に海老フライを好む。」という意味記憶＝知識は，そのような記述を本で読んだりほかの人から聞いたりして身につけたものであろう。ただし，「私はあるとき友人から『名古屋の人は海老フライを好む。』という話を聞いた。」といった特定の出来事の記憶，すなわちエピソード記憶はすでに忘れてしまい持っていないであろう。いろいろな人から聞き，またテレビ番組でも見るなど，さまざまな情報源からこの情報を得ているかもしれない。いずれにしても，最初はエピソード記憶の中に埋め込まれていた情報が，いつの間にか文脈的な情報と切り離されることにより，意味記憶が出来

上がってくる，ということができるであろう。

このような脱文脈化は他人やメディアから情報を取り入れる，いわば間接経験の場合にのみ生じるわけではない。たとえば人によっては，名古屋出身の知人何人もと一緒に食事をして，だれもが海老フライを好んで食べていた，という直接経験から上記の知識を導き出したかもしれない。このような場合には，「あるときある場所で，名古屋出身のAさんが喜んで海老フライを食べていた。」，「別のときに，名古屋出身のBさんが喜んで海老フライを食べていた。」といったエピソード記憶が一般化して文脈情報が消え去り，意味記憶を持つに至ったということになるであろう。

（2）概　　念

このような一般化は，私たちが一般的な知識を獲得する際に重要な役割を果たす。私たちは犬に出会ったときに，ほとんどの場合それが犬であると分かるであろう。しかし，犬にはいろいろな種類があり，大きさ，体毛の色や長さ，耳や尾の形などはさまざまであり，すべての犬に共通した特徴などはないようにも思われる。にもかかわらず私たちが犬を見て容易に犬と判断できるのはなぜなのであろうか。さまざまな相違を無視してある特定の範囲の対象をひとつにまとめたものを**概念**という。私たちが犬を見て犬と分かるのは，犬という概念を持っているからである。私たちが，犬についていろいろなことを学び，犬の特徴に関する知識を身につけていく場合のように，概念は私たちが知識を形作る際に要となるものである。では，私たちはこの概念をどのような形で持っているのであろうか。

数学の世界では，たとえば平行四辺形という概念を「二組の平行な線分によって囲まれる平面図形」と定義する場合のように，いくつかの性質で概念を表すことができる。心理学における概念研究でも，かつては私たちがこのような形で概念を持っているのではないかと考えられていたことがある。たとえば「鋭い犬歯と引っ込めることができない爪を持つ哺乳類が犬である」などのようにである。この例では犬という概念を十分に定義しているとはいえないであ

ろうが，より多くの性質を考慮すれば，犬とはどのようなものであるのかを十分に言い表すことができるであろう。私たちの概念は，このように概念を定義する性質によって記憶の中に表現されていると考えるのである。

ところが，私たちの持っている概念が，このような形のものではないことがその後の研究から明らかにされた。ロッシュ（Rosch, E.）らは私たちの概念には**典型性**の異なる事例が含まれることに注目した。たとえば鳥という概念の事例としてスズメは典型的であるが，ダチョウは非典型的であり，スポーツという概念に対して，サッカーは典型的な事例であるが，重量挙げは非典型的な事例である。ダンスはスポーツの事例であるともないともいえそうな境界的な事例であるといえるだろう。ロッシュは，このような概念の事例としての典型性についての主観的判断を人々に求めると，どの事例を典型的と考え，どの事例を非典型的と考えるかにおいて高い一致がみられることを示した（Rosch, 1973）。彼女はさらに，「スズメは鳥である」，「トマトはスポーツである」というような文を示し，正しいかどうかをできるだけすばやく回答するように求めた。前者の例では「正しい」と回答すれば正答，後者では「誤り」と回答すれば正答，という具合である。その結果彼女は，「正しい」と回答して正答するために要する時間は，主観的に典型的であると判断された事例の場合に，非典型的であると判断された事例に比べ，短いことを明らかにした。このことから，概念の事例に典型性の相違がある，ということがたんなる主観的なものではなく概念の構造と関連したものであることが示されたといえる。

このような結果は，先に述べた，私たちの心の中で概念がいくつかの性質により規定される数学の定義のような形をしているとする考え方に反するものである。なぜならこの考え方からすると，ある対象はある概念に属すか属さないかのいずれかであると考えられ，概念の事例に典型性の相違が見られることが説明できないからである。

（3） 事例の記憶と原型の抽出

では，概念は私たちの心の中でどのように規定されているのだろうか。ひと

つの可能性は，私たちが概念の個々の事例を記憶している，というものである。たとえば私たちは出会ったことのある個々の犬を記憶していて，それらの記憶によって犬という概念が規定されていると考えるのである。はじめて見た犬を犬だと判断する場合には，目の前の動物を記憶しているいろいろな犬と，あるいは猫やタヌキなど犬以外の動物の記憶と比較する。目の前の動物が，ほかの動物の事例の記憶より犬の事例の記憶のいくつかに似ているならば，犬と判断されるのである。もし記憶している多くの犬と似ているのであれば，その動物は典型的な犬であると判断され，少数の犬の事例とのみ似ているのであれば，犬ではあるが典型的ではないと判断されるであろう。

　これに対して，私たちは多数の概念について多数の事例を記憶しておくような，また判断をするたびに多数の事例と比較する必要があるような非効率的なことはしていないのではないか，という反論が考えられる。このような考え方では，私たちはさまざまな事例に遭遇する中で，それらの中心的，平均値的な傾向を抽出し，心の中で概念の典型的な事例（**原型**（プロトタイプ）と呼ぶ）を作り上げている，と考える。たとえば犬の原型は，これまでに出会った犬の平均的な大きさ，平均的な頭の形，平均的な色をしているが，これは現実に出会った犬の記憶ではない。目の前の動物が何であるかを判断するには，犬や猫やタヌキの原型と比較し，犬の原型ともっとも類似していれば犬と判断される。原型とどの程度似ているかによって典型性が異なると考えれば，典型性の相違も容易に説明できる。

　ポズナーとキール（Posner, M. I., & Keele, S. W., 1968）は，私たちが実際に複数の事例から原型を抽出しているのかを調べるために，次のような実験を行った。彼らは，平面上に9つの点を配置したパターンを何種類か用意し（図5-2左の原型パターン），各点の位置をその点を中心とする一定の範囲内にランダムに移動させた変形パターンを，各原型パターンにつき多数作成した（図5-2右）。ひとつの原型パターンから作成した変形パターンをひとつの概念カテゴリーとして学習した場合，多数の変形パターンから各点の中心的な位置が抽出されたなら，原型パターンに近いものとなることが期待される。実験参加者

はまず，各カテゴリーにつき8枚ずつの変形パターンを完全に分類できるようになるまで繰り返し学習した。その後，各カテゴリーの原型パターンと未学習の変形パターンを加えて，分類のテストを行った。原型パターンと未学習の変形パターンはいずれもはじめて見るパターンであるにもかかわらず，参加者は未学習の変形パターンより原型パターンを正確に素早く分類することができた。この結果は，私たちがカテゴリーの分類を学習する際に，中心的な傾向を抽出していることを意味していると考えられる。

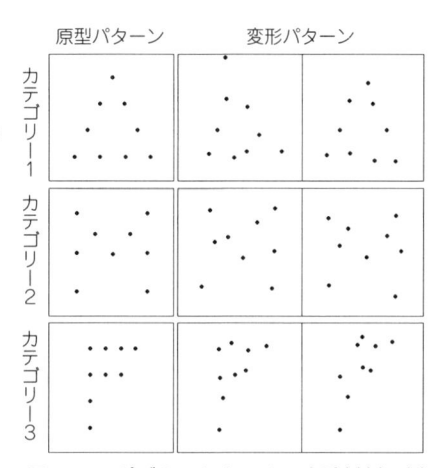

図5-2 ポズナーとキールの実験材料の例
（注）実際には各カテゴリーにつき多数の変形パターンが用いられた。
（出所）Posner et al., 1967 に基づき作成

　上記の実験は，個々の事例に基づいたカテゴリー判断が行われていないことを意味しているわけではない。また，私たちの概念に関する認知や判断は，個々の事例か原型のどちらかに基づいているといえるほど単純なものではない。しかしポズナーらの研究は，私たちが直接経験することによって記憶している情報から，文脈に依存しない，抽象的な情報を抽出し，より広く，柔軟に用いることができる知識を形作っていることを示すものといえるであろう。

4 事実や出来事についての記憶とやり方の記憶

（1）陳述記憶と手続き記憶

　エピソード記憶と意味記憶の区分と並んで，記憶研究においてしばしば言及される記憶の区分に，**陳述記憶**（宣言的記憶ともいう）と**手続き記憶**の区分がある。陳述記憶は，事実や出来事などについての記憶で，エピソード記憶も意味記憶も陳述記憶に分類される。たとえば，「日本の首都は東京である」とい

う事実（意味記憶）や「私は夕べ友人と近所のイタリアレストランに食事に行った」という出来事の記憶（エピソード記憶）は陳述記憶である。一方，手続き記憶とは，実際に何らかの行為を実行するときに用いられると考えられる，やり方についての記憶である。たとえば，掛け算の筆算を行ったり，日本語の文を理解したりする際には，それらのやり方についての何らかの情報が用いられると考えられるが，それが手続き記憶である。掛け算や文の理解などの心的な行為のみではなく，自転車に乗る，といった身体的な行為を行う場合にも，やり方についての何らかの記憶情報が用いられることが考えられるが，これもやはり手続き記憶である。

　陳述記憶，手続き記憶がどのような形で貯蔵され，どのように用いられているかについてはさまざまな説があるが，両者は多くの点で異なっていると考えられる。まず，記憶の内容について持つ意識が大きく異なっている。先にあげた日本の首都やレストランに出かけた出来事についての陳述記憶の例では，私たちは記憶の内容をはっきりと意識することができ，そのためことばで容易に言い表すことができる。よく知っている人物の顔の記憶も陳述記憶であると考えられるが，ことばで言い表すことが難しいとしても，顔を思い描くことは可能であり，技術があれば絵に描いて表わすことも可能であろう。これに対し，文の理解の仕方や自転車の乗り方などの手続き記憶の内容を何らかの形で表現することは不可能であるかきわめて難しく，できる場合でも，実際に行為を実行してみる，あるいは実行しているところを想像するなどしてそれを記述するなどしなければ難しいであろう。これは手続き記憶においては，記憶の内容を意識することが少ないことを意味している。

　また，記憶を用いる際に**想起意識**を伴うかどうか，すなわち記憶を想起していることを意識するかどうかも両者で異なっている。たとえば陳述記憶を用いて「あなたは昨日の夕食に何を食べましたか？」という質問に答える際には，私たちは記憶を想起していることを意識できる，あるいは答えが記憶によるものであると考えることができるであろう。一方，手続き記憶の場合には，記憶を用いていることを意識することはほとんどない。文を理解したり，自転車に

乗る際に，私たちはそのやり方の記憶を想起して用いている，という意識を持たないであろう。先に，私たちは自転車に乗るときにやり方に関する何らかの記憶情報を用いていると書いたが，読者はそれを読んだときに，理屈ではそうだろうと思っても，実感としては納得できなかったのではないだろうか。

　陳述記憶と手続き記憶では，想起のされ方も異なっている。陳述記憶を想起するのは，質問に答えたり，問題に答えを出したりするために必要に迫られた場合であることが多い。もちろん何らかのきっかけによって記憶が引き出される場合や何の脈絡もなく昔の記憶がよみがえってくる場合もあるが，必要に迫られて意図的に記憶を探索することは陳述記憶に特有であるといってよいだろう。これに対して手続き記憶の場合には，状況に応じて自動的に記憶へのアクセスがなされ，行為が自動的に実行される。行為を行う際に，そのやり方の記憶を意図的に想起する，という経験はあまり多くないであろう。記憶へ自動的にアクセスし，自動的にそれが適用されることによって，私たちはやり方に意識を向けることなくスムースに行為を実行できるのである。たとえば自動車を運転していて危険を避けるためにブレーキを踏むときに，自動車を止める方法を思い出そうとしていたのでは間に合わないが，通常そのような理由で事故が起こることはない。

　以上述べてきたように，手続き記憶は用いる際に意図的に思い出そうとすることがなく，記憶を思い出しているという意識も，記憶の内容についての意識も伴わず，自動的にアクセスされ実行されるという特徴を持つと考えられる。そうは言うものの，たとえば教習所で自動車の運転を練習しているときには，教則本で読んだり教官に説明を受けたりして記憶した手順を意図的に想起し，その内容を実行に移す，ということをやっていた，という読者もいるかもしれない。後述するように，これは手続き記憶を獲得する際に特徴的なことであると考えられる。

　なお，先にエピソード記憶と意味記憶は，記憶システムが異なっていると考えられると述べたが，手続き記憶は固有のシステムを持っているのであろうか。ナイバーグらは，さきに紹介した，加齢，薬物，脳障害などがさまざまな記憶

課題に与える影響を検討した研究において，エピソード記憶を用いた課題の成績を低下させる薬物が手続き記憶を用いる課題には影響しないなど，手続き記憶と，エピソード記憶や意味記憶に異なった影響を与える要因が存在することを示した（Nyberg & Tulving, 1996）。このような研究は，手続き記憶のシステムがエピソード記憶や意味記憶などほかの記憶システムとは異なっていることを示している。

（2） 手続き記憶の獲得

では，手続き記憶はどのようにして獲得されるのであろうか。上記の自動車の運転の例のように，最初はことばや図などによってやり方を知る場合があるであろう。また，ほかの人がやっている様子を観察することによりやり方を知る場合もあるであろう。しかしこのような段階では，先にも述べたように，ことばでの説明をいちいち意識的に思い出し，実行していくなど，先の手続き記憶の特徴とは異なった形で記憶情報が利用されているようである。アンダーソン（Anderson, J. R., 1982）はこのような段階を**宣言的**（陳述的）**段階**と呼び，やり方についての情報が陳述記憶として獲得され，意識的に想起されて実行される段階であると考えた。この段階ではやり方の情報が手続き記憶としては存在していない，と考えたのである。この段階では，行為が状況に応じて自動的に実行される，ということはなく，やり方を意識的に想起し，実行する必要があるため，注意を必要とし，実行もスムースとはいえず，何かほかのことを行いながら実行する，ということも困難なのである。

つぎにアンダーソンは，やり方についての陳述記憶から手続き記憶が生成される，と考えた。彼はこの過程を**手続き化**と呼んだが，手続き化により手続き記憶が生成されると，自動的に意識を伴わずに行為が実行されるようになるのである。では，手続き化は何によって生じるのか，というと，多くの研究者は行為が実際に実行されることによるのだと考えている。たとえば教則本で読んで記憶したことに基づいて実際に運転操作を実行することによって，その操作の手続き記憶が生成されると考えるのである。つまり，行為を実際に実行する，

5章 記憶はどのように知識になるのか？

コラム 顔の記憶の言語的側面と非言語的側面

　記憶している人の顔をことばで記述することは困難な場合が多いが不可能というわけではない。では，覚えた顔についてテストを受ける直前に，その顔を思い出してことばで表すことは，テスト結果にどのように影響するのだろうか。スクーラー（Schooler, J. W.）らは記憶している顔の言語記述を行うことが顔の記憶判断（以前に記憶した顔と同じ顔かどうか判断する）に妨害的に働くことを実験的に示し，この現象を**言語隠蔽効果**（verbal overshadowing effect）と名づけた（Schooler & Engstler-Schooler, 1990）。この現象は多くの実験的研究によって確かめられているが，一方，同様の実験において，言語記述が顔の記憶成績を上昇させる場合があることもいくつかの研究によって示されている。

　筆者（Itoh, 2005）は，顔の記憶における言語記述の妨害効果と促進効果の両方を統合的に説明するモデルとして，BEAS モデル（the balance of effect by attention shift model）を提案した。このモデルでは，顔は言語的な形と非言語的な形の両方で記憶されるが，テスト前の言語記述は注意を言語的なものに向けさせる。そのため，その顔の記憶において言語的な側面が優位であれば促進効果が，非言語的な側面が優位で言語的な形の記憶をあまり持っていなければ妨害効果が見られる，と考えるのである。

　このモデルについてはさらに検討を重ねる必要があるが，顔の記憶に言語的な側面と非言語的な側面があること，顔に関する認知処理にも言語的なものと非言語的なものがあることを仮定している点に注目してほしい。ひとつのことを行うのに，言語的な働き，非言語的な働きの双方が関連し，場合によっていずれかが優勢になり，それによって心の働き方が異なってくる，ということは私たちの認知においてしばしば見られ，顔の記憶以外のさまざまな認知的課題においても想定される。同様のことは，論理的・直観的，分析的・非分析的といった性質についても考えられ，私たちの認知を複雑で多彩なものにしていると思われる。

　練習することによって，陳述記憶に基づいて実行されていたものが，手続き記憶に基づく自動的な実行にとって代わられ，技能が熟達化するのである。
　ただし，熟達化はかならずしも手続き化によるものばかりではない。いったん手続き化が完了したのちも，個々の手続き記憶の実行がよりスムースになったり，あるいは記憶情報の内容が，より効率的な遂行が可能な形に修正される

などすることによって，技能の熟達化は進行していく。このような段階をアンダーソンは**手続き的段階**と呼んだが，この段階における熟達化も，実際に行為が実行されることにより進行すると考えられている。

　この節では，陳述記憶と手続き記憶の区別について述べ，最初は陳述記憶としてやり方についての情報が獲得されるが，実際に行為が実行されることにより対応する手続き記憶が作り出され，さらに手続き記憶が効率的な内容のものへと変化することによって熟達化が進む，という考え方を示した。こうした考えにもとづけば，「記憶が知識になる」過程とは，最初は直接実行することが可能ではなく，意図的想起と意識的な適用が必要であったやり方についての陳述記憶が，行為を実行することによって，直接的な実行が可能でより効率的な，より現実的な応用が可能な知識＝手続き記憶になっていく過程である，ということができるだろう。

〈サマリー〉
　私たちの記憶は，外部から取り入れた情報がそのまま保持されているものではない。記憶が，現実的な場面で適用が可能な形（この章でしばしば知識と呼んでいるもの）になるためには，主体による記憶情報や現実世界に対する積極的な働きかけが必要であると考えられる。記憶が定着するには，精緻化リハーサルと呼ばれる意味的関連付けの作業が必要であった。また，エピソード記憶や個々の事例についての記憶が，文脈に依存しない，一般的な知識となるためには，平均的な傾向や共通の特徴を抽出するような抽象化が必要であった。また何かのやり方についての陳述記憶が，行為を実行するために直接使うことのできる手続き記憶となるためには，実際にその行為を実行することによって，記憶の形や内容を変化させる必要があることが示された。
　これらの過程に見られるように，記憶や知識は外部から受け身的に入ってくるものではなく，記憶主体が自ら積極的に作り上げていくものである，という見方は，最近の記憶研究者によって一般に認められているものなのである。

〈もっと詳しく知りたい人のための文献紹介〉
　　アンダーソン，J. R.　富田達彦・増井透・川崎惠里子・岸学（訳）1982　認知心理学概論　誠信書房

⇨この章で扱った記憶,学習,概念などに限らず,認知心理学全般をカバーする教科書である。出版年が古く,入手がやや困難であるが,ほかに類を見ない良書であるため,あえて紹介する。大部でありかなり読みでがあるが,それぞれのトピックについて詳しく論じられている。原著は1980年の出版以来何度も改訂がなされ,最新の研究までカバーされているので,興味のある読者は合わせて参照されたい。

Anderson, J. R. 2005 *Cognitive psychology and its implications*. Freeman.
⇨上記文献の原著の第6版。

〈文　献〉

Anderson, J. R. 1982 Acquisition of cognitive skill. *Psychological Review*, **89**, 369-406.

Bransford, J. D., Stein B. S., Vye, N. J., Franks, J. J., Auble, P., Mezynski, K. J., & Perfetto, G. A. 1982 Differences in approaches to learning: An overview. *Journal of Experimental Psychology: General*, **111**, 390-398.

Craik, F. M. I., & Tulving, E. 1975 Depth of processing and the retention of words in episodic memory. *Journal of Experimental Psychology: General*, **104**, 268-294.

Craik, F. M. I., & Watkins, M. J. 1973 The role of rehearsal in short-term memory. *Journal of Verbal Learning and Verbal Behavior*, **12**, 598-607.

Itoh, Y. 2005 The facilitating effect of verbalization on the recognition memory of incidentally learned faces. *Applied Cognitive Psychology*, **19**, 421-433.

Nilsson, L. G. 2003 Memory function in normal aging. *Acta Neurologica Scandinavica*, **107**, 7-13.

Nyberg, L., & Tulving, E. 1996 Classifying human long-term memory: Evidence from converging dissociations. *European Journal of Cognitive Psychology*, **8**, 163-183.

Posner, M. I., Goldsmith, R., & Welton, K. E., Jr. 1967 Perceived distance and the classification of distorted patterns. *Journal of Experimental Psychology*, **73**, 28-38.

Posner, M. I., & Keele, S. W. 1968 On the genesis of abstract ideas. *Journal of Experimental Psychology*, **77**, 353-363.

Rosch, E. 1973 On the internal structure of perceptual and semantic categories. In

T. E. Moore (Ed.), *Cognitive development and the acquisition of language*. Academic Press.

Rundus, D. 1971 Analysis of rehearsal process in free recall. *Journal of Experimental Psychology*, **89**, 63-77.

Schooler, J. W., & Engstler-Schooler, T. Y. 1990 Verbal overshadowing of visual memories: Some things are better left unsaid. *Cognitive Psychology*, **22**, 36-71.

Stein, S. S., Bransford, J. D., Franks, J. J., & Owings, R. A. 1982 Differences in the precision of self-generated elaborations. *Journal of Experimental Psychology: General*, **111**, 399-405.

Tulving, E. 1972 Episodic and semantic memory. In E. Tulving & W. Donaldson (Eds.), *Organization of memory*. Academic Press.

6章　私たちはどのように会話しているのか？
——会話，発話，面接法

仲　真紀子

　家族や友人とのおしゃべり，教師とのやりとり，事務室での相談等々，私たちは日々，会話をしながら暮らしています。しかし，「会話」とは何でしょうか。会話といえば，音声によるコミュニケーションが想定されがちかもしれません。けれども手話や筆談による会話もあります。一方，音声による言語活動であっても，自分に向けた独り言，多数の学生に向けての講義は会話とは呼ばないでしょう（ただし講義でも，誰かが質問をしてくれれば会話が成り立ちます）。このように考えてみますと，会話とは，2人以上の特定の（つまり不特定多数ではない）話者によるコミュニケーションだということになるでしょう。ただし，特定の相手とのコミュニケーションであっても，手紙やヴォイスメールは「会話」とは言いません。会話が成立するには話者同士が近接した時間間隔で，情報交換ができなくてはなりません。本章ではこのような定義のもとで，私たちがどのように会話をしているのかを考えてみたいと思います。

1　会話の成り立ちと特徴

（1）　会話の構成要素

　典型的な会話は声の届く（あるいは身振りが見える）至近距離で行われることばのやりとりであるだろう。しかし現代の社会では，電話やインターネットを通じ，遠く離れていても会話をすることができる。映像を伴う会話でさえ可能である。また，電子メールの頻繁なやりとりやチャットにより，文字で会話をすることもできる。つまり，現代においては，会話は言語の媒体や距離に依存しない活動だといえるだろう。しかし，複数の話者が存在し，短い時間間隔で情報を交換するという点は欠かせない。これが会話のもっとも大きな特徴だ

といってもよいだろう。

　会話を書き起こすことを**トランスライブ**，書き起こし資料のことを**トランスクリプション**という。トランスクリプションを眺めてみると，いろいろなことが分かる。昨日の昼ご飯に何を食べたかでも，最近の買物は何であったかでもよい。家族や友人とのやりとりを1分ほど録音し，書き起こしてみてほしい。下記は，AとBがかわした架空の会話である。便宜上，1，2，3……と番号をふっている。

　　A1：昨日の晩ご飯，何食べた？
　　B1：え，晩ご飯？　どうして？
　　A2：授業で会話のことやってて，宿題で，晩ご飯何食べたか友だちに聞いてきてって。
　　B2：そうかー。うーん。（間）ああ，バイト先でお弁当もらったんだ。
　　A3：そうか。どうだった？
　　B3：どうって，まあまあ，普通かな。

　導入で考察したように，会話では特定の**話者**が交互に番をとりつつ**発話**を行う。**番**は**ターン**ともいい，時間的に近接して交替することが必要である。また，話者が自分のターンで発することばを発話という。

　発話はその形式によって，質問，要求，命令，陳述，応答，あいづち（ふむふむ等），間投詞（そしてね，それからね等），フィラー（ことばとことばの間に発せられる「えーと」等）などに分類される。会話では一般に，質問には応答，依頼には受諾ないし拒否というように，対応する発話を見いだすことができる。たとえば上のA1とB2，B1とA2，A3とB3は質問と応答のセットとなっている。ただし質問が質問を生み（たとえばA1がB1を生じさせる），A1-B2の質問と応答の間にB1とA2のやりとりが埋め込まれるなど，入れ子構造になることもある。

　通常，会話は，話者同士が特定のトピックをめぐり，すでに共有されている情報（旧情報）に新情報をつけ加えることで展開される。こういった一続きの

会話を**ディスコース（談話）**ともいうが，ここでは会話のまとまりであるディスコースよりも会話の要素に焦点を当て，その特徴を見ていくことにしたい。

　以下，1節では会話の重要な要素である話者情報や発話量について述べる。2節では個々の発話の理解過程について述べる。そして3節では目的をもった会話の例として面接を取り上げ，その効果を検討する。

（2）　発話内容のソースモニタリング

　友人とさんざん議論したあげく，どちらがどの情報をもちだしたのかが分からなくなったという経験はないだろうか。あるいは，知人から聞いた冗談を，その当人に話して恥ずかしい思いをしたことはないだろうか。一般に，情報源を把握することを**ソースモニタリング**という。ソースは情報源，モニタリングは監視するという意味である。会話においても，誰が何を話したかという発話のソースモニタリングは重要である。

　会話におけるソースモニタリングは，誰の発話か（自分か相手か）や，発話の種類（質問か陳述か）などにより異なることが知られている。この問題を扱ったジュリカとシマムラ（Jurica, P. J., & Shimamura, A. P., 1999）の実験を紹介しよう。彼らは大学生を対象とし，質問や陳述に含まれるトピック（カテゴリー名）のソースモニタリングについて検討した。

　実験は学習とテストから成る（それぞれの刺激を図6-1に示す）。学習時には，パソコンの画面に3人の人物A，B，Cいずれかの顔（線画）と，その人が言ったとされる吹き出しが現れる。吹き出しの発話は質問（「料理をするとしたらどのような『食べ物』がよいですか？」等）または陳述（「『ペット』としては，イヌがよい」等）である。質問の場合，参加者は「スパゲッティ」など，回答を自分で作り，声に出して答える。陳述の場合，参加者はその陳述文をただ黙読する。A，B，Cはそれぞれ4つの質問と4つの陳述を行い，参加者はこれらの質問ないし陳述に含まれるトピック（ここでは『食べ物』『ペット』などのカテゴリー名）を，誰が言ったかと結びつけて覚えるよう求められた。

　テスト時の課題は以下のように行われる。パソコン画面に発話（先ほど提示

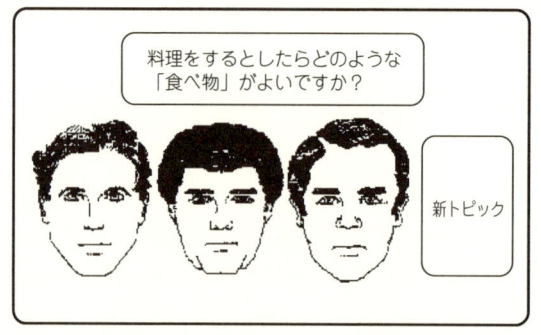

図6-1 会話のソースモニタリング実験で用いられた刺激（上は学習時，下は再認時）

（出所） Jurica & Shimamura, 1999

された24の発話に新たに加えられた6つの発話）がひとつずつ現れ，同時にA，B，Cの顔と「新トピック」というボタンが示される。参加者は各発話につき，トピックが「新」（はじめて見た）か「旧」（学習時に見た）かを判断し，「旧」であれば誰が言ったのかを判断した。その結果，質問に含まれていたトピックの方が陳述に含まれていたトピックよりも，正しく再認された（「旧」であると判断された）率が高かった（質問の場合：59％，陳述の場合：42％）。しかし，正しく再認されたトピックのうち，話者を正しく同定できた率（つまり正確にソースモニタリングができた率）は，質問の場合は58％，陳述では76％であり，陳述の方が高かった。

参加者は質問に対しては自分が答えるので，そのトピックをよりよく記憶で

きたのだと考えられる。しかし，ソースモニタリングの正答率は陳述の方が高く，トピックの記憶がよいからといって，情報源もよく記憶されるとは限らないことを，この実験は示している。質問がなされると，話者は答えるために認知容量を使うため，誰がどの質問をしたのかを十分記憶できなかったのかもしれない。ジュリカらは，ソースモニタリングと内容の記憶は異なるメカニズムで働いている可能性があることを示唆している。自分が一生懸命考えたり話したりするほど，話題となったことがらの情報源が曖昧になってしまうというのは，日常生活の経験とも合致するように思われる。

（3） 発話量と会話の非対称性

　次に，会話のもうひとつの重要な側面である**発話量**について見てみよう。発話量は一般に，文字数や品詞数などでカウントする。また，1主語＋1述語をひとつの単位（**アイディアユニット**：IU）としてカウントすることもある（ただし主語は略される場合も多い）。たとえば，上の「昨日の晩ご飯，何食べた？」は14文字であり（通常ひらがなでカウントする），「昨日／の／晩ご飯／何／食べ／た」の6品詞である。また，アイディアユニットでカウントすれば，1IUとなる（主語はなく，述語は「食べた」のみであり，1IUとなる）。

　会話を通してひとりの話者が発する発話量の平均を平均発話量という。話者間の平均発話量は同程度の場合もあるが，差が見られることもある。比較的大きな差が一貫して見られる場合，これを**会話の非対称性**という。会話の非対称性は，話者間に権威，知識，認知能力，言語能力などにおける相対的な差がある場合に見られやすい。たとえば，授業中の教師と生徒の会話は「教師による発問」—「生徒による回答」—「教師による確認」という確認型のパターンをとることが多い（「前の時間では何を学んだかな？〇〇さん」—「△△の勉強をしました」—「はい，そうですね」）。また，医者と患者の会話も，医者が主導的な役割を担う仮説検証型になりがちである（「咳は出ますか？」—「はい」，「頭は痛いですか？」—「いいえ」，「のどは痛いですか」—「いいえ」等）。こういった会話は，一方の発話量が多く他方が少ない，非対称的な会話となる。

しかし，何といっても非対称的な会話の典型例は，年齢の低い幼児と母親による会話（**母子対話**）であるだろう。たとえばマルティネ（Martinez, M. A., 1987）は2歳児と母親の次のような会話を示している。

　　子1：（車から犬を出して，母に見せる）
　　母1：そのワンワン，どこに置くの？
　　子2：ここ（とガス台の上におく）
　　母2：そこ？　やいちゃうの？
　　子3：（うなずく）
　　母3：（ガス台から犬をとって）ねえ，そこはガス台よ。
　　子4：え？
　　母4：（ガス台をさわって見せ）そこはごはんを作るガス台よ。
　　子5：だめ。（犬を掴み，見る）

　子どもは「ここ」「え？」「だめ」の5文字分の発話しか行っていない。平均発話量は1文字である。これに対し，母親の1発話は平均約11文字である。母親は子どもの動作をもターンとして捉え，発話を行っている。また，子どものほんの少しの発話を拡張している（たとえば子2の「ここ」を「そこ？」と確認し，「やいちゃうの？」と拡張している）。こういった拡張を，**拡張模倣**あるいは**精緻化**という。

　母子対話に見られる非対称性は，発話ができない子どもであっても会話に参加できることを示している。しかし，非対称的な会話は，相手側からの情報提供を妨げる場合もある。このことについては3節で検討することにしよう。

2　発話の理解

（1）不完全な発話

　1節では会話を構成する要素について見たが，ここでは私たちが個々の発話をどのように理解しているのかを検討することにしよう。

書き起こした発話をじっくり眺めてみると，個々の発話は言語的にかならずしも完全とはいえないことに気づくだろう。①曖昧であったり（たとえば「いいよ」は「ＯＫ」を意味することも「いらない」を意味することもある），②文法にかなっていなかったり（「見たって言うからどうだったって言ったら，まあまあって言ってた」など，主語や目的語が欠けていることも多い），③問いかけと応答が対応していなかったり（「郵便局に行ってきてくれる？」―「今忙しいのよ」では，行ってきてくれるかどうか質問しているのに，「忙しい」という自分の状態が述べられている），④場面と合致しないことばが発せられることもある（明らかに粗末なレポートを前に「すばらしいレポートですね」と言うなど）。

このような発話の理解に関わる問題を私たちはどのように解決しているのだろうか。もっとも直接的な解決法は，相手に合図を与え，確認することであるだろう。けげんな顔をしたり，明示的に「意味がわからない」と言えば，相手は繰り返したり言い直したりしてくれるだろう。しかし，多くの場合，私たちは確認したり聞き直したりしなくとも，不完全な発話文を処理し理解している。どうしてそのようなことが可能なのか，以下，非言語的な情報，共有される知識や文脈・状況，話者間で共有されている約束事などの観点から発話の理解過程を見ていこう。

（２）　非言語的情報と文脈情報

至近距離で行われる通常の会話では，発話の言語情報に加え，身振りや手振り，声音，抑揚，発話のスピードなど，さまざまな非言語的な情報が伝えられる。これらの情報を，言語情報と平行して（パラレルに）伝達される情報という意味で，**パラ言語情報**という。

上で見た①「いいよ」について考えてみよう。同じ「いいよ」でも，うなずきが伴えば「ＯＫ」と解釈されるだろう。首を横にふりながら発せられる「いいよ」は「いらない」と解釈されるだろう。「魚を逃した」というときの手の広げ方や，「手で取った」というときに上から取る動作をするか，下から取る動作をするかなどもパラ言語情報である。パラ言語情報は発話の意味を補い，

より的確に伝える働きをする。表情の見えない電話や文字によるチャットでは，これらの情報がないぶん，情報をことばで補う必要がある。

共有される知識や，目の前に広がる**状況・文脈**もまた重要である。②「見たって言うからどうだったって言ったら，まあまあって言ってた」は，話者の知人が最近見た映画の話だと分かれば，理解は容易である。しかし，そういった情報が共有されていない人にとっては，疑問符だらけの発話である。「それ取って」―「これ？」―「ううん，それ」などの理解も目の前に状況がなければ不可能である。

クランドール（Crundall, D. et al., 2005）は興味深い実験を通して，話者同士が状況を共有することの重要性を示している。この実験では，自動車の運転手Aが，もうひとりの人物Bと会話をしながら市街の混雑した道路や田舎道を運転する。条件は3つある。第一はBがAの助手席に座って通常の仕方で会話をする条件，第二はBがAの助手席に座るが，目隠しをして会話をする条件，第三はBが別の場所で携帯電話で会話をするという条件であった（安全のためAはハンズフリーの携帯電話を用いている）。会話の量を調べたところ，第一と第二の条件では，混雑した道路ではBが発話を控えるなど，環境に応じた発話量の変化が見られた。これに対し第三の条件では，混雑した道路では，むしろBがAにたくさんの質問をするなどの結果が見られた。混雑した道路では，運転手Aは意識を集中させるため発話量が減る。発話量が減ったことだけを感知したBは，Aに話させようと，さらに質問をしたようであった。

会話においては，こういったパラ言語情報，知識，文脈情報がつねに活用されているといえるだろう。

（3） 間接的表現

次に，③「郵便局に行ってきてくれる？」―「今忙しいのよ」について考えてみよう。このやりとりでは「行ってきてくれるかどうか」を質問しているのに「忙しい」という自分の状態が述べられており，字義的に見れば，質問と応答とが対応していない。しかし，さほど不自然には感じられないかもしれない。

表6-1 適切性条件

命題内容条件	発話の命題内容が満たすべき条件,すなわち発話に内容があること,話者に目的があることなど(郵便局に行く)。
準備条件	話し手および聞き手,場面,状況設定に関する条件(話し手は郵便局に行けない,聞き手は郵便局に行くことができる)。
誠実性条件	話し手の意図に関する条件(話し手は聞き手に郵便局に行ってもらいたい)。
本質条件	発話によって生じる行為の遂行義務に関する条件(聞き手には話し手の要求に協力する気持ちがある)。

(出所) Searle, 1975 より作成

それは「郵便局に行ってきてくれる?」が字義的な質問文としてではなく「郵便局に行ってきてください」という要求文として,また「今忙しい」は「行きたくない」という拒否表現として機能しているからである。

　言語学者の**サール**(Searle, J. R., 1975)は,要求がかなえられるためには4つの条件が必要であるとし,これらの条件を**適切性条件**として定式化した。その条件を表6-1に示す。サールによれば,人はこれらの条件について述べたり尋ねたりすることで要求を間接的に伝えることができる。こういった,字義的にはかならずしも要求文ではないような要求を,間接的要求という。

　表6-1を見てほしい。たとえば話者は第一の条件,すなわち命題内容条件に言及することで,「郵便局に行く必要があるんだけど」「手紙を出したいんだけど」などの要求文をつくることができる。また,第二の条件,すなわち自分や相手の状況について述べたり,相手の能力について尋ねたりすることにより,要求を伝えることもできる(「緊急の用事が入ってしまったの」や「今時間とれる?」等)。さらに,第三の条件である相手の行動への期待を述べたり(「郵便局に行ってきてほしいんだけど」),第四の条件である相手の協力(〜してくれるかどうか)について尋ねることで(「郵便局に行ってきてくれる?」)要求を伝えることもできる。仲・無藤(1983)は実験参加者にさまざまな状況で要求文を作成してもらい,事実,上記のようなかたちで要求文が作られることを確認した。

　同様に,これらの条件に関わる情報を否定ないし矮小化することで,間接的

拒否表現をつくることもできる（仲，1986）。第一の条件に言及する「郵便局に行かなくたっていいじゃない」，第二の条件に言及する「緊急ってことないでしょう」，あるいは「今忙しいのよ」，第三の条件に言及する「私に行ってきてほしいなんて無茶よ」，第四の条件に言及する「（私ではなく）お母さんに行ってもらえば？」などは，間接的な拒否表現となるだろう。私たちは暗黙のうちにこれらの条件を前提として会話をしている。

（4） 発話の含意

では，粗末なレポートの前で発せられた④「すばらしいレポート」はどうだろうか。実際には粗末なレポートであるのに「すばらしい」と言えば，それは皮肉，あるいは冗談と解釈されるであろう。

言語学者のグライス（Grice, H. P., 1975）は発話の**字義的な意味**（文字通りの意味）と推論によって導かれる意味（**含意**）とを区別し，どのようなときに含意が引き出されるかを検討した。グライスによれば，話者は表6-2に示されるような約束事の上で会話をしている。これらの約束事を**会話の公準**という。会話の公準が守られている限り，話者は発話を字義的な意味で解釈するが，公準に違反する発話では含意が引き出されるとグライスは考察した。

例を示そう。たとえば会社の重役が「Aを昇格させようと思うがどうか？」とAの上司であるBに尋ねたとする。Bの発話が「有能ですよ」の一言であったり，逆にくどくどとAの有能さを語ったりすれば，重役はAの能力に疑いをもつかもしれない。量の公準に違反しているからである。

また，Aの粗末なレポートを前に，Bが「すばらしいレポートですよ」と言えば，この発話は皮肉と解釈されるであろう。これは質の公準の違反である。

「Aを昇格させようと思うがどうか？」という部長の言葉にBがすかさず「最近ゴルフの方はいかがですか」などと言えば，部長は今はこの話題を口にすべきではないと推察するかもしれない（Aがついたての後ろにいるなど）。これは関係の公準の違反である。これに対し，Bが「悪くはないのですが……」と言葉をにごせば，部長は「Aは悪くはない，すなわち良い」とは受け取らず，

表6-2 会話の公準

量 の 公 準	必要な情報はすべて提供する，必要以上の情報の提供は避ける。
質 の 公 準	偽と考えられること，十分な根拠を欠くことは言わない。
関係の公準	無関係なことは言わない。
様態の公準	分かりにくい表現や曖昧な表現は避ける。できるだけ簡潔に表現する。秩序立った表現をする。

(出所) Grice, 1975 より作成

昇格を妨げる何らかの要因があると考えるかもしれない。これは様態の違反である。

ここでもまた，私たちは暗黙のうちに特定の約束事の上に会話を進めている。このように，私たちは大量の背景的情報を用いながら個々の発話を理解している。

3 事実を聞き出す面接法

(1) 面接の目的と種類

1節で述べた会話の非対称性を思い出してほしい。教師による確認型の会話は確実な知識伝達を可能にするかもしれない。また，医者による仮説検証型の会話は迅速な診断を可能にするかもしれない。しかし，こういった会話のパターンでは，発話者からの情報を十分に得られない場合もある。たとえば教師は，学級内でのトラブルを解決するために，子どもたちからどのような問題があるか，事実をできるだけ正確に聞き出したいと願うかもしれない。また，医者は，原因不明の腹痛を起こしている患者から，この数日間何を食べたか，ありとあらゆる情報を得たいと願うかもしれない。このような状況では，確認型，仮説検証型の会話では不十分である。

一般に，情報を引き出すことを目的とした会話を**面接（インタビュー）**という。面接には，仮説が明確であり，質問事項があらかじめ定まっている場合（構造化面接），おおむね定まっているが，それ以外の情報も引き出したい場

合（半構造化面接），仮説がなく，できるだけ多くの情報を引き出そうとする場合などがあるが，ここではとくに第三の場合，すなわちできるだけ多くの情報を得ようとする場合の面接法について述べる。

　正確な情報をより多く引き出したいという願いは，とくに司法場面において顕著である。事件を解決し，事故の原因を探り，未来の犯罪や事故を予防するには正確な事情聴取が必要である。ここではまず，質問の種類について述べ，次に司法面接として開発が進められてきた面接法について述べる。そこでは，より多くの情報をより正確に引き出すことが目的とされる（アルドリッジ・ウッド，1998/2004；英国内務省・英国保健省，1992/2007；仲，2001）。

（２）　**質問の種類**

　面接は通常，面接者（面接官）による**質問**によって行われるだろう。質問には以下のような種類がある。

　①**クローズド質問**：「はい・いいえ」や「AかBか」などの選択肢型の質問をクローズド質問という。クローズドとは閉じている，すなわち回答の幅に「はい・いいえ」や「AかBか」の制約がある，ということを意味する。

　②**オープン質問**：「〜について話してください」といった誘いかけや，「そして？」「それから？」といったプロンプト（促し）をオープン質問という。これらの質問はかならずしも「〜ですか？」といった疑問符を含まないが，回答に制約がない，すなわち開かれているという意味でオープン質問と呼ばれる。「話してください」(Tell)，「説明してください」(Explain)，「記述してください」(Describe) といった誘いかけ（これらの頭文字をとってTEDと呼ぶこともある）もオープン質問の一種である。

　③**WH質問**：「いつ」「どこ」「誰」「何」「どちら」「どのように」という，いわゆる5W1Hの質問をWH質問という。「いつ」と尋ねられれば時間を，「どこ」と尋ねられれば場所を答えるなどの制約はあるが，選択肢型ではないのでオープン質問に含めることもある。

　④**誘導質問**：典型的には「食べたんでしょう？」「食べたんですね」など，

「～しょう」「～ね」といった文末をもつ質問は誘導質問と呼ばれる。「はい（そうです）」という特定の回答を期待する形式となっているからである。また，事件などにおいて争点（ないし仮説）となることがらをクローズド質問で尋ねることも，「はい」という答えが期待されるので誘導とみなされる。

⑤マルチ質問：ひとつの質問に複数の項目や複数の命題が含まれる質問をマルチ質問（ないしマルチファセット質問）という。「お昼はどこで何を食べたのですか？」や「お昼を食べたのを報告したのを覚えていますか？」などはマルチ質問である。これらの質問では「どこで」と「何を」を同時に，また「報告した」のを「覚えているか」など，複数の命題を同時に処理しなければならず，負荷が高い。また，後者のようなクローズド質問では，「はい」「いいえ」の回答が質問のどの部分に対してなされたのか曖昧である。

⑥否定疑問文：「～したんじゃないですか？」などの否定形を含む質問文を指す。これらの質問は認知的負荷が高いのみならず，誘導（上記の場合は「～したんですね」）として機能することがある。

（3）クローズド質問とオープン質問

　より多くの情報を聞き出そうとする際にもっとも効果的なのはオープン質問やWH質問である。クローズド質問では選択肢が用意されているので，回答は容易だが，尋ねたこと以上の情報は得られない。ちょうどトランプの神経衰弱で，カードをめくり，一方のカード（被面接者の記憶）が他方（面接者の仮説）と同じか否かを確認するようなものである。これに対し，オープン質問やWH質問は被面接者の自由報告を待つ質問形式である。

　自由報告を求めることの意義は2つある。第一は，被面接者自身が自分のペースで記憶を検索し情報提供を行うことができる，ということである。ハーシュコヴィッツとエルール（Hershkowitz, I., & Elul, A., 1999）は，イスラエルにおいて，虐待の被害にあったとされる子どもへの面接を分析した。図6-2は

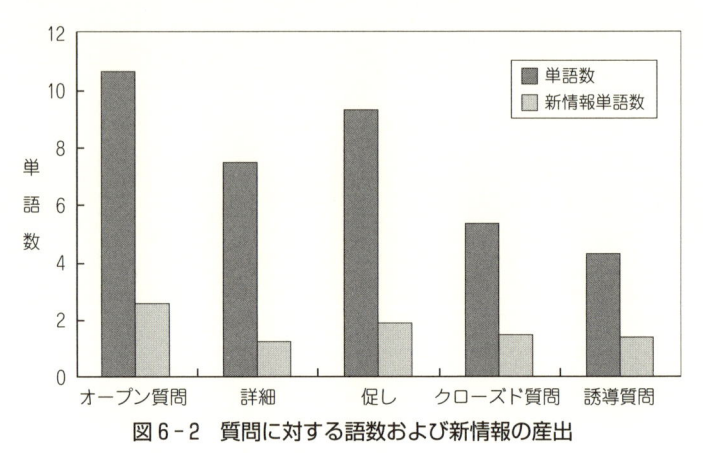

図6-2 質問に対する語数および新情報の産出
（出所）Hershkowitz & Elul, 1999

10人の面接官が行った50人の子どもへの面接において，子どもが発した応答の平均発話量を，単語数，新情報単語数で示したものである（医学的な検査により，子どもたちは暴力を受けていることが確認されている）。オープン質問（「何があったかお話しして」等），詳細（「～についてもっと詳しくお話しして」等），促し（「そして」，「それから」等）で尋ねる方が，クローズド質問よりも多くの情報を引き出していることがわかる（詳細や促しもオープン質問の一種であるが，ここでは分けて示してある）。

　第二に，クローズド質問には，特定の情報や命題が含まれるが，オープン質問にはそれがない，ということが挙げられる。たとえば「車は緑でしたか？」と尋ねられた被面接者の頭には，「緑」のイメージが浮かぶかもしれない。この情報は，本来の色情報（たとえば「青」）と混ざってしまうかもしれない。質問に含まれる情報や事後に与えられる情報が記憶に混入することを，**事後情報効果**という。そこではソースモニタリングの失敗だけでなく，記憶の合成が生じると考えられている（ギャリーほか，2001/2001）。

（4）司法面接

　目撃供述や被害供述は，事件を解決し，将来の犯罪や事故を未然に防ぐ上で

コラム　子どもの目撃証言

　小学校低学年の児童が犯罪被害に遭い，目撃証言の適切さが争点となった事件を紹介する。以下，判決文に記載されている経過を要約するが，事件が特定されないよう，改変を加えている。

　児童は被害同日，犯人について「細い目，やさしそう，きつねのような顔，170センチメートルくらい，少しやせている，高校生くらい，緑か黄緑色のTシャツ，眼鏡をかけたり外したりする」と供述した。その供述から犯人の似顔絵と全身像が作成され，児童はこの似顔絵を「75％くらい似ている」とした。

　続く1カ月間，警察は同種の前歴をもつ者の写真を10～20枚，5回ほど児童に提示した。1月後に別件逮捕された男性に対し，警察は識別を求めた。児童は拒否したが，家族から「犯人はあなたが一番よく分かっているから一緒に見てみよう。もしもその人だったらもうあなたは何もされないから一緒に行ってみよう」「（ワンウェイミラーで見るので）向こうからは見えていない様子だった。だから，頑張って見てみよう」と説得された。児童は被疑者を見て「あの人だ」と供述した。半年後の公判直前，児童は再度写真を識別するよう求められた。児童は拒否したが「もしかしたらこの中にいるかもしれないから写真を頑張って見てみよう」と説得され，写真を2度見た後，上記被疑者の写真を選んだ。公判廷でも児童は同じ写真を識別した。

　しかし，この児童の証言は，最終的には信用性がないと判断された。理由は，①事件当初の似顔絵が被告人と似ていない，②児童の供述には犯人を的確に識別できるだけの「具体的かつ明瞭な特徴」がない，③複数回の面通しが行われ，しかも被疑者と会った後は，その写真を含む10枚の写真帳が繰り返し用いられた，④本人に対する面通しは被告人ひとりを確認する「単独面通し」であった，⑤被告人が犯人であるという強い暗示が与えられた，などである。目撃供述は純粋な記憶というよりも，会話を含む社会的相互作用の中で構成される。どのようなことばかけや言語情報が与えられるかは，目撃供述の信用性に大きな影響を及ぼす。司法面接のような，誘導を最小限に抑えた面接法の導入が必要である。

重要な情報となる。しかし，目撃者や被害者から正確に情報を聞き出すのは容易ではない。目撃者や被害者は心理的に動揺していることが多く，また，事件という特別な状況にあるために，多くの人が種々の質問をし，目撃者・被害者の記憶を汚染してしまうこともあるからである。とくに子どもや障がいをもつ人への面接は困難である。こういった状況を踏まえ，欧米やオセアニアでは認知心理学や発達心理学の成果を取り入れた面接法が開発され，実務で用いられている。ドイツの構造面接，カナダのステップワイズ面接，アメリカのNICHDプロトコル，イギリスの様相面接など，さまざまな面接法が工夫されているが，基本的には以下の5つの要素が含まれる。これらの面接は，事件や事故が起きた後，できるだけ迅速に行うことが必要である。また，原則として録画（やむを得ない場合は録音）を行う。

　導入：面接を行うにあたり，いくつかの基本事項を伝える。たとえばカメラ機材を示し，録画の趣旨を説明し，**グラウンドルール**（その場での約束事）を説明する。グラウンドルールには，本当のことを話す，分からなければ分からないと言ってもよい，知らなければ知らないと言ってもよい，などが含まれる。

　ラポール：本題に入る前に中立のトピックで会話をし，安心して話せる関係性を築く。誕生日のこと，クリスマスのことなどの話題を確立しておけば，あとで出来事がいつ起きたのかを確認する際のランドマークとして用いることもできる。これらはまた，過去の出来事を思い出して話す練習にもなる。

　自由報告：「どんなことがあったか話してください」などのオープン質問により，体験や出来事を話してもらう。遮ることなく傾聴の姿勢で話を聴く。

　質問：自由報告は短いものとなりがちであり，十分な情報が得られないことも多い。そこで，自由報告の後，面接者は報告された内容を被面接者のことばでまとめ（言い換えは誤情報となり得るので行ってはならない），語られた出来事をいくつかのセクションに区切り，セクションごとにより詳しい情報を尋ねていく。たとえば，「家を出てからバス停に行くまでのことをもう少し詳しく話してください」や「バスに乗るときの様子をもう少し詳しく話してください」などのオープン質問で尋ねる。オープン質問で得られない情報はWH質

問で補い，それでも得られない情報については誘導とならないように気をつけながら，クローズド質問で尋ねる（「それはバスに乗る前でしたか，後でしたか，それとも覚えていませんか」等）。ただし，「盗んだかどうか」「殴ったかどうか」等，争点となることをクローズド質問で尋ねてはならない。上述したように，争点の確認は「はい」の答えを期待して行われるので，**誘導質問**となり得るからである。

　クロージング（**終結**）：出来事について得られた情報を，面接者は被面接者のことばでまとめる。また，被面接者が不安になったり，暗い気持ちのまま帰ることのないように中立の話題に戻す。そして，被面接者に質問があればそれに答え，面接を終了する。

　英国ではこのような面接法が1992年に取り入れられた（英国内務省・英国保健省，1992/2007）。当初は子どもだけに限定されて用いられていたが，大きな効果があるとされ，2001年には障がいをもつ大人，犯罪被害に遭遇し怯えている大人等にも用いられるようになった。

　ここでは正確な情報をより多く引き出すための面接法を取り上げ説明したが，その基本は医療や教育の現場でも活用することができるだろう。この他，どのようにすればより効果的に多くの意見を収集できるか，どうすればより適切な意思決定ができるかなど，目的に応じた会話のあり方の解明は，今後さらに重要な研究領域となるであろう。

〈サマリー〉
　この章では「私たちはどのように会話しているのか？」という問いを掲げ，その回答へと迫る方法や知見を紹介した。
　1節では会話の要素となる話者，発話，ターン，発話量といった概念を示し，会話の過程におけるソースモニタリング（誰が何を話したかの把握）や発話量に見られる非対称性などの会話の特徴について述べた。
　2節では発話の理解に関わる要因として，パラ言語情報，文脈や状況から得られる情報，そして発話の意図の伝達を支える条件（サールの適切性条件）や規則（グライスの会話の公準）について述べた。私たちはかならずしも意識してはいないが，ス

ムーズな会話にはこういった種々の背後の情報が必要である。映像は見えても周囲の状況までは共有できないインターネットによる会話，音声情報のみの電話による会話，そして文字によるチャットなどでは，ことばにより情報を補わなければならないだろう。

3節では，正確な情報をより多く得るための面接法を紹介した。

こういった面接法に限らず，的確な情報収集や適切な意志決定など，特定の目標を達成するための会話のあり方は，今後さらに重要な研究分野となるだろう。

〈もっと詳しく知りたい人のための文献紹介〉

オースチン，J. L. 坂本百大（訳） 1978 言語と行為 大修館書店
⇨哲学者であるオースチン（Austin, J. L.）は，発話がたんなる叙述，陳述ではなく，依頼，脅迫，約束などのかたちで行為としての力をもつとし，言語行為論を展開した。本章では引用しなかったが，発話理解に示唆を与える重要な古典である。

アルドリッジ，J.・ウッド，M. 仲真紀子・斎藤憲一郎・脇中洋（訳） 2004 子どもの面接法――司法場面における子どものケア・ガイド 北大路書房
⇨子どもはどのような面接を受け，どのように情報を提供しているのか。本書は英国で実際に行われている司法面接を書き起こし，言語心理学的に分析したものである。子どもにとってどのような質問が難しいのか，どうすれば子どもはより多くを語ってくれるのか，現実の場でも会話研究が活かされている。

〈文　献〉

アルドリッジ，M.・ウッド，J. 仲真紀子・斎藤憲一郎・脇中洋（訳） 1998/2004 子どもの面接法――司法場面における子どものケア・ガイド 北大路書房

Crundall, D., Bains, M., Chapman, P., & Underwood, G. 2005 Regulating conversation during driving: A problem for mobile telephones? *Transportation Research Part F: Traffic Psychology and Behaviour*, **8**, 197-211.

英国内務省・英国保健省　仲真紀子・田中周子（訳） 1992/2007 子どもの司法面接――ビデオ録画面接のためのガイドライン 誠信書房

ギャリー，M.・レイダー，M.・ロフタス，E.F. 厳島行雄・仲真紀子 （訳）

2001/2001 出来事の記憶と誘導尋問——事後情報効果 渡部保夫（監修） 目撃証言の研究——法と心理学の架け橋をもとめて 北大路書房 pp. 185-200.

Grice, H. P. 1975 Logic and conversation. In P. Cole & J. L. Morgan (Eds.), *Syntax and semantics, Vol. 3, Speech acts.* Academic Press. pp. 41-58.

Hershkowitz, I., & Elul, A. 1999 The effects of investigative utterances on Israeli children's reports of physical abuse. *Applied Developmental Science*, **3**, 28-33.

Jurica, P. J., & Shimamura, A. P. 1999 Monitoring item and source information: Evidence for a negative generation effect in source memory. *Memory & Cognition*, **27**, 648-656.

Martinez, M. A. 1987 Dialogues among children and between children and their mothers. *Child Development*, **58**, 1035-1043.

仲真紀子 1986 拒否表現における文脈的情報の利用とその発達 教育心理学研究, **34**, 18-26.

仲真紀子 2001 子どもの面接——法廷での「弁護士言葉」の分析 法と心理, **1**, 80-92.

仲真紀子・無藤隆 1983 間接的要求の理解における文脈の効果 教育心理学研究, **31**, 195-202.

Searle, J. R. 1975 Indirect speech acts. In P. Cole & J. L. Morgan (Eds.), *Syntax and semantics, Vol. 3, Speech acts.* Academic Press. pp. 59-82.

7章　私たちはどのように文章を読み,書くのか？
——書くこと,考えること,生きること

内田伸子

> 「てっちゃんはあとから考えてるの。だから,はやくおはなしできないの」「てっちゃん　いろんなことばおぼえたいの。てっちゃんのあたまにおしゃべりすることいっぱいあるんだから」(灰谷,1990)
> これは4歳児のてっちゃんという男児が"ことばがないと自分のイメージをうまく表現できない。だから早くいろんなことばを覚えたい"と保育者に訴えたことばです。ことばと認識の関係をこれほど見事に言い当てた表現はありません。本章ではことばと認識の関係についてリテラシー(読み書き能力)の習得による文章産出の観点から論考を進めます。

1　リテラシーの習得による認識過程の変化

(1)　一次的ことばから二次的,さらに三次的ことばへ

　幼児期には文字を読んだり書いたりする人の姿や,絵本の読み聴かせ,街の看板などで自然に文字にふれる体験をしていた子どもも,小学校に入り,読み書きを系統的に学習し,**リテラシー**(読み書き能力)を習得していくようになる。児童期になり,書きことばが本格的に導入されると生活言語としての話しことばも質的に変化していくと考えられる。幼児期には一対一のコミュニケーションが中心であるが,就学により一対多のコミュニケーションに移行する。すなわち,文脈の手がかりを活用することのできる「一次的ことば」から文脈独立の「**二次的ことば**」へ移行する(岡本,1985)。さらに児童期後期には,抽象的思考の発達と軌を一にして,ことばを自覚的にとらえる「メタ言語能

発達段階：	萌芽期	一次的ことば期	二次的ことば期	三次的ことば期
	ことば	プレリテラシー	リテラシー	マルチリテラシー*
ことばの機能** ①考える手段 ②伝え合う手段	± ±	＋ ＋	＋＋ ＋＋	＋＋＋ ＋＋
(文脈)	依存	依存	独立	独立
(コミュニケーション・スタイル)	一対一	一対一	一対多	一対多
(年齢)	0〜2, 3歳	3〜5, 6歳	6〜9, 10歳	10〜12歳
(学齢)	乳幼児初期	幼児期	小学校下学年	小学校上学年

図7-1 ことばの発達と教育：一次的ことば〜三次的ことばへ

(注) ＊重層的に相互作用しながら発達する。　＊＊①と②は相互作用しながら発達する。
(出所) 内田，2004

力」に支えられた「三次的ことば」に移行する（内田，2004）。伝達の手段としてのことばと考える手段としてのことばは，連携し，絡み合いながら，重層的に発達していくのである（図7-1）。

書きことばは話しことばと異なり，時間空間的に，言及されるものや発話文脈から独立していることから**抽象的思考の発達**に欠かせないものであり（Greenfield & Bruner, 1966），話しことばから書きことばへのシンボル体系の変化（それに伴い話しことばも重層的に発達する）が人間の精神の発達過程に大きな影響を与えるものと考えられてきた。60年代の研究の多くは論理的な課題解決能力について読み書きのできる人々とできない人々を比較し，読み書きのできる人の方が優れた成績をとることを示すことによってリテラシー習得の認知発達への影響を論ずるものが多かった。

これらの研究では，読み書きの学習は学校に入って始まることから，**就学経験**と認知発達とが関連していることを証明しようとしている。

たとえば，グリーンフィールド（Greenfield, P., 1966, 1972）はセネガルのウォルフ族を対象にして，クラス分類課題を与え，就学経験の認知発達に及ぼす影響を調べた。参加者は，①農村の伝統社会に住む就学経験のない6，7歳児，8，9歳児，11〜13歳児と大人，②同じ村に住む学童，③首都ダカールに

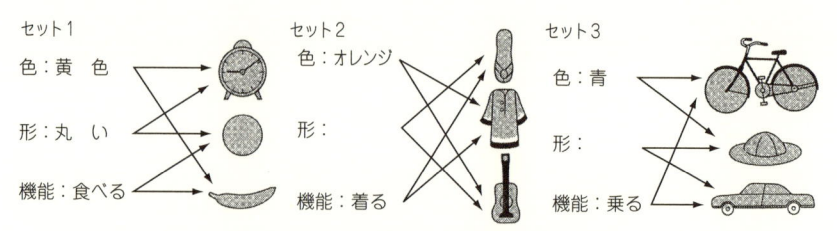

図7-2 ウォロフ族の子どもに実施した分類課題の絵の配列とそれらの属性
(注) セット1；置時計, オレンジ, バナナ
セット2；サンダル, ブーブー（ウォロフ族の長服）, ギター
セット3；自転車, ヘルメット, 自動車
(出所) Greenfield, 1966

住む学童の3群からなる。色・形・機能の次元でペアがつくれる図7-2に例示した3枚1組の絵カードから「一番似ているものはどれか」と選択させ,「なぜ似ていると思うか」と尋ねて選択の理由づけを求めた。その結果, 就学経験のある子どもの分類の仕方は居住地域にかかわりなく, アメリカの子どもと似た結果であった。すなわち, 加齢とともに色の選好は減り, 形から機能へと分類基準は移行した。「別の似ているものを2つ」選択するよう言われると, 分類基準を変えることが容易であった。さらに理由づけは適切で,「形が同じだから」とか「どちらも食べ物だから」というように上位概念で答えることが多かった。ところが, 未就学児は長ずるにしたがって, かえって色への選好性は増し, 分類の理由づけも不適切であった。またいったんある次元で分類してしまうと, その分類基準に制約を強く受けるため, 別の分類基準に移行することも困難であった。

このような就学児と未就学児（者）のパフォーマンス（分類基準や分類基準の移行しやすさ, 理由づけ方など）の違いは学校で提供される経験の有無によるものと解釈された。就学経験はより抽象的な基準での分類操作を発達させるとともに, 課題の解決にただひとつの正しい解決法があるわけではないというような相対的なものの見方を育成すると考えたのである。

旧ソビエトの心理学者, ヴィゴツキー（Vygotsky, L. S., 1963）はテクノロジーや道具の変化が労働の構造に変化をもたらすように, 話しことばや書きこ

とばにおけるシンボル体系の変化は**精神活動の再構造化**をもたらすであろうと推測している。

　ヴィゴツキーの弟子のルリア（Luria, A. R., 1974）は，この仮説を検証するため次のような研究を行った。何百年も停滞した経済条件のもとでリテラシーを習得することのない状態に置かれていたロシアの辺境の地，ウズベクとキリギスでは，1917年にロシア革命が起こり社会経済的変化に伴い，リテラシーへの需要が増えた。ルリアは旧来の農業に従事する文字を知らない人々（伝統群），機械化の進んだ集団農場で働くようになって短期間の文字教育を受けた人々（中間群），短期の教師養成プログラムに参加した人々（高教育群）に，再認，語連想，概念分類，推理問題などの課題を解かせたところ，伝統群は事物の具体的・知覚的特性に基づいて反応する傾向があり，すべての課題で，事物間の概念的・論理的関係に基づいた反応をする高教育群や中間群に劣っていることを見出し，リテラシーの習得が精神活動の再構造化を促すことの証拠とした。

（2）　書きことばが認知過程にもたらす所産は限られている

　コール（Cole, M.）ら（Scribner & Cole, 1978, 1981；Cole & Scribner, 1974）は，グリーンフィールドやルリアらの従来のリテラシー研究は就学経験とリテラシーの要因が重なっており，どちらの要因が認識過程に影響しているかはわからないと批判した。コールらは，ヴィゴツキーの見解に立ちながら，学校で読み書きを習うわけではないリベリアの伝統社会のヴァイ族を対象にして，読み書きの獲得が抽象的思考にどのような影響を与えるかについて調べた。

　まず，多くの先行研究のやり方に則り，ヴァイ語のリテラシーをもつ人々ともたない人々で，知的課題の解決に違いは見られるかを検討した。その結果，ヴァイ語のリテラシーへの習熟度の程度は問題解決の仕方に影響はなく，分類課題や推論課題において両者の成績に差はなかった。文法ルールの説明や三段論法推論など，言語を分析するメタ言語能力が関わるような課題においてすら成績に差はなかったのである。

　ではヴァイ語のリテラシーの習得は，認識過程になんら影響がないのであろ

うか。ヴァイ語は商取り引きの手紙に使われるが、その手紙は「**文脈化**（contextualization）」と呼ばれる書き出しから始まる。この書き出しは読み手に手紙の内容についての構えを作らせる。ヴァイ語の読み書きの熟達者にインタビューしたところ、彼らは、うまい手紙を書くには、この文脈化メッセージが必要であることを認識している。したがって、ヴァイ語の読み書きの達人は口頭での説明場面でも効率のよい説明ができるのではないかと予想されよう。この予想を確かめるために実験者から未知のゲームの説明を受けた後、そのゲームを知らない人に実物なしで説明する課題を与えてみた。予想通りヴァイ語の熟達者は対面状況でも、手紙と同様「文脈化」のメッセージに該当するような前置きを言ってから内容やルールの説明に入るため、相手に情報をより多く適切に伝えることができたのである。

また、ヴァイ語を読むときには特殊な技能が必要となる。ヴァイ語は文字と音が一対一対応する音節文字で、分かち書きや、句読点によって文字を区切ることもしないため、読み手は語や句などの意味がわかるまで、何度も区切り方を変え読み上げる。意味がわかるのと同時に、バラバラの音節は単語や句、文などの意味単位に分割されるのである。このような特殊な音節単位の文章を理解するには、読み手は意味がわかるまで何度も繰り返し読み返す。意味がわかるまでは、バラバラの音節を保持していなくてはならないのである。すると、ヴァイ語の読み書きの経験は、意味単位を統合したり、音節を保持する技能の習得を促すであろう。この予想を確かめるため、単語単位で区切った場合と、音節単位で区切った場合の言語音をテープで聞かせ、意味理解や記憶を調べた。その結果、単語単位のテープを聴かせた場合は、熟達者と初心者の間に成績の差はなかったが、音節単位の場合には、両者の差は顕著で、明らかに熟達者の成績がよかったのである。

以上のことから、コールらはリテラシーの習得が抽象的思考能力や知的技能全般に変容をもたらすような影響を与えるわけではないこと、しかも、リテラシーが転移する認知領域は限られており、読み書き能力に含まれる技能に類似した領域にのみ転移するものであるとの結論を得たのである。コールらが指摘

しているように，陶芸家が新しい意匠を創作するときと，壺職人がきまりきった手順で壺を焼くのとでは従事する活動の質が違う。これと同様に，リテラシーがどのような活動に使われるかにより，リテラシーの認識過程への影響は違ってくるはずであり，リテラシー習得がただちに抽象的思考の発達を促進させることを保証するものではないのである。

文学鑑賞のために文章分析を行ったり，詩作や作文をするときに，より適切な，よりよい表現を求めて**推敲**（ことばを選ぶ）や**彫琢**（文章を整え磨く）をするときには，商取引のための決まりきった形式の手紙を書くときに比べ，はるかに複雑な活動（情報処理）が起こると考えられ，認識過程に与える影響も大きいと考えられる。リテラシーの適用の範囲が広がればその行使の結果もたらされる**認知的所産**も拡大すると推測される。この推測を確かめるために，次節では，文章を文字にする活動で何が起こっているのか，推敲や彫琢の過程で，ことばと表象の関係はどのようなものかについて考察を進めよう。

2 推敲過程におけることばと表象の関係

（1） 推敲過程におけることばとアイディアの発見

内田（1989）は，表現と意図の調整はどのように起こるのかについて検討するため，6年生女児を対象にして，自分が書きたいテーマで作文を書いてもらい，4カ月間にわたり，その作文を3回推敲してもらった。子どもが作文を書く過程を，「**発話思考法**（think-aloud protocol method）」を用いて観察した。すなわち子どもは，作文を書きながら頭に浮かんだことはすべて声に出して話しながら作文を書く。口に出しながら作文を書くというのは子どもにとって負担の大きな実験法であるが，事前に簡単な課題を例にして発話思考法の訓練をしておき，話しながら作文することがそれほど負担でない子どもを作文大好きな子ども10名から2名選択して，4カ月にわたり3回推敲してもらった。このやり方で3度の推敲を経て完成した T. Y. さんの作文を表7-1に示す。

推敲の過程で得られた**トランスクリプション**（話した内容を書き起こしたも

表7-1 3回推敲した後に完成した作文

自分を書き表すことによって

六年一組　T. Y.

　私はこの頃よく考えます。自分についてもっと知りたい、それもことばという形によって表したいと思うのです。そのために、今私が、「私自身」について知っていることから考え始めたいと思います。

　私はどういうことが好きなのでしょうか。「本を読む」。読む時間と読む本があれば、何をさしおいても本を読み始める私です。けれど、じっくりと読むわけではありません。軽い読書が、私は好きなのです。本を読むのを好きなのには、きちんとしたわけがあります。本を読んでいると、登場人物の姿を思い浮かべ、次から次へページをめくりたくなっていくような気持ちになるのです。頭の中の空気が新しくなっていくような気持ちになるのです。だから、西遊記のように、空想していて楽しいもの、すっきりしたものが、私のお気に入りの本となるのです。

　「放送委員であること」。私は放送委員であることに、非常に満足しています。小さい頃から目立ちたがりやの私にぴったりの仕事です。五年生のときから続けていますが、自分の声をみんなが聞いている、と思うのは、気持ちのよいものです。今では、あこがれの委員長となっています。そういうことが私は好きなのです。

　このようにして考えてくると、何か私というものの、具体的な像が浮かんできたような気がしてきました。始終いろいろなことを考えている私。目立ちたがりやの私。責任ある仕事をまかされたいと思っている私……。

　ここで私は、はたと考えこみました。私という人間は、こんなにも単純な構造の人間なのだろうか、という疑問を持ったからです。それは、書き出した数が少なかったせいかもしれません。私の表現力が足りなかったせいかもしれません。けれど、それだけではないような気がするのです。人間というのは、なみのことばでは表せないものなのではないでしょうか。なぜならそれは、人間が作り出したことばだからです。心の中でだけ通用することばでこそ表せる、と私ははじめに考えていたようにはできませんでした。しかし、私はそんなふうに思いました。

　結局、私が書こうと考えたことによって、「心の中の（ことば）」に気づくことができたのではありませんか。自分を書き表そうと考えたことによって、「心の中のことば」に気づくことができたのですから。

（出所）内田, 1989

の）を詳細に分析したところ，表現を探し，確定する過程では，たえず表現と意図の往復運動が観察された。自分が書いた表現の意味を理解し，どういう意図でその表現を使ったのか，自分の意図に照らしあわせようとする。この過程で自分が何について書こうとしているかの**表現意図**がはっきりと浮かびあがってくる。これは意図に合わせて語を選ぶということではなく，語を先に探しあて，語が選択された後に，表現意図が書き手に自覚化され，自分が選択した語

表7-2 推敲における表現と意図の調整過程

［1］「あれ，変だぞ？」とズレを感じる。
［2］ ズレの原因が何かを意識化しようとする。
 1．その結果，ズレの原因が意識化されることによって，なぜ，変と感じたかを正確に把握できる場合（極めて少ない）と，2．実際の対案ができるまで，ズレの原因が意識化できない場合（多い）とがある。
［3］ ズレの原因を意識化しようとして，情報源をあれこれ探索する過程で対案が導出される。（ズレの原因の意識化は，よりピッタリした対案を探す過程と重なっているように見える。）
［4］ 対案の評価をする。
 1．論理的・分析的に，一定の基準と手順（推敲方略）に基づいて，原案・対案を比較・評価する場合と，2．分析なしに「ピッタリくる」という内観により，特定の案を決定する場合とがある。
［5］ 採択した特定の案を清書する。
 ＊ 以上の段階のうち，［4］で対案が否定されたときには，［3］と［4］の段階が再帰的に繰り返され，ときには，喚起ないしは構成された対案のすべてを［4］で比較し評価する場合や，一度否定された対象案が再び喚起され再評価される場合もある。この評価の過程はきわめて自由度が大きいことが示唆された。
 ＊ 観察頻度から見ると，［2］では1＜2，［4］では1≒2である。

（注） T. Y. さんの作文の分析による。
（出所） 内田，1989

の意味がわかるのである。

　言語の表現と意図の調整過程は表現（語や文章）と意図が「ズレている」という感覚がきっかけになって生ずる。ズレの感覚が起こると，もっとぴったりした対案の探索が起こり，対案が出されたら，その対案を評価するという段階を再帰的に繰り返しながら表現が定まっていくのである（内田，1989：表7-2）。

（2） 表現が定まるまでの過程はどのようなものか？

　子どもは作文を書く過程をたえずモニターし，表現意図に少しでも合うように，ぴったりしたことばを探し，納得のいく表現への書き換えを試みている。表7-3には推敲中に観察された発話プロトコルの例を示す。推敲中に発せられた発話プロトコルから参加者の意識経験を抽出して，推敲の過程で何が起こっているのか，頭の中の意識経験はどのようなものかを読み取り，ことばと対応させて整理した。

表7-3 発話プロトコルの分析

〔発話プロトコル例1〕

	(注) 意識経験
しかし、それでもよいではありませんか。このことについて考えたことによって"心の中のことば"*/①※	* ここまで清書したところで、書いてあることを読み返して確認する。
「……ことばに気づくことができたのですから」でもいいし、/②	
「心の中のことばの存在*2」なんつったら気持ち悪いなあ。/③	*2 笑いながら対案を出す。
そんな、まるっきり気がつかなかったわけではないんだけど*3、/④	*3 自分自身が気づいていたかどうか事実の方を吟味する。
その、「心の中のことば」ってのは結局、口で言ってるっていうか、普通のことばっていうのにあらわす前の段階の、そのモヤモヤした、こう気持ちっていうんで/⑤	原稿に書いてある「心の中のことば」という表現の意味を解釈している。
そこで、そのことばっていうのは結局、きまりがあって、そのきまりの外にあるっていう……P/⑥	P=ポーズ
だから存在に気づかなかったわけではないな……P*4/⑦	*4 対案を否定する理由がはっきりする。
心の中のことば、やっぱり、このまんまでいい*5。/⑧	*5 原案を納得して受け入れる。
に気づくことができたのですから*6。/⑨	*6 ※に続けて清書する。

「意味単位」への分割と、各単位のカテゴリー名:①「読み返し」②「対案1賦活」③「対案2賦活」+「不一致感」④「吟味」⑤「意味解釈1」⑥「意味解釈2」⑦対案1・2を否定する「理由づけ」⑧「原案の受け入れ」⑨ ①に続く分の残りを清書するための「書字」

〔発話プロトコル例2〕

	(注) * 清書しかける。
登場人物の姿を*	
「姿をうかべ」だとわからないから*2	*2 原案の否定。
姿を頭の中に浮かべ、頭の中の……がでてくるのかなあ。	対案を出そうとしている。
それがなんと……P「姿を思いうかべ」それだ!*3	*3 対案が出て納得。
頭のなかにうかべてっていうか、考えていろいろとさまざまに……ウウ……空想して*4	*4 対案の表現の意味分析。
思い浮かべ*5	*5 *に続けて清書する。

〔発話プロトコル例3〕

	(注) *清書する。
本を読むのが好きなのにきちんとした*	
さて「理由」にするか「わけ」にするか。*2	*2 原稿では「わけ」となっている。
まず、バランスとしては漢字を入れた方がきれいだけど*3、	*3 「視覚的効果のルール」
本来の意味としてはどっちだろうな。	
理由、わけ、理由、わけ か──*4	*4 口で何度も繰り返している。
理由ってすると こうだからこうするって感じだけど*5	*5 「漢字使用のルール」
これはそれほど確かなものじゃないし*6	*6 表現意図の分析。
こうだから、自分の……その……、	
だから、要するに、面白いからってことがぬけちゃうから	「漢字使用のルール」によって対案を評価する。
これは面白いからってことは普通の「理由」、普通、普通はそうだけれども、	
そこだけじゃないってことを言いたいから*7	*7 表現意図の再確認。
「理由」ってすると、なんというのかな、	
本をただ読めばいいっていうことになるけど、わけがあるっていうふうにすれば、こうなんていうのかな、もうちょっとしぼられない、しぼられないじゃないかな。	「漢字使用のルール」によって対案を否定し、原案をとる。
じゃ「わけ」にしちゃおう。	
わけがあります*8	*8 清書する。

(出所) 内田、1989

プロトコル例1は**ことばの探索過程**の典型を示している。書き出しでは表現意図は自覚されていないことが多い。表現意図が自覚化されるのは対案としてのことばを探し出す過程に伴っている。はじめは何を書きたいのか意図がはっきりしていなくても，表現を口で繰り返しているうちに意図がはっきりしたり，文字に書いたことによってあいまいな部分が明確になり，形がはっきりしてくると，それを変形したり，修正したりすることが起こる。自分が何を書きたかったか，すなわち表現意図の表象（イメージ）が参加者にとって満足のいく形へと変化してくるのである。

　プロトコル例2は表現が定まった後で表現意図が自覚された場合を示している。意図が最初からわかっているのではなく，ことばが選ばれてから表象の形が決まり，それに伴い，表現意図が書き手にとって自覚化されるのである。これはじつに興味深い。意図が先にありことばが選ばれるのではなく，ことばが決まり，もやもやした表象の形がはっきりして自覚化されるようになるのである。

　プロトコル例3は子どもが「わけ」をどう書くか迷っているところを示した。子どもは「理由」と漢字を用いてそれにルビをふるか，平仮名のまま「わけ」と書くか迷っているのである。右欄の「**視覚的効果**」は"バランスとしては漢字を入れた方がきれい"という発話部分から推測した方略である。このプロトコルの生じたときの内観を問うと，「目でみて美しい読みやすい文字や文の配列を作るようにした方がよいから，平仮名の中に漢字を適当にちりばめると読み易い。でも，逆にたくさん使いすぎると（表現が）かたくなるの」と答えている。

　これらのプロトコルからわかるように，対案を評価するときにはいくつかの規準「**推敲方略**」が使われている。プロトコルの中で評価規準として繰り返し使われ，内観を問われると説明できる（意識化できる）ものを「推敲方略」と名づけてみた。質問されれば内的な規準について意識化できるということは，他の場面でもその規準を利用できるということを意味している。このようにして同定された方略は14種類あった（表7-4）。

表7-4 推敲方略の種類

方略の名称	方略の内容	T. Y.（6年生）の推敲方略 {発話プロトコルより意識経験を抽出, 内観プロトコルを要約.}	3年・5年 {集団実験 より抽出}	谷崎・三島 {『文章読本』 より抽出}
文脈調和	文脈全体の中に文やことばが落ち着いていないといけない.		○	○
調和逸脱*	調和を破り特異な表現をわざと持ってくることで，おかしさ，緊張，注意を引く.			○
接続	文と文のつながりはスムーズでないといけない.		○	◎
行間効果(1)*	ことばの限定は強すぎない方がよい. 意味のふくらむことばを使う〔→含蓄〕.		◎	○
行間効果(2)*	接続詞をわざと省くことで余韻を与え，ふくらみをもたせる. 接続詞はあまり使わない.		◎	◎
視覚的効果	目で見て美しい，読みやすい文字や文の配列をつくる. 漢字，1字下がり，句読点やカギ.		◎	◎
聴覚的効果*	語呂がよく，読みやすく，調子がよく，耳で聞いていていい感じのことばや文を書く.		◎	◎
漢字使用*	漢字には意味をまとまらせ，限定し，ことばを浮かび上がらせる働きがある.	△ △	○	○
重複回避	同じ文末表現，同じ意味（例：もしかしたら…かも，アメリカ人の人など）同じ音の重複はしない.			◎
重複使用	強調の時や昔話などでは，同じ表現（ことばや音）を繰り返してよい.			
句読点(1)**	意味の重要度によって〔,〕〔。〕や」を使い分ける.			
句読点(2)	読点をあまり打ち過ぎない（息つぎに必要なところに打つ）〔→聴覚・視覚〕.	○ ○		
保留	ピッタリした表現が見つからなければ，修正を保留する.			
削除	ピッタリした表現が見つからなくて，あまり気に入らないときには削除する.			

(注)　＊より高次の方略.　＊＊T. Y. が独自に生成した方略.
　　　△熟達者のものよりプリミティブなレベルの方略.
　　　○意識的に使っている方略.
　　　◎特に強調している方略.
(出所)　内田, 1989

文章のプロ，作家はどのような推敲方略を使っているであろうか。この問題意識のもと，作家12名の『文章読本』を検討したところ，「**視覚的効果**」（漢字と平仮名のバランスを考えて原稿を作成する）や「**聴覚的効果**」（耳で聞いて感じのよいことばを選ぶ），「**行間効果**」（意味のふくらむことばを選ぶ）などの高次の方略は文章の熟達者である作家のうち三島由紀夫や谷崎潤一郎の『文章読本』においても意識的に使われていることが分かった。

　次に小学3年生，5年生，各学年30名，計60名の参加者を対象に，作文を修正してもらう過程でどのような方略を使っているかを集団実験で確かめてみた。問題の含まれる文章を修正してもらい修正理由を選択してもらった。3年生では「作文の形式」「文字の修正」など低次なものに，5年生では「視覚的効果」「聴覚的効果」「**文脈調和**」（ことばが文脈に収まるようにする）「**重複回避**」（同じことばを使わない）など高次な方略に焦点をあてていること，作文経験が増えるにつれて，審美的視点から語を選び文章を整えるための高次な方略が使えるようになることが確認された。

3　書くことによる新しい考えの発見

（1）　書くことによる知識の変革

　作文過程では，表現したいこと（思想）に合わせてぴったりした表現を選びあてはめていくわけではない。ヴィゴツキー（1932/1962）は，作文における意図と表現の関係は「デパートで自分の身体のサイズに合わせて既成服を選ぶのではなく，はじめは身体の輪郭もあまりはっきりしない状態から，表現という布を切り取ったり，縫い合わせたりして形を作り出す過程」にたとえている。身体に布をまきつけて切り取ったり，縫い合わせたりするうちに，"あっ，そうか" "アッハー" と納得する主観的気づきの体験（**アッハー体験**）を経てはじめて身体の実態，つまり表現したかった意図や思想が明確になる関係と似ているというのである。すなわち語の選択と認識過程の関係は，つくりつくられるダイナミックで双方向的な活動なのである。表象はことばに転化されてはっ

コラム 「発話思考法」に成功するコツ――推敲過程でどんな活動が起こるか？

Ⅰ．実験の概要

【目的】推敲過程でどのような活動（情報処理過程）が起こっているかを明らかにする。

【方法】6年生の女児ひとりを対象にして，発話思考法（think-aloud protocol method）（作文を書く過程で頭の中に浮かんだ思考の内容をすべて口に出す，あるいは，口に出して考える）により，作文過程をビデオとオーディオテープを用いて観察した。発話のトランスクリプション（テープから書き起こした発話資料）を作成し，発話を意味単位に分割して，参加者の内観報告に照らし合わせながら解釈し，意味単位の配列規則を抽出し，頭の中で生じている活動を推測する方法である。結果は本文に紹介した。

Ⅱ．実験する上で工夫した点は何か

①発話思考法を使った研究はたいへん手間がかかるため，よい参加者を選択することが出発となる。

②前もって参加者候補者数名に，考えを口に出しながら問題（幾何や文章読解や簡単なメモ作成など）を解くということの訓練を行ってもらう。口に出しながら解くことが得意な被験者を選択し，このような場面で作文することに慣れてから実験を開始する。

③参加者が作文に熱中してくると考えを口に出すことが難しくなるので，実験者が「ふん，ふん」と邪魔にならぬよう小さい声で相づちを打ち，疑似対話場面にした。被験者が声を出さなくなったときには「それで？」と短いことばをかけて声を出すのを促すことが必要であった。

④発話はビデオよりもテープから起こした方が声に集中できて正確なトランスクリプションが作成できる。

⑤実験後すぐにテープ起こしをして，ビデオと照合し，何を考えているかわからないところを記録しておき，実験の記憶の薄れないうちに参加者に実験室にきてもらって，ビデオをプレイバックして，内観を報告してもらうようにした。この内観報告と併せると発話の意味単位が解釈しやすくなる。

⑥少数事例からの知見の一般化を避けるために，まず，12名の作家（熟達者）の文章読本の内容分析を行うとともに，第二に，小学校3年生，5年生と大学生各30名ずつを対象にした集団実験を行った。事例研究と集団実験の知見を相互補完させることにより，推敲過程で何が起こっているかについての全体を明らかにすることができる。

きりし，文章で表現したことで，書く以前には考えてもみなかった表象が新たに湧いてくるのである。すなわち，作文を産出する過程は，レシピ（表現意図や**作文計画**）に従って，材料（ことば）を料理（作文）に仕上げていくコックのような活動ではなく，忙しい電話交換手のように，知識や表現意図，語彙などを行きつ戻りつしながら，しだいに，レシピがはっきりし，同時に料理もできあがってくるような活動なのである。書き手にとって納得のいく表象が形成され，整合的な文脈が顕れる過程で，新しいものがつけ加わり，既有知識が変革されることもある。

語と表象とはつくりつくられる関係にある。このことをヴィゴツキーは「私は言おうとしていたコトバを忘れてしまった。すると具体化されなかった思想は陰の世界に帰っていってしまう」（ヴィゴツキー，1932/1962，下，118頁）と表現した。このことばは冒頭に掲げたてっちゃんのことばと同じことを言っている。人はことばによって考えをまとめていくのである。

表7-1の作文を書いた子どもは，作文を書く前に「**組立メモ**」を作成したが，そこには"自分というものを知りたい，ことばで表現したい"という目標を立て「好きなこと→したいこと→自分のこと」を順に書き進めていく中で「きっと私はこういうものだろう」という形で締めくくれると考えていた。下書きはこの構想に従って書き進めたが「単純な構造」の自分しか見えてこない。実際の自分とはどうも違う。書き出した数が足りないのか，自分の表現力が足りないのか，考察を進めるうちに，"人間というのはことばでは表せないものなのかもしれない"という考えに到達するようになる。いわゆる「ことば」ではなく，「心の中のことば」の存在に気づいていく。構想を立てる過程では「心の中のことば」の存在には気づいていなかった。しかし，書きすすめ，具体的な表現を探す過程で，その存在に気づくようになる。

「書くことによって認識が深くなる」ということは，このように書く以前には見えなかったことがことばの力を借りてはっきりとし，自覚化される過程に伴う「**主観的体験**」を指しているものかもしれない（内田，1999）。この主観的体験は，考えをことばで表すことによってバラバラな思考の断片に筋道がつけ

られ，因果関係が明確になり，**文脈全体が整合的に意味をなした感覚**（make sense）が得られたときに生ずるものであり，このような体験を経て書き手の知識は変革されていくのだろう。

　ヴァイの人々が商取り引きの手紙を書くときには，決まり文句・**ルーチン的な技能**を用いてただ書くだけであるから，書き手の知識が変革されることはほとんどない。しかし，"自分が考えていたことはこういうことだったのか"という「アッハー体験」を伴う推敲過程では書き手の知識が変革され，さらに**精緻化**されていく。スカルダマリアら（Scardamalia, M., & Bereiter, C., 1985；1987）によれば，たんに知識を陳述することに留まらず，知識を変革するような作文は，推敲に時間をかけて表現を練った場合のものであるという。推敲実験の知見と併せると，書き手が主題や組み立ての構想に時間を十分に使い，推敲によって適切な修辞の知識を用いて，モニターしながら文章をまとめあげていくときには，その作文過程の結果として**知識の変革**（knowledge transforming）が生じるのである。

（2）　推敲や彫琢の指導は可能か？

　学校教育の中では「作文を推敲する」というと，教師が赤で手を入れ，子どもが清書するというやり方も一部ではなされているようである。たとえ善意からだとしてもこのような手の貸し方は子どもの思考の育成にとって益にならないばかりかマイナスになるのではあるまいか。作文教育に熱心に取り組んでいる小学校で作文コンクールの受賞者たちにインタビューしたところ，「私の作文ではないみたい。先生が赤ペンでなおして，3度も書き直しをさせられた」と達成感がまるで感じられない様子であり，しかも，作品の受賞をうしろめたく思っている6年生がいた。そこで，大学生に小中学校の時代にどのような作文教育を受けたかについて回顧してもらうと，せっかく生み出した表現を大人の感覚や規準で修正してしまうことを経験したのをきっかけに，作文が嫌いになったという人が何人もいることがわかった。"書くことによって認識が深くなる"という一般に受け入れられ，自明のように思われていることが，やり方

によっては認識が変わることへの寄与がないばかりか，達成感を損ない，結果的に作文嫌いを生みだしてしまうことすらあるかもしれない。

　推敲や彫琢は作文を清書し終えてから始まる活動ではない。推敲や彫琢は自分のアイディアや意識を明確にするために組立メモを作る段階からすでに始まっているのである。時間をかけて考えを練っていく中でピッタリしたことばを探り当て，表現化する過程で，考えの筋道をはっきりさせる営みなのである。これまでの作文教育の中では意識をことばでとらえる瞬間がかならずしも大事にされてはこなかった。組立メモは「思考の尖端」であり，それを作る過程で「世界に対する意識の〈一瞬のひらめき〉をことばによってとらえる」(内田，1990)瞬間なのである。この瞬間こそが大事にされなくてはならない。考えた結果をまとめるために書くのではなく，書くことを通して，ぴったりした語彙を見つけ，考えの筋道をはっきりさせるために，文章を整え磨くのである。ことばと考えの往復運動を通して，子どもは自分の考えをはっきりと理解し，自分の考えがはっきりするのである。自己内対話を通して探し当てたことばと考え，磨き上げた文章と考えの筋道を，大人の勝手な思いこみや規準で，「修正」(子どもにとっては「改悪」)してしまうことは許されない。大人の役割は，子ども自身がしっかり考えられるように自己内対話を行えるような環境を用意し，子ども自身がしっかり考えるのを励ますことなのである。大人ができることは，子どもによって生みだされた表現を共感的に受けとめ，さらに子ども自身が自律的に考えを先に進め，深めることができるように，励ますことなのである。

(3)　自我の同一性・整合性を求めて

　ことばは表現意図や混沌とした表象をあぶり出し，ぼんやりとして形がとらえられない感覚に形を与える。メモや文章に書きあらわす過程で「ぴったり」という実感や「アッハー体験」をもたらしてくれる語が探り当てられ，しだいに自分の考えがはっきりと見えてくる。新たな語の発見は，新たな思想の発見をもたらす。さらに，新たな思想の発見は，「生きる意味」を見いだすことにつながることがある。語の発見が，人を癒し，人に生きる力を与えることすら

あるのである。これこそが，人をして文章を書くという営みに駆り立て，動機づけるものなのかもしれない。

　遠藤（1990）は長い間記憶の奥深くに沈めていた体験を，書く作業を通して意識化し対象化した。文字に書き表す過程は，8歳のときの恐ろしい体験によって蝕まれてきた自分自身の心を癒す道程でもあった。彼女は12歳まで満州にいた。長春で中国革命軍が日本人を大量に餓死させた事件の中で奇跡的に生き延びた人である。満州の「夜と霧」ともいうべき極限状況の中での忌まわしい体験の数々は意味づけられることなく記憶の底にしまい込まれていた。中年期を迎えてから悪夢がフラッシュバックして彼女を不安と恐怖に陥れた。筆者はフランクル（Frankl, V. E.）の「**実存分析法**」（書くことや語ることを介して自分が生きてきたことの意義「**生きる意味**」を見いだす分析法）（フランクル，1961/1985）に倣い，フラッシュバックに悩まされていた彼女に，忌まわしい記憶を対象化すべくどんな悪夢かについて目をそらさずに書いてみることを勧めた。そこで，彼女は，頻繁に襲う悪夢の正体を見極めるべく，悪夢の見える部分から執筆を開始したのである。

　いったんある体験の端を意識がとらえたその瞬間に，それが糸口となり芋づる式に意識の底に沈めたはずの記憶が蘇り，眠れなくなってしまう。遠藤は，夜の白むまで筆を運び，鮮明になった記憶と，身体の疲労からおぼろげになった現実との間をさまよいながら翌日の執筆に備えて無理に意識を休ませようと仮眠をとる。こうして『卡子』[1]（遠藤，1984，1985，1990）を書き上げた。書いたことで，すべてが意識化され，対象化された。

（4）書くことにより未来を拓く

　一作目（遠藤，1984）を書き終えた彼女は「書いたことで，ようやくケリが

➡ 1　"チャーズ"と読む。「関所」を意味する中国語。1946-1948年に八路軍（共産党軍）によって長春のはずれに設けられた出口のない関所で，ここを通過して日本に帰国しようとした8万人以上の日本人が餓死した（遠藤，1984）と推定されている。

ついたような気がしている。書いたことにより，突然自分の位置づけがわかった。書くことによって，人生や事実というものに対する抱擁力のようなものが出てきたような気がしている。自分を不条理の世界に投げ込んだ中国や歴史に対して受け入れられるという境地に，やっと，立てた気がする。」と筆者に語ってくれた。さらに二作目「あとがき」の冒頭に，遠藤は，「書くまでは何か新しいものを発見するとは思いませんでした。しかし，書くたびに必ず新しい発見に出会います。」(遠藤，1985，p.233) と書いている。

悪夢について見えるところから書き綴り，すべてが意識化された瞬間から，遠藤は，わけもわからず襲ってくる忌まわしい記憶から解き放たれた。書くことを通してフランクルのように，自分がこの世に存在することの意味，「生きる意味」もつかむことができた。彼女は，忘却のかなたに抑圧し続けてきた体験をことばの力を借りて織り紡ぎ，語り，文字に書き記すことを通して，意識化・対象化した。**記憶の連続性や整合性**を取り戻すことができたのである。こうして，遠藤は，もはや，物理学という「物の世界」(人間と向き合わずにすむ「安息の地」) に逃げ込む必要がなくなったのである。彼女は専門分野としていた物理学（流体力学分野）を捨て，その知力とエネルギーの全てを人間に対して向けた。遠藤は中国残留孤児の支援のため，堪能な中国語を駆使して肉親探しを手伝い，彼らへの献身的な協力を惜しまなかった。

現在，彼女は日本の大学で留学生の教育に携わり，日本人学生に「中国文化論」を講じている（遠藤，2008）。また年に一度約1カ月間は中国の大学で科学技術分野の日本語教育を行っている。今や彼女は自分を「歴史の不条理」に投げ込んだ日本と中国の架け橋としての役割を果たしている。

人は，自分自身の歩んできた時間をたどり直し，過去の自分を取り戻す。この内省・省察の過程で，自己を受容する感覚がわきあがる。省察の終わりには「自分が生きているのは意味のあることだ」という実感がわく。この実感がことばによって形を与えられるのと軌を一に，未来世界への扉が拓かれるのである。リテラシーを自分史の再構築のために駆使することを通して，不安や恐れはしだいに冷却され，悲しみの感情は癒され，生きる力が与えられるのである。

こうして，自己の認識過程を照らし出すことばを手にいれたとき，人は，未来に向かっての歩みを進めることができるようになるのであろう。

〈サマリー〉
　人が読み書きの活動に取り組むとき，時間・空間を隔てた伝達が可能になり，意識の世界は「今」「ここ」を超えて広がるようになる。読み書きの活動を通して，ことばと考えの往復運動が起こり自己内対話が活発化する。本章では発話思考法を用いた研究に基づき，ことばと認識にはどのような影響関係があるのかについて論考した。作文の推敲過程では表現意図を探し，考えをはっきりさせるための自己内対話が活発に起こる。ことばを探索し選ぶことを通して考えが意識化される。作文は自分のアイディアをことばに置き換える時系列的な活動ではない。ことばの選択と考えの明確化とが行きつ戻りつしながら表現意図が意識化される。作文の「推敲」とはことばを選ぶことであり，作文の組み立てを考えるところから始まっている。ことばが意識を捉えた瞬間に自分が書きたかったことは何かが意識化される。ことばを選ぶことは自分自身の考えを発見することなのである。

〈もっと詳しく知りたい人のための文献紹介〉
　内田伸子　1990　子どもの文章――書くこと・考えること　東京大学出版会
　　⇨文章理解や文章産出の情報処理過程について，認知心理学の成果を踏まえ，読解の授業や作文教育など教育現場の観察研究までをカバーした専門書。言語と思考の諸問題をめぐる研究方法論について着想が得られるであろう。
　内田伸子　1999　発達心理学――ことばの獲得と教育　岩波書店
　　⇨ことばの獲得が人の認識の発達にどのような影響をもたらすのかを中心に，人間発達の可塑性，人間の進化と個体発生，言語獲得の臨界期問題，想像力の発達，リテラシーの獲得と認識過程，書くことと考えることの関連についての論考が展開されている。

〈文　献〉
Cole, M., & Scribner, S. 1974 Culture and thought : A psychological instruction. Wiley.
遠藤誉　1984　卡子――出口なき大地　読売新聞社

遠藤誉　1985　卡子——失われたときを求めて　読売新聞社
遠藤誉　1990　卡子　上・下　文春文庫
遠藤誉　2008　中国動漫新人類——日本のアニメと漫画が中国を動かす　日経BP社
フランクル，V.E.　霜山徳爾（訳）　1961/1985　夜と霧——ドイツ強制収容所の体験記録　みすず書房
Greenfield, P. 1966 On culture equivalence. In J. Bruner, R. Oliver & P. Greenfield (Eds.), *Studies in cognitive growth*. Wiley.
Greenfield, P. 1972 Oral or written language: The consequences for cognitive development in Africa, the United states and England. *Language and Speech*, **15**, 159-178.
Greenfield, P., & Bruner, J. 1966 Culture and cognitive growth. *International Journal of Psychology*, **1**, 89-107.
灰谷健次郎　1990　灰谷健次郎の保育園日記　新潮文庫
Luria, A. R. 1974 *Cognitive development: Its cultural and social foundations*. Harvard University Press.（森岡修一（訳）　1976　認識の史的発達　明治図書出版）
岡本夏木　1985　ことばと発達　岩波書店
Scardamalia, M., & Bereiter, C. 1985 Development of dialectical process in composition. In D. R. Olson, N. Torrance & A. Hildyard (Eds.), *Literacy, language and learning: The nature and consequences of reading and writing*. Cambridge University Press.
Scardamalia, M., & Bereiter, C. 1987 Knowledge telling and knowledge transforming in written composition. In S. Rosenberg (Ed.), *Advances in applied psycholinguistics, Vol. 2: Reading, writing, and language learning*. Cambridge University Press.
Scribner, S., & Cole, M. 1978 Literacy without schooling: Testing for intellectual effects. *Harvard Educational Review*, **48**, 448-461.
Scribner, S., & Cole, M. 1981 *The psychology of literacy*. Harvard University Press.
内田伸子　1989　子どもの推敲方略の発達——作文における自己内対話の過程　お茶の水女子大学人文科学紀要，**42**，75-104．
内田伸子　1990　子どもの文章——書くこと考えること　東京大学出版会

内田伸子　1999　発達心理学——ことばの獲得と教育　岩波書店
内田伸子　2004　子どものコミュニケーション能力の発達とことばのカリキュラム——一次的ことば〜二次的ことば〜三次的ことばへ　秋田喜代美（編著）　教職研修　増刊：子どもたちのコミュニケーションを育てる——対話が生まれる授業づくり・学校づくり　教育開発研究所　pp. 19-24.
ヴィゴツキー, L. S.　柴田義松（訳）　1932/1962　思考と言語　上・下　明治図書出版
Vygotsky, L. S. 1963 Learning and mental development at school age. In B. Simon & T. Simon (Eds.), *Educational psychology in the USSR*. Routledge & Kagan Paul.

8章　私たちはどのように考えるのか？
――思考と問題解決

山　祐嗣

> この章では，私たちがどのように物事を考えるのかという問題を考えてみます。まず1節で，考えるということは，何らかの問題を解決することと同義であるということを示し，問題をスムーズに，あるいは満足できるように解決するためにどのようなことを行なっているかを分析します。それを受けて，2節では，問題解決の本質が推論にあることを示します。推論とは，なんらかの前提や状況から，どのような結論や帰結が導かれるのかを推測することです。最後に，この私たちの考える力がどういう意味で適応的なのかを考えてみます。この点について，最近，人間の脳がどのようにして大きくなったのかを考える進化心理学的研究と，人間の思考がどういう意味で文化に適応的なのかを考える比較文化的な研究がたいへんさかんに行なわれるようになっていますので，それらを紹介したいと思います。

1　思考とは問題を解決すること

（1）問題解決と手段目標分析

　人間が「考える」理由・目的は，何らかの問題を解決するためである。問題には，「落とした鉛筆を拾うためにはどうすればいいか」といったきわめて単純なものから，「お金持ちになるためにはどうすればよいか」といった，かなり解決が困難なものまで含まれる。しかし，どのような問題においても，ニューウェルとサイモン（Newell, A., & Simon, H. A., 1972）が示した，「初期状態―オペレータ―目標状態」という枠組みでとらえることができる。
　思考それ自体は，主観的であるということで，20世紀前半の行動主義全盛の

時代には，けっして研究は盛んではなかった。ところが，コンピュータに人間の思考のまねをさせるというプログラムを開発しようとする試みがきっかけとなって，その後多くの研究が行われるようになった。

　ニューウェルとサイモン（Newell & Simon, 1972）は，**GPS**（general problem solver）という問題解決プログラムを作成する試みにおいて，問題解決を，問題が生じている不満な状態から，問題が解決できた満足できる状態への変換過程ととらえた。前者が**初期状態**，後者が**目標状態**で，この後者への変換のための操作が**オペレータ**である。人間の実際の問題解決では，オペレータは手段に相当する。人間が問題解決をしようとするとき，初期状態，オペレータ，および目標状態を心の中で表現しようとするが，その表現を**問題空間**と呼ぶ。「空間」と呼ばれる理由は，問題解決が，この表現の中での初期状態から目標状態へのオペレータによる経路の探索であると言い換えることができるからである。なお，この初期状態，目標状態，オペレータが明確に定義されたものを**良定義問題**（well-defined problem）といい，定義されていないものを**不良定義問題**（ill-defined problem）という。たとえば，パズルや算数の問題などは良定義問題であるが，「お金持ちになる」は典型的な不良定義問題である。些細であっても，日常的な問題解決はほとんどが不良定義問題で，たとえば，「最良の昼食を食べるにはどうすればよいか」のような問題の場合，「最良の昼食」という目標状態の定義が不明確で，良定義問題とはいえない。

　このように思考・問題解決を定義すると，次の問題は，問題空間における膨大な数の選択肢をどのように検討するかということである。このために，ニューウェルとサイモン（Newell & Simon, 1972）の GPS では，プロダクション・ルールが用いられている。プロダクション・ルールとは，「もしXならば，Yを実行する」という形式のルールで，Yはオペレータまたは手段に相当する。このルールによって，ある条件Xが満たされたときにYが実行される。たとえば，「もしお金が必要ならば，アルバイトをする」というプロダクション・ルールを持っていれば，お金が必要になった状況で，ただちにアルバイトをするというオペレータを実行することになる。

もちろんこのルールでは大雑把すぎるので,「お金が必要になる」という状況を, どの程度の金額なのかなど, Xの内容についてより詳細に区別する必要がある。さらに, 現在の自分の働く能力についての条件が追加されれば, アルバイトの種類もより特定できるようになる。しかし, それでも実際に問題解決をしようとするとプロダクション・ルールだけではうまくいかない。そこで, GPS には, **手段目標分析**（means-end analysis）という手法が取り入れられている。

この手法には, 2つの原則がある。第一は, 効用（utility）が最大である手段を選択するという, **効用最大化原理**である。効用とは, ある選択の結果, どの程度目標に近づくことができるのかという測度であり, 目標到達を基準とする利得からその実行に要した損失を差し引いたものである。たとえば, 麻薬の密輸という手段がお金を得るという目標に近づくよい方法だと判断しても, その損失の可能性が非常に大きいものだとすれば, 効用はかならずしも高くならない。

第二の原則は, 最終目標に到達するために, その前に到達しておかなければいけない, あるいは到達しておくと有利な下位の目標を設定することである。これによって, 私たちは「遠回り」ができるようになる。たとえば, お金持ちになろうと考えている人にとって, 教育投資は, 逆にお金を使うことになるので, 当初の主観的な効用は低いかもしれない。しかし, お金を得るためには, 高等教育を受けることが重要な下位目標だと認識できれば, 教育投資という遠回りが可能になるのである。

このように, プロダクション・ルールや効用最大化は, 初期状態からの問題空間の探索であるが, 下位目標の設定は, 目標状態からの探索であるといえる。

(2) アルゴリズムとヒューリスティック

良定義問題であれば, 決められた手続きに従って問題を解決すれば, かならず正解に到達する。このような手続きを**アルゴリズム**（algorithm）という。たとえば, 分数の足し算を行なうのに, まず通分を行なって分母の数を等しくし,

その上で分子を足し合わせるという手順は，代表的なアルゴリズムである。より一般的には，問題空間の個々の選択肢をすべてにわたって吟味し，正解に到達する手続きがアルゴリズムである。

　しかし，ごく限られた良定義問題以外，問題空間で探索しなければならない選択肢の数は膨大である。また，そもそも不良定義問題では，問題空間自体が明確に定義されていない。限られた認知容量で空間の隅々まで探索するのは事実上不可能なので，人間は，過去に経験した問題解決である程度成功した比較的簡単な手続き，すなわち**ヒューリスティック**（heuristic）を用いることが多い。たとえば，過去に株式投資で成功した人は，お金を稼ぎたいという目標をもったとき，株式投資を行なうという手段をとるだろう。お金を稼ぐにはさまざまな手段があるが，それらをひとつひとつ検討するよりは，過去にうまくいった手段を用いるのが容易である。ただし，ヒューリスティックはかならずしも成功するとは限らない。株式投資がつねにかならずしも最良の手段であるわけではない。また，過去の問題解決の成功が偶然であった場合には，同じことをしても再度成功するとは限らない。さらには，直面する問題が，過去に経験した別の問題と同じだと，誤って認識する場合もある。良定義問題においても，ヒューリスティック使用による誤りは頻繁に見られる（この章の，次節のウェイソン選択課題（Wason selection task）における誤答と，リンダ問題における誤謬が代表的なヒューリスティックによる誤りの例である）。また，ヒューリスティックの一側面として，課題や問題の本質に関係がない情報の影響を**バイアス**（bias）と呼ぶ。

（3）意思決定

　問題解決の過程において，とくに，複数の可能性の中から，特定の選択肢を選ぶ作業を**意思決定**（decision making）と呼ぶ。意思決定は，状況的に，次の3種に分類することができる。

　第一は，それぞれの選択肢において，どのような結果が得られるかが明らかな場合で，**確実性下での意思決定**と呼ばれる。たとえば，いつも昼食を食べて

いる食堂で，うどんにするかラーメンにするかという意思決定においては，値段も，どのくらいおいしいかもほぼ分かっているので，このケースに相当する。

　第二は，**リスク下での意思決定**と呼ばれる状況である。この場合，それぞれの選択肢を実行して得られる利得が確率的である。たとえば，ある病気の手術をして，成功すれば完治という高い利得が得られるのだが，成功する可能性が50％というような場合がこれに相当する。

　第三は，さらに第二の場合の確率が不明であるような状況で，**不確実性下での意思決定**と呼ばれる。手術を例にとれば，たとえば，日本初の手術で成功の可能性すら推定できないような場合である。また，たとえば，チェスや将棋のように，自分がある手を選択した結果，相手がどのように対応するか分からないような対人相互作用的な状況もこれに含まれる。

　意思決定研究においては，先に紹介した効用の概念が非常に重要で，基本的に，人間は効用がもっとも大きいものを選択すると仮定されている。この考えを元に，いくつかの効用理論が提唱されているが，代表的なものが，**多属性効用理論**（multi-attribute utility theory）と**主観的期待効用理論**（subjective expected utility theory）である。

　多属性効用理論は，第一の，確実性下での意思決定に用いられる。これは，複数の選択肢をいくつかの属性において比較することを想定している。たとえば，自動車を買おうという状況で，選択肢が，A，B，Cであったとしよう。私たちは，それぞれの選択肢において，値段，馬力，燃費，デザイン等の属性を考慮しながら，どれを選択するかを決定する。多属性効用理論では，それぞれの属性における効用が計算され，各選択肢の評価が行なわれて，最終的な選択が行なわれる。

　主観的期待効用理論は，主としてリスク下での意思決定に適用される。ある選択あるいは行為の主観的期待効用は，その起こりうる結果の，各々の主観的確率とその効用の積和として計算される。たとえば，雨が降るかどうか不確実な状況で，傘をもって出かけるかどうかを意思決定しようという場合，

主観的期待効用(傘)＝降雨確率×雨に濡れない効用
　　　　　　　　＋晴天確率×傘を持ち歩く効用

となる。この式は，たとえば降雨確率が30％のとき，傘をもつことによって雨に濡れない効用を5と見積もり，傘を持ち歩く効用を−2（多くの人にとってわずらわしいので負になる）とすれば，

主観的期待効用(傘)＝.30×5＋.70×(−2)
　　　　　　　　＝.10

となる。全体の値が正になれば傘をもっていくという基準があれば，この場合，たとえ降雨確率は30％であっても，この人は傘をもっていく。

　これらは，意思決定における何らかの規範を提供してくれるが，現実には，人間は，これらの効用理論から逸脱した意思決定を行なっている。先に記したように，意思決定においても，認知容量の限界により，人間は完全には合理的な決定ができない。効用理論からの逸脱は，ヒューリスティックという形で現れ，たとえば，私たちは，獲得する5万円より失う5万円のほうが価値が大きく感じられる。この現象を説明するために，カーネマンとトバスキー（Kahneman, D., & Tversky, A., 1981）は，利得と損失が非対称である価値関数を仮定する**プロスペクト理論**（prospect theory）を提唱している。プロスペクトとは，利得・損失にかかわる期待という意味である。

　この理論は，トバスキーとカーネマン（Tversky & Kahneman, 1981）が発見したフレーミング効果（framing effect）と呼ばれる逸脱現象を説明できる。これは，利得・損失をどのような枠組み（フレーム）で見るかによって，判断が異なってくるという現象である。たとえば，ある病気が蔓延して600人の死者が予想される状況で，下記のどのような対策を採用するかという決定を求められたとしよう。あなたなら，どの対策を採用するだろうか。

(a) この対策で，200人が助かる。
(b) この対策で，600人が助かる確率は3分の1で，誰も助からない確率は3分の2である。
(aʹ) この対策で，400人が死亡する。

(b′) この対策で，誰も死なない確率は3分の1で，600人が死亡する確率は3分の2である。

じつは，これらの選択肢では，いずれも死亡が予想される600人中，救済期待値は200人である。(a) と (a′) は確実性を求めた選択で，(b) と (b′) はリスクを承知の上での確率にゆだねた選択である。(a) と (b) はポジティブなフレームで，両者間で選択を求められると，(a) の確実性のある選択肢が好まれる。一方，(a′) と (b′) のネガティブなフレームでは，(b′) の確率を含む選択肢が好まれる。この現象は，4つの選択肢はすべて同じ効用とする規範的効用理論からは，説明できない。

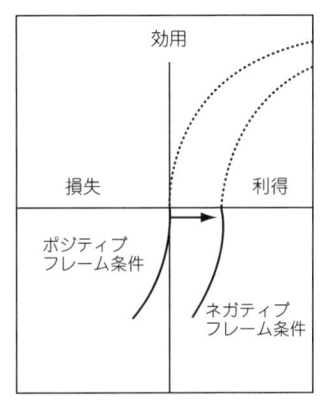

図8-1 プロスペクト理論による効用関数

(注) ネガティブフレームでは，基準となる参照点が，利得側に移動している。

図8-1に表示されるように，プロスペクト理論では，S字型の効用関数を仮定する。このことは，利得と損失の境界付近で，人は損得にもっとも敏感であることを示す。ポジティブフレームでは，600人が死亡する点が基準（グラフの原点）になるので，確実に救うことができる200人の効用が大きくなるので，この人々を確実に救うことができる対策が選択される。一方，ネガティブフレームでは，誰も死なない点が参照点になる（図では，利得側に移動する）ので，そこからの400名の死亡はたいへん効用が低くなり，(a') の選択が避けられることになる。

このように，意思決定研究においては，規範的効用理論と，どのように人間の決定が規範から逸脱するかを記述する理論とを比較して，人間の合理性が検討されている。

2 思考の本質は推論

(1) 演繹的推論

　推論とは，ある前提から帰結を導く精神の活動で，伝統的に論理学では，演繹的推論と帰納的推論に分類される。このうち，**演繹的推論**では，前提から論理的必然をもって帰結が導かれなければならない。たとえば，「ソクラテスは人間である。人間はすべて死ぬ」から「ソクラテスは死ぬ」を導く三段論法が代表的な演繹的推論である。一方，**帰納的推論**では，いくつかの事例を前提として一般法則が導かれる。「カラスaは黒い，カラスbは黒い，カラスcは黒い」という前提から，「カラスはすべて黒い」という結論を導く推論が代表的なものである。帰納的推論では，形式上は個別命題から一般命題が導かれる。したがって，帰結に求められるのは蓋然性であって，論理的必然性ではない。

　演繹的推論の対象となる課題は良定義問題ではあるが，人間はヒューリスティックによる誤りをおかしやすいことが示されてきた。演繹的推論の課題は，定言的推論と条件的推論に分類される。**定言的推論**は，「すべての」や「ある」などの量化子つきの前提が用いられている推論で，「すべてのAはBである，すべてのBはCである」から「すべてのAはCである」を導くような比較的簡単なものから，「どのAもBではない，すべてのBはCである」から「あるCはAではない」を導く困難なものまである。

　この困難さの差異を説明するものとして，ジョンソン-レアード（Johnson-Laird, P. N., 1983）が提唱した**メンタルモデル理論**がある。メンタルモデルとは，知覚的にほぼ実体と同形態の具体的な表象であり，推論における前提を理解したり，帰結を導いたりするための心の中の作業用モデルであって，「すべての」や「ある」などの意味を表現するものと仮定されている。彼は，定言的推論には，前提の組み合わせによって，メンタルモデルをひとつ構成するだけで正答が得られるタイプ（上の易しい例）から，多く必要なタイプ（上の困難な例）まであると理論化し，必要なメンタルモデルが多いほど，限られた認知容量を

8章 私たちはどのように考えるのか？

表にアルファベット、裏に数字が印刷されているカードが何枚かあり、それらのうち、4枚が以下のように並べられている。

　　　　　B　　　F　　　2　　　5

これらのカードにおいて、「もし表がBならば、裏は2」というルールが正しいかどうかを調べたい。そのためには、どのカードの反対側を見る必要があるか。

図8-2　ウェイソン選択課題の例

圧迫し、誤答が多くなると推定した。

また、**条件的推論**とは、前提に条件節を含むもので、たとえば、「もしpならばq、pは真」から「qは真」を導く肯定式（modus ponens）が代表例である。一般に、「もしpならばq、qは偽」から「pは偽」を導く否定式（modus tollens）は、肯定式よりも困難である。

表8-1　条件文の真偽表

p	q	もしpならば、q
真	真	真
真	偽	偽
偽	真	真
偽	偽	真

条件的推論を変形して、条件文の真偽を検査する手続きを問うという形式にした課題が、**ウェイソン選択課題**（Wason, 1966）で、代表的なものが図8-2に示される。表8-1の命題論理学における条件文の真偽表からもわかるように、条件文は、pが真でqが偽である事例によってのみ偽とされるので、正解は偽となる可能性がある「B」と「5」だが、多くの人は、5の代わりに2を選択してしまう。

この理由として、ウェイソンは、人間には、条件文が正しいという仮説を確証する方向のバイアスが働くためとした。このように、仮説を棄却しようとするよりも確証しようとする傾向を、確証バイアスと呼ぶ。すなわち、2をめくって反対側にBを発見すれば、仮説が確証されるということである。ところが、エバンズとリンチ（Evans, J. St. B. T., & Lynch, J.S., 1973）は、「もし表がBならば、裏は2ではない」というように、否定条件文にすると、正解である2の選択率が増加することを見つけた。もし、人間が確証バイアスの影響を受け

157

るならば，2ではないカード（この場合5）を選択して条件文が正しいことを確証しようとするはずである。エバンスは，肯定文における誤りも，否定文における正答の増加も，いずれも条件文に表示されている項目（この場合，2）と，提示されたカードがマッチするものが選択されやすいとして，これをマッチングバイアス（matching bias）と呼んだ。これも，ヒューリスティックのひとつである。

しかし，山（Yama, H., 2001）は，高次なはずの推論において，たんにマッチしているという理由で選択されるというのは，単純すぎるとして，オークスフォードとチェーター（Oaksford, M., & Chater, N., 1994）の分析を導入してこれを検討した。彼らによれば，5が選択されにくい理由は，「2以外」（5は2以外）は，2よりもはるかに数字の集合のサイズが大きく，2以外を探して条件文に違反する例を発見することが困難と人々によって推定されるためである。また，2が選択されやすい理由は，2の反対側にBを発見すれば少なくとも条件文が真である確率が上昇するからである。たとえば，ヘンペル（Hempel, C. G.）のパラドックスは有名である。一般に，「もしカラスならば，黒い」という条件文が正しいかどうかを調べるには，黄色い鳥や赤い鳥など（「黒以外」）がカラスかどうか調べるよりも，黒い鳥を調べてカラスであることを確認するほうが，正誤情報を得るために効率的だというものである。

一方，ウェイソン選択課題は，内容を変形すると正答率が飛躍的に上昇することが知られている。たとえば，条件文を「もし誰かが飲酒するならば（飲み物はカードの表に記載），その人は20歳以上でなければならない（年齢はカードの裏に記載）」として，「ビール」「ジュース」「20歳」「15歳」のうち誰を調べる必要があるかという形式にすると，ルール違反者を同定しやすく，正答率が高いことが知られているが，読者も迷わずに「ビール」と「15歳」を選ぶことができるだろう。これを主題化効果と呼び，この現象をどのように説明するかによって，いくつかの理論が提唱されている。

たとえば，チェンとホリヨーク（Cheng, P. W., & Holyoak, K. J., 1985）は，「許可」や「義務」などの準抽象的な実用的推理スキーマ（pragmatic reasoning schemas) が使用されるとする理論を提唱している。飲酒状況では,「20歳以上なら飲酒が許可される」という**スキーマ**（4章参照）が起動されやすくて正答が多くなると説明される。さらに，進化心理学者のコスミーダス（Cosmides, L., 1989）は，利得を受け取るならば対価を払わなければならないとする社会契約概念と同時にその契約に違反する騙し屋を探索するアルゴリズムが進化の結果人間に備わっており，事例が騙し屋（上の例ならば，20歳になっていないのにアルコールという利得を得ようとしている人）と認識されれば選択されやすくなると考えた。この主張は，進化という説明をどの程度受け容れるかという点で議論を呼んでいる。

（2） 帰納的推論

帰納的推論とは，たとえば何羽かの黒いカラスをみて，「（すべての）カラスは黒い」と推論するように，いくつかの個別命題から，一般的法則を導き出す推論である。

帰納的推論を演繹的推論から区別するにあたって，①論理の妥当性による定義と，②形式による定義がある。①論理の妥当性による定義では，帰結において意味情報が増加するものが帰納，しないものが演繹になる。演繹では，前提命題から論理的必然性のみにしたがって帰結が導かれる。帰結では新しい命題が導かれているが，前提で述べられた以上の事実には言及していないので，情報は追加されていない。しかし帰納では，たとえば，何羽かのカラスのみを観察して，「カラスは黒い」という帰結を導く。この場合，観察していないカラスが黒いかどうかは不確実のはずなのだが，おそらくそれらも黒いと判断してカラス全体についての結論を導いている。つまり，観察していないカラスについての意味情報を追加しているわけである。

また，②形式による定義によれば，個別事例から一般的帰結という形式をもつものが帰納になる。この場合，さらに，前提ですべての事例をあげて一般的帰結を導くものを完全帰納，カラスの例のように，一部の事例から一般的帰結を導くものを不完全帰納と区別する。なお，完全帰納は，②の形式による定義

によれば，帰納の一種だが，すべての事例を当たって得た帰納なので，意味情報の追加がなく，論理的にも妥当であり，①論理の妥当性による定義では帰納というよりは演繹である。

　帰納的推論は，不確実な状況から知識を拡張するために行われる。私たちは日々，個別事例を観察しながら一般法則についての仮説形成を行なっているといえる。また，いわゆる経験的な概念の獲得も，多くの場合，さまざまな事例を観察することによってそれらにおよそ共通するような特徴についての仮説形成をしていると考えられるので，帰納的推論とみなすことができる（5章参照）。

　古典的な例として，ウェイソン2-4-6課題がある。この課題では，実験参加者は，最初に「2　4　6」という事例を与えられて，この数字系列がどのような法則で構成されているのかを答えなければならない。その際に，適当な事例をあげて実験者からその事例が法則に当てはまっているかどうかをヒントとしてもらえる。たとえば「右にいくほど大きくなる3数列」が正解だったとする。ところがこのとき，「2ずつ増加する偶数列」という仮説をたてると，実験参加者はこの検証のために，「4　6　8」などの事例をあげて，正解の法則をなかなか発見できない。これは，人間には仮説を棄却するよりも確証するような事例を探索する傾向があるという証拠となっており，先に紹介した確証バイアスと同様である。

　帰納的推論では，仮説を形成するのに注目すべき特徴は無限にある。たとえば，上の例では，「曲線が含まれる図形の間に直線のみの図形」という法則を仮説としてもつことができる。この仮説にしたがえば，「○　△　◎」も正事例になる。しかし，通常，まずこのような仮説が形成されることはない。それは，数字は「数」を表現することが重要であるという認識があり，この認識に基づいて「形」ではなく「数」に関係する仮説をたてるような**制約**（**constraint**）が働くからである。制約とは，検討すべき仮説や探索すべき情報があらかじめ制限されている状態を示す概念である。

　類推とは，2つの事物にいくつかの共通点があり，かつ一方の事物がある性

質や関係をもつ場合に，もう一方の事物もそれと類似した性質や関係をもつであろうと推論することである。類推は帰納的推論研究として位置づけられているが，厳密には，演繹とも帰納とも異なり，類似点に基づいてある特殊な事例から他の特殊な事例へ推論を及ぼすことである。

　類推は，論理学的な意味合いよりも，既知の事象との類似を手がかりに新奇な事象について推理したり，既知の事象から新奇な事象へと知識を拡大したりという実用的な意味合いが強い。ここで，既知の事象をベース，新奇な事象をターゲットという。人間は，新奇なターゲットを理解しようとするとき，ターゲットが自分の既知のどの事象と類似性が高いかを検討し，ベースとなる事象を決定する。次に，類似判断に利用した共通要素以外の特徴や関係について対応づけが行われる。たとえば，電圧や電流というターゲットを理解するのに，水圧と水流をベースとして対応づけをすることは典型的な類推の例である。

(3) 確率的推論

　確率的推論研究でも，確率論という規範に従わないヒューリスティックが多く報告されている。たとえば，学生時代に福祉施設でボランティアをしていたリンダという女性が，卒業後10年経って，「主婦である」確率と「主婦でかつ福祉ボランティアを続けている」確率とではどちらが高いかを質問されるとしよう。多くの人々は後者を選択する。しかし，後者は「P（主婦）かつQ（福祉ボランティア）」という2つの命題の組み合わせなので，確率論的にはP（主婦）以下のはずである。にもかかわらず「主婦でかつ福祉ボランティアを続けている」のほうが確率が高いと誤って判断しやすいのである。トバスキーとカーネマン（Tversky, A., & Kahneman, D., 1983）は，代表性ヒューリスティックスという概念を用いてこれを説明した。すなわち，人々は，リンダについての文章から彼女を代表するようなイメージを描き，そのイメージにもっともうまく一致する選択肢の確率が高いと判断するわけである。

　この代表性ヒューリスティックスは，コインが「表表表表」の順序で出るよりも，「表表表裏」の順序で出る確率のほうが高いと判断してしまう「ギャン

ブラーの誤謬」という現象も説明する。一般に，このようなコインを振る場合，表裏事象の生起はランダムだが，「表表表表」よりは「表表表裏」の生起順序のほうが，ランダム性を代表していると感じられ，両者ともに確率は同じ（1/16）であるにもかかわらず，確率が高いと判断されやすいのである。

次の問題を解いてみて欲しい。

　1/1000の人が感染している病気の感染の有無を調べる検査において，感染していないのに陽性となる確率が5％であるとする。もしある人が陽性と判明したとき，その人の病気の兆候などを一切知らないと仮定して，本当にその病気に感染している可能性はどの程度か？

これは，任意のある人が感染している事前確率（この場合，0.1％）が与えられ，誤差を含む「陽性」という情報が得られた結果，どのように事前確率を修正して事後確率を導くべきかという課題である。感染している1/1000だけではなく，感染していない人々においても5％の確率で陽性反応が出るので，陽性反応者全員に対する感染者の比率を求める必要があり，図8-3に示されるように，正答は，約2％である。ところが，これまでの研究における正答率はたいへん低く，多くの人々は95％と答えてしまう。この誤答現象は，感染している事前確率が1/1000という情報が無視されて，5％という検査の誤差だけが考慮されて生じたもので，事前確率無視または**基礎比率無視**（base-rate neglect）のバイアスと呼ばれている。

この課題では，1/1000や5％の代わりに，「1,000人のうち1人」や「1,000人のうち50人」という頻度形式で情報が与えられると，70％から80％という高い正答率を得られるという頻度効果が観察される。ギガレンツァーとホフラージ（Gigerenzer, G., & Hoffrage, U., 1995）ら進化心理学者は，野生の狩猟採集社会で進化した人間の認知機構には，文明社会の算術や数学において考案された確率表現形式よりも，頻度表現のほうが適しているためにこの効果が生じていると解釈している。

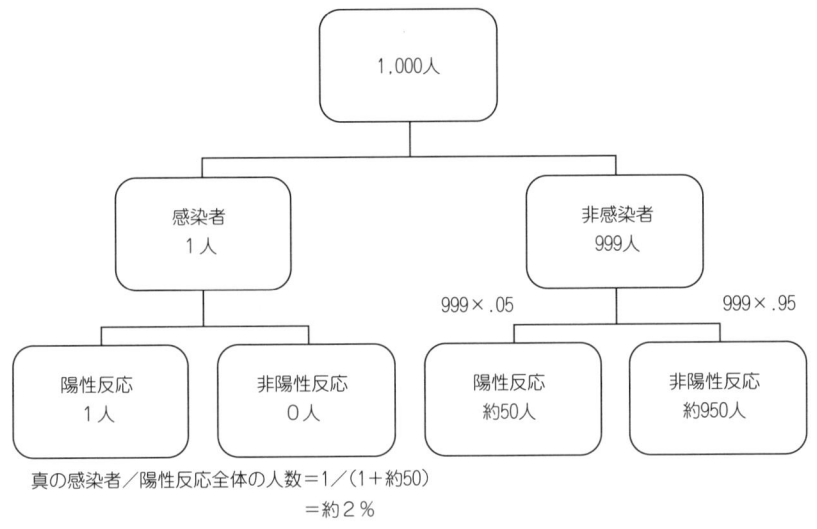

```
                    1,000人
                   /        \
            感染者            非感染者
            1人               999人
                        999×.05        999×.95
         /      \           /              \
    陽性反応  非陽性反応   陽性反応        非陽性反応
     1人       0人         約50人          約950人
```

真の感染者／陽性反応全体の人数＝1／(1＋約50)
　　　　　　　　　　　　　　　＝約2％

図8-3　感染者問題の解説

3　適応という観点から見た思考

(1)　進化心理学からの思考研究

　2節の，演繹的推論研究においても，確率的推論研究においても，現在，進化心理学の考え方が大きな影響を与えている。進化心理学は，人間の脳や認知機構がどのようにして進化してきたのかを問うものだが，とくに認知領域では，認知容量がどのようにして増大してきたのかについて，多くの説明がなされている。

　思考の領域において進化心理学的視点が重要性を帯びてきたのは，以下の理由による。1980年代までの推論研究では，さまざまなヒューリスティックが発見されて，人間は誤った推論を行ないやすい生物であるという印象を与えてきた。しかし，進化心理学は，それらの誤りが人間の脳が進化してきたとされる1,000万年単位（参考ながら，ヒトは，もっとも近縁のチンパンジーとは600万年前に先祖が分岐した）の野生的環境（進化心理学者は，environment of evolutionary adaptedness, すなわち進化的適応環境を略して EEA と呼ぶ）では適応的であったという解釈をする。そして，論理学や確率論，あるいは効用理論などを規準とする規範的合理性とは異なる適応的合理性または進化的合理性という規準を提唱している。

　思考を研究する進化心理学者が用いる論法は，ある課題をXという形式で提示すると正答率は低いが，X′という形式で提示すると正答率が上昇するという結果から，EEA では，人間の認知機構はX′という入力形式に適して進化したと主張するものである。2節の例では，確率の頻度表現（Gigerenzer & Hoffrage, 1995）や社会的契約表現（Cosmides, 1989）がこのX′に相当する。

　現時点で，EEA について考古学的に明らかにされていることが豊富なわけではないので，進化心理学は，実証という点では弱いかもしれないが，人間の進化的適応という視点を提供する期待されるアプローチである。

(2)　思考についての比較文化的な研究

　進化的研究と同時に，比較文化的な思考研究も盛んになってきた。従来の認知心理学では，人間の認知は頭の中だけのことであり，かつ文化的に普遍的であると考えられてきた。しかし，文化心理学では，認知も人間をとりまく文化や歴史的背景と切り離すことができず，精神は，社会的，文化的に解明していく必要があると考えられている。

　ニスベット（Nisbett, R. E., 2003）は，西洋と東洋の認知スタイルを比較した従来の研究を総括し，西洋人は分析的（analytic）な認知をするのに対し，東洋人は全体的（holistic）な認知を行なう傾向があると主張した。分析的な認知とは，認識対象を文脈から切り離し，それを同定するのに論理的な推論を行なうことと定義され，全体的な認知とは，対象を取り巻く全体に注意が向けられる認知である。リンゴを例にとれば，リンゴは，木になっていようがスーパーマーケットで売られていようが，リンゴの特徴から論理的にリンゴとして認知されるのが分析的で，スーパーマーケットの他の野菜全体の一部などとして認識されるのが全体的である。

☕ コラム　2種類の合理性と思考～～～～～～～～～～～～～～～～～～～～～～

　1980年代までは，人間の推論は，論理学や確率論の規範とどの程度ズレがあるかという議論が中心であった。したがって，その頃の推論研究は，一部の論理学マニアが他領域から理解できないような研究を行なっているという印象が強かったかもしれない。しかし，その当時から推論研究者は，人間の推論の合理性とは何かという問題を考え続けてきた。そして，進化心理学が導入されると進化的合理性，文化心理学の影響が強くなると，文化における合理性，さらには創り出された文化そのものがどういう意味で合理的かという問題を検討するようになった。

　私は，そのような状況で，乏しい認知容量で，気候の大変動などがあった野生的環境を生き延びてきた進化的合理性と，文化的に作り上げられた規範的合理性を区別し，それぞれに進化的に古いシステムと新しいシステムを対応させる二重過程理論（dual process theory；Evans & Over, 1996）にもっとも魅力を感じている。さらに，私たち（Yama et al., 2007）は，この理論をニスベット（Nisbett, 2003）が提唱した，分析的対全体的という西洋と東洋の認知の文化差にも適用している。私たちの考えによれば，人間において普遍的に増大してきた認知容量が，状況によって，どのように使用されるかによって文化差が生じている。さらに私たちは，文化心理学者は，文化と認知は切り離せないといいながら，結局は，それぞれの文化でどのような思考スタイルが適応的かという議論に終始していると考えている。そこで私たちは，文化をなんらかの問題解決のために創生されたものとし，さらにいったん文化が形成されると，それに参加している人間は文化によって新たな課題を突きつけられるといったサイクルで精神と文化の関係を捉える枠組みを提唱している。たとえば，人間は知識を社会で共有するために学校という文化制度を作り上げたが，今度は学校が，人間に学校文化に適応するようにという課題を課してくるようなものである。

～～～～～～～～～～～～～～～～～～～～～～～～～～～～～～～～～～～～～～

　ニスベットによれば，図8-4のように，分析的思考は西洋の**個人主義**（individualism）文化において適応的で，一方，全体的思考は東洋の**集団主義**（collectivism）文化において適応的である。個人主義文化，集団主義文化という分類は，かならずしも文化人類学者や心理学者の合意を得ているわけではないが，人間の行動の西洋と東洋のさまざまな差異を説明できる概念として受け入れられている。トリアンディス（Triandis, H. C., 1995）によれば，個人の目

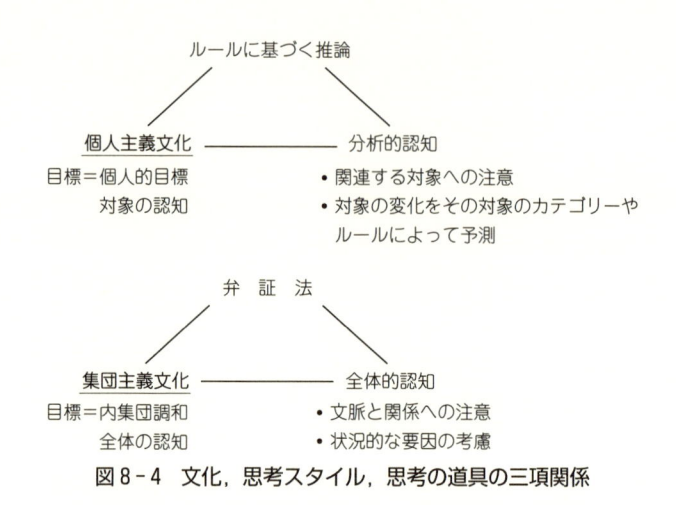

```
              ルールに基づく推論
                    │
         ┌──────────┴──────────┐
    個人主義文化 ──────────── 分析的認知
目標＝個人的目標          ・関連する対象への注意
   対象の認知            ・対象の変化をその対象のカテゴリーや
                          ルールによって予測

              弁 証 法
                    │
         ┌──────────┴──────────┐
    集団主義文化 ──────────── 全体的認知
目標＝内集団調和          ・文脈と関係への注意
   全体の認知            ・状況的な要因の考慮
```

図8-4　文化，思考スタイル，思考の道具の三項関係

標を集団の目標に優先させる個人主義文化と，集団内での調和など，集団の目標を個人の目標に優先させる集団主義文化とが定義される。

　集団主義文化内では，ルールに基づく推論や決定は，真か偽かといったように二分法的になり，たとえば集団意思決定の状況では内集団調和を壊してしまう恐れがある。内集団調和のためには，対立する意見が生じた場合，ルールにのっとって決定を行なうというよりは，さまざまな状況的要因や要素を考慮して，極端に傾かない中庸的な決定が好まれる。したがって，真か偽かの二分法的な論理よりは，矛盾している命題を統合するような弁証法が適応的な思考の道具となる。

〈サマリー〉
　この章では，人間が何かを考えるとき，それをどのように行なうのかを考察してきた。まず，問題解決とは何かを述べ，そこで，「人間は限られた認知容量で，どのようにして複雑な問題を解決するのか」という共通の問いをたてた。そして，意思決定や推論を中心としたさまざまな課題を用いた研究を紹介して，人間がおかしやすい誤りを記述し，それをどのように説明するのかを議論した。最後に，推論をはじめとする問題解決が，どのような進化的過程を経て形成されたのかという視点と，さらに，どのような文化において適応的なのかという視点が重要であることを指摘した。

〈もっと詳しく知りたい人のための文献紹介〉

スタノヴィッチ, K. E. 椋田直子(訳)鈴木宏昭(解説) 2008 心は遺伝子の論理で決まるのか みすず書房
⇨スタノヴィッチ自身は,元々認知の個人差を研究していて,認知能力の個人差を認知容量のちがいに求めた。この本は,この認知容量を消費する顕在的システムと,進化的に古いとされる潜在的システムを想定した理論の集大成である。この視点から,推論から意思決定までの過程の合理性が議論されている。

山祐嗣 2008 思考・進化・文化 ナカニシヤ出版
⇨思考心理学の最大の問題は,限られた認知容量でどのようにして複雑な問題を解決するのかである。この議論について,適応的合理性という視点から,問題解決や推論を解説している。

〈文 献〉

Cheng, P. W., & Holyoak, K. J. 1985 Pragmatic reasoning schema. *Cognitive Psychology*, **17**, 391-416.

Cosmides, L. 1989 The logic of social exchange : Has natural selection shaped how humans reason ? Studies with the Wason selection task. *Cognition*, **31**, 187-276.

Evans, J. St. B. T., & Lynch, J. S. 1973 Matching bias in the selection task. *British Journal of Psychology*, **64**, 391-397.

Evans, J. St. B. T., & Over, D. E. 1996 *Rationality and reasoning.* Psychology Press.(山祐嗣(訳) 2000 合理性と推理 ナカニシヤ出版)

Gigerenzer, G., & Hoffrage, U. 1995 How to improve Bayesian reasoning without instruction : Frequency formats. *Psychological Review*, **102**, 684-704.

Johnson-Laird, P. N. 1983 *Mental models.* Cambridge University Press.(海保博之(監訳)AIUEO(訳) 1988 メンタルモデル 産業図書)

Kahneman, D., & Tversky, A. 1981 Prospect theory : An analysis of decision under risk. *Econometrica*, **47**, 263-291.

Newell, A., & Simon, H. A. 1972 *Human problem solving.* Prentice-Hall.

Nisbett, R. E. 2003 *The geography of thought : How Asians and Westerners think differently...and why.* The Free Press.(村本由紀子(訳) 2004 木を見る西

洋人・森を見る東洋人　ダイヤモンド社)

Oaksford, M., & Chater, N. 1994 A rational analysis of the selection task as optimal data selection task. *Psychological Review*, **101**, 608-631.

Triandis, H. C. 1995 *Individual and collectivism*. Westview Press.（神山貴弥・藤原武弘（編訳）　2002　個人主義と集団主義　北大路書房)

Tversky, A., & Kahneman, D. 1981 The framing of decisions and the psychology of choice. *Science*, **211**, 453-458.

Tversky, A., & Kahneman, D. 1983 Extensional versus intuitive reasoning : The conjunction fallacy in probability judgment. *Psychological Review*, **90**, 293-315.

Wason, P. C. 1966 Reasoning. In B. M. Foss (Ed.), *New horizons in psychology*. Penguin.

Yama, H. 2001 Matching versus optimal data selection in the Wason selection task. *Thinking and Reasoning*, **7**, 295-311.

Yama, H., Nishioka, M., Horishita, T., Kawasaki, Y., & Taniguchi, J. 2007 A dual process model for cultural differences in thought. *Mind and Society*, **6**, 143-172.

9章 モノのデザインは心理学とどのように関わっているのか？
——使いやすさと認知心理学の関係を探る

原田 悦子

　いまやアパレル・服飾関係のみならず，携帯電話や家具など日常生活の中で用いる道具についてもデザインの良し悪しがしばしば話題になります。こうしたモノのデザインは，「きれい」や「カッコいい」という見た目のデザインだけではありません。実際に使うときの「使いやすさ」という面での「デザインの良い・悪い」が存在します。この「使いやすさ」のデザインの評価や改善には，人の認知的過程が大きく関わっています。逆にいえば，そうしたデザインと認知心理学の関わりを理解し，実践することによって，直接的に「モノを作る」過程に認知心理学の知識や視点を生かしていくことができるのです。さぁ，あなたも身の回りにある道具，モノをとりあげて，その「使いやすさのデザイン」について考えてみませんか。それは，どんなところが「使いにくい」でしょうか。それはなぜなのでしょうか。認知心理学のことば・知識で考え，語ってみましょう。

1 モノは使うもの＝道具であり，メディアである，ということ

（1） ヒトの特徴としての道具，人工物

　いまさら言うまでもなく，心理学はヒトの心のメカニズムを明らかにする研究領域である。「心」のような複雑なものを明らかにしていくためには，できるだけシンプルに，純粋に「心」だけを検討できる場を作りたくなる。しかし，実際のところは，あまり「純粋な環境」を作ると本当の心の働き方は見えなくなってしまう。たとえば，蟻の行進のメカニズムを明らかにするのに，1匹の蟻をガラス容器にいれて行動を観察するときと，屋外の複雑な地形の中，同じ

巣穴の仲間蟻がいるところでの蟻の行動を観察するのとでは，観察できる行動の広がりが異なる（地面のちょっとした傾きや，他の蟻が分泌するフェロモンに反応をして移動方向を変更することは，ガラス容器の中では見られない）。その結果，そこで見えてくる行動の意味や理由・動機も大きく異なってくる（ガラス容器内の観察では，餌のある確率の高い地形や「すでに仲間が見つけた餌」のある場所に向かって，蟻が自発的に進路方向を変えていくメカニズムはわからない）。こういった「観察する環境によって，観察できる事象が異なる」ということは生物の細胞レベルでも存在し，そのために生物学では細胞研究の方法が「試験管の中で個別の細胞を扱う研究＝in vitro（イン・ヴィトロ）」と「その細胞が構成する器官の中での細胞を扱う研究＝in vivo（イン・ヴィーヴォ）」とに分けられているという。このように考えると，認知心理学においても，実験室での精密な実験でとらえられる ms（ミリ秒）単位での反応時間の分析と同時に，「ヒトが実際に生きている空間の中での動き」を見ていく必要性があるに違いないと感じられないだろうか。

　ヒトにとっての「実際に生きている空間」での「生きていく活動」において，ひとつ特徴となるのは「ヒトは，ヒト自身が造ったモノに取り囲まれていること」である（蟻と比べてみよう）。自然界に存在するものではなく，ヒトが造ったモノを**人工物**（artifacts）と呼ぶ。ヒトは進化の中で「道具」を使うようになり，以来，どのような道具＝モノを作り，モノの使い方をどのように工夫し，さらにそのモノをうまく使うために回りの環境をどのように人工的に作り直していくかという過程を繰り返し進化させ，その累積が文化となってきた。つまりヒトにとっての in vivo の環境はヒト自身の手で変化をし続けてきており，その変化の速度は現代化とともにますますスピードが上がってきている。

　そうした道具あるいは人工物（モノ）は，ひとりの人の認知過程の中では，どのように位置づけられ，どのような形で関わりあっているのであろうか？

（2）　人工物は問題解決の中で用いられ，人とモノは対話をしている

　まずは今，身の回りにあるモノをひとつ取り上げて考えてみよう。眼鏡でもペンでも，携帯電話でもよい。あなたはなぜそのモノを使いたいのだろうか？

9章 モノのデザインは心理学とどのように関わっているのか？

「そのペン／携帯電話／眼鏡が好きで，持っていたいから」という理由（これを自己目的的な利用，あるいは**コンサマトリ**（consummatory）な利用と呼ぶ）もあるが，と同時に，ペンは「文字を書く」，携帯電話は「遠隔地にいる人と連絡を取る」ために持っているはずだ。同様に，眼鏡も「自分の目では調整しきれない光の屈折率を変えて，外からの光がくっきりと網膜上に像を結ぶようにする」ために使われる。このようにモノには，基本的に使う目的がある。つまり，ヒトは何か実行したいこと，解決したい問題があり，その**問題解決**の道具としてモノが使われる（これを**道具的利用**と呼ぼう）と言うことができる。

実のところ，人がモノを使うとき，その過程は人とモノとの**相互作用**（interaction）あるいはコミュニケーションとして考えることができる。つまり，携帯電話を使うということは，携帯電話というモノに自分が何をしたいのかを伝え，それをモノが実行してくれる過程である。たとえば電話で友人と話したければ，まずその友人の電話番号を携帯電話に伝えて，そこに電話回線をつないでもらっているから，友人と音声で話すことができるようになる。もしあなたに執事や秘書という「人」がいて，同じことを「依頼／命令する」のであれば「Xさんに電話して」と口頭で伝えて，かかったところで受話器を受け取って会話を始めるであろう。しかし，普通の電話機にはそうした口頭でコミュニケーションを行う機能はついていない。そのため代りに，友人の電話番号を「ボタンを押して／アドレス帳から探して，伝える」，その後で「通話したいという意図を接続ボタンを押すことで伝える」ことで，最終的に友人Xと電話がつながり，話ができるようになるのである。

そこで重要なことは，人とモノとの間に情報の流れがあり，まるで対話のようにやりとりがなされているということ，また実際には人とそのモノとの後ろで，モノと「外の世界」とのやりとりがあるということである。たとえ電話に向かって番号を入力できたとしても，その携帯が玩具の電話で「外に発信できない」のであれば，私たちは使うことができない。このように情報のやりとり＝対話に2段階があることをあらわしているのが，佐伯の**二重のインタフェースモデル**である（佐伯，1988，図9-1）。

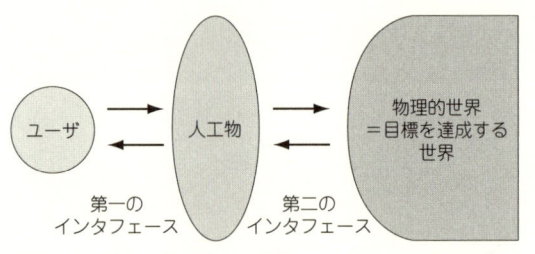

図9-1　佐伯（1988）の二重のインタフェースモデル

（3）二重のインタフェースモデルに基づく「人とモノとの対話」過程

二重のインタフェースモデルについて，詳しく説明しよう。

今すぐ友人と話ができる状態になること，それが物理世界での目的である。そのために，あなた自身が行うことは，友人の電話番号を入力する（あるいは探し出す），そして通話ボタンを押すことであるが，じつはあなたが行っているのはそれだけではない。画面に番号と一緒に友人の名前が出ていることを確認する，または受話器から友人の声が聞こえてきてつながったことがわかるというように，携帯電話が物理世界での自分の目標達成をうまく行ってくれているかどうかを，情報を受け取り，理解・評価してモニターしているのである。この二方向のやりとり，つまりモノに「働きかける」，モノから「情報を受け取る」ことを**第一のインタフェース**と呼ぶ。

これに対し携帯電話は，基地局からの電波をキャッチし，指定された電話番号との間に回線をつなぐ要求を電話交換機に出し，回線成立後はあなたの声をディジタル信号に変えて送り出し，逆に相手の友人の声のデータを受け取り，それを人の耳に聞こえる音に復元してスピーカーから出す，という物理世界とのやりとりを行っている。このような物理世界との相互作用を**第二のインタフェース**と呼ぶ。

私たちは，第一のインタフェースでの操作や情報の読み取り方という「対話の方法」を獲得しつつ，そうした操作・情報が第二インタフェースでの物理世界でどういう意味を持ち，どういう結果をもたらしているのかの関係を学ぶ。両者つまり「携帯電話を介して，自分が物理世界とどのようにやりとりできる

のか」がわかったときにはじめて，モノを使うことができる。このように考えると，私たちの頭の中にある目標を物理的世界で実現する，つまり問題解決のために，モノが**メディア**（媒体：media）になっている，ということがわかる。

2 使いやすさを支えるアフォーダンス，メンタルモデル，メタファ

それでは図9-1を基に，モノの「使いやすさ」とは何か，使いやすいデザインにするにはどうすればよいか，考えてみよう。実際のところ，「使いやすい」ということばは多様な現象に使われることばであり，個々の現象に対してそのことばを使うことは容易（ある特定のモノが使いやすい／使いにくいと表現することは簡単）なものの，一般的な定義をすることは容易ではない（原田，1997参照）。なぜならば「使いやすさ」はモノそのものの特性ではなく（モノだけを計測しても測れない），人とモノとの相互作用の特性であるからである。そのために「使いやすさ」の評価はかならず，人とモノとの相互作用を対象とする必要がある（そこで，相互作用を直接的に観察するユーザビリティテストがもっとも基本的な評価となる：コラム参照）。また評価判断においても，感性といった人の高次認知機能が関わっていることから，一般概念として定義するには非常に複雑で，とても一筋縄ではいかない。その複雑さ，定義のしがたさは，人の知能，賢さといった概念を定義することの難しさとも似ている（原田，2005）。

そこでとりあえず，使いやすさの基準を「モノを使ってスムーズに，問題解決ができること」として考えてみよう。つまり，第一，第二のインタフェースを介して，人が自分の本来の目標が容易に達成できているかどうかが使いやすさの基準となる。使い方がわからなかったり，想定された「正しい」使い方と違う相互作用を行って，目標とは異なる結果を得てしまう，つまりエラーを起こす，といった現象を起こすことは「使いにくい」こととなる。

☕ **コラム　やってみよう，ユーザビリティテスト！**

　本章で述べているように，使いやすさは人の認知的処理に深く関わっている。そのため，人の認知的過程を基軸として，モノの使いやすさを評価し，そこからデザインの改善をしていく，という研究が行われている。こうしたアプローチを認知工学と呼ぶ。

　認知工学での使いやすさ評価（ユーザビリティ評価）のもっとも中心・基本となるのがユーザビリティテストである。これは「典型的なユーザが典型的な課題を，ターゲットである人工物を利用して解決していく過程を観察・分析し，モノのデザインが持つ問題，改善案を検討する」もので，問題解決の過程を知るために発話思考法などの言語プロトコル分析を行うことが有用とされている（原田，1993参照）。

　こうしたテスト風の評価は日常生活の中でも可能である。自分ではさほど難しいとは思わないのに，両親や祖父母は「難しい」と言って使わなかったり，いつも間違えたりする機械・機能はないだろうか。そうした，たとえばテレビ番組の録画予約などをとりあげ，典型的な課題（例：明後日の夜8時からのXXという番組を自動で録画できるようにしてください）を出して，家族がその問題解決を行うプロセスをしっかり観察してみてほしい（できれば，発話思考法でブツブツと話をしてもらいながら）。その過程で，今このユーザは，この機械のどの部分をどのように理解して，何を目的として各操作をしているのか，そのプロセスを「理解すること」に注意を向けてみよう。そうすると，おそらく，「お母さんだからできない」のではなく，そこに自分では気づかなかったデザインの問題が存在していることが見えてくる。そこで，どうして自分にはそれが問題と思えなかったのか，またそのデザインの何を変えれば，問題を解決できるか，考えてみてほしい。その過程で，「人にやさしい」人間中心設計，という考え方が見えてくるし，同時に「認知心理学の視点から考える」ことがどのように世の中に役に立ちうるか，その形が見えてくるのではないだろうか。ぜひ試してみていただきたい。

（1）　アフォーダンス：一目でわかるということ

　人がエラーを起こさず使えることを考えると，まずは第一のインタフェースにおいて，私たちがモノを使うときに「どこに働きかけるか」「うまくいっているかどうかはどこを見るか」が直感的にわかるか否かが鍵となる。そこでの重要な特性のひとつが，**アフォーダンス**（affordance）である。

9章 モノのデザインは心理学とどのように関わっているのか？

たとえば，図9-2のカップを手に取ろうとすると，ほぼ全員が取っ手に指をかけて握ろうとするであろう。これを，この取っ手の形が「人に指をかけて握るという行動を可能にしてくれている＝affordする」と考え，そこに持つというアフォーダンスがあるという。このアフォーダンスという概念はギブソン（Gibson, J. J.）が直接知覚（direct perception）という概念とともに提出したもので，人は「内側で高次な情報処理を重ねている」から知的なのではなく，「それ自体が豊かな情報を持つ」外的環境に直接的に反応し相互作用をしているからこそ有能であるという考え方を提案したものである（Gibson, 1979）。

図9-2 あなたはどうやってこのカップを手にしますか？

とりわけアフォーダンスという概念の面白い点は，モノの「行動を可能にする」属性と言いつつ，その特性は「モノ自体が持っていて，いつでも同じように人に認識される」のではないという点である。つまり「人（生物）がその行動を取ろうとした瞬間にはじめて知覚される」という**創発性**（emergence）を想定する。たとえば，美しい絨毯も氷でツルツルの床も，ただ外から見ているだけでは「歩く」ということをアフォードしていない点では変わらないが，その上を移動しようとした瞬間，絨毯は歩くという行動をアフォードするのに対し，ツルツルの床はそのアフォーダンスが弱いために，慎重に足を出すことをよぎなくさせる。

人工物のデザインにおいても，ある行動をしようとした瞬間に直接的に「この行動ができる」と知覚できるデザインにすることはとても重要である。たとえば，同じ画面上の図形デザインであっても，図9-3 (a)は「押せるボタン」，すなわち「ここを押すと何かが起こる部分」に見えるのに対し，(b)は押せることが直感的にわからない。「押してほしいところ」を人が「ここを押せばいいのだ」とわかるデザインにすることが，第一のインタフェースでの対話をスムーズに進める上で重要であることは言うまでもない。逆に「押しても何も起こらないところ」に押せるアフォーダンスを持たせたデザインをすると，これ

175

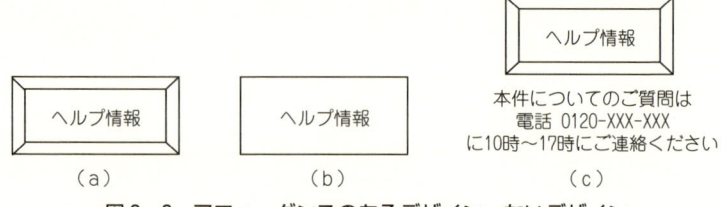

```
        ┌─────────┐                    ┌─────────┐
       ╱ ヘルプ情報 ╱                    │ ヘルプ情報 │
      ┌─────────┐                      └─────────┘
      ╱ ヘルプ情報 ╱  ┌─────────┐      本件についてのご質問は
     └─────────┘   │ ヘルプ情報 │        電話 0120-XXX-XXX
                   └─────────┘      に10時～17時にご連絡ください
        （a）           （b）              （c）
```

図9-3　アフォーダンスのあるデザイン，ないデザイン

もエラーの原因となる。たとえば，図9-3(c)のように，ただの見出しの部分の（押しても何も起こらない）ところに「押せる」アフォーダンスを持たせると，「そこを押して何かを探そう」とするエラーが引き起こされる。

とりわけ電子情報機器の表示画面は「どんな風にでも表現可能」であり，デザインの自由度が高いことから，人の行動を引き出すアフォーダンスをいかに適切にデザインしていくかが重要となる。

（2）　メンタルモデル：人の「頭の中の情報」との整合性

アフォーダンスという特性は，昆虫や爬虫類にも存在する（佐々木，1994）。つまり進化によって支えられ，遺伝子によって規定される生体-環境の相互作用の方法と考えられる。それでは第一のインタフェースの良し悪しを決めるのはすべてアフォーダンスであり，DNAで決められているのであろうか？　少なくとも人にとっては「使いやすさのデザイン」の良し悪しにも経験や学習が関係し，したがって使おうとした時点に人が持つ知識にも依存すると考えられる。

たとえば，図9-4は北米にあるミネラル水の自動販売機の写真である。著者自身が水を買おうとしたとき，上部中央にあるスロットにコインを入れた後で，次にどうすればよいのかわからず，とまどってしまった。コイン投入口の横にあるボタンを押すのかなとも思ったが，ボタン横にある図柄（アイコン）を見ると，お金を返すキャンセルボタンのようである。さてこの販売機から水のペットボトルを買うにはどうしたらよいのだろうか。

じつはこの自動販売機，ペットボトルの写真がはってあるパネルが「これが

9章 モノのデザインは心理学とどのように関わっているのか？

欲しい」という要求を伝えるボタンになっており，お金を投入後にパネルを押すと水が出てくる仕組みになっていた。じつに単純な仕組みなのに，なぜ「とっさに」わからなかったのであろうか。ひとつには「大きすぎるボタンのために，押すという行動をアフォードしなかった」という点が考えられ

図9-4 ミネラル水の自動販売機

る。加えて「自動販売機のボタンはこんなもの」というイメージが著者自身の知識の中にあるために，自分が思う「選択ボタンのようなもの」を探していたため，パネルが「押せる」ことに気づかなかったのである。

　こうした自動販売機を使うためにはまず「お金を入れてボタンを押す（と商品が出てくる）」という知識が必要である（江戸時代の人は，どんなに喉が渇いていてもこの四角い箱から水が出てくるとは思いつかないであろう）。そうした知識があって目の前にある機械を使おうとするとき，その知識情報の中には「押すボタンは普通，このくらいのこんな形」という情報が含まれており，その情報と実際の自動販売機のボタン・デザインとが大きく異なっていたために，「それがボタンとは思わない」状態に陥ったものと考えられる。

　このような意味記憶（5章参照），とくに「こういう風に働きかけるとこんな風に動く」という知識を**メンタルモデル**と呼ぶ。私たちは「電流が流れる」「地球の自転と公転」などの自然現象についてもメンタルモデルを持っている（三宅，1984）。人はこうした「どのように動くのか」という知識を持っているために，頭の中でシミュレーションをした結果，動きの予測をすることができる。たとえば，「雨がテラスに降り込むといけないので，履物はこの端においておこう」といった判断ができる。同様に道具についても，人はそうしたメンタルモデルを持ち，モノを使った問題解決時に利用している。そこで，「多くの人が共通して持つそのモノのメンタルモデル」を明らかにした上で，それ

に合致したデザインにすることが，人々がモノをスムーズに使う鍵となると考えられている．

　メンタルモデルの重要性は，視覚的なデザインに限らない．たとえば日本の自動販売機の多くは，お金を入れてから欲しいものを指定する．こうした順序も，**タスクの流れ**としてデザインされたものである．そこで急に「まず商品を指定しないとお金が入れられない」販売機が置かれると，「使い方がわからない」ということになる．つまり，人が持つメンタルモデル内のタスクの流れと，モノが実際に要求するやりとりの順が異なると，人はモノをうまく使えなくなる．

　さらにメンタルモデルとモノのデザインとのズレがあると，せっかくの機能が利用されないという事態も起こってくる．たとえば，FAXはしばしば「電話線で郵便を送るもの」という説明をされ，その結果，電話もしくは郵便というメンタルモデルを持って利用されることがある．そうすると，FAXならではの機能，たとえば1度読み込んだ原稿を複数箇所に次々に送信をする同時送信機能があっても，ユーザがそのことに気づかず，複数の人に同じものを送る際に何度も原稿を読み込んだりする．人は自分の目標を達成する（問題を解決する）ために，今自分の回りにあるモノを，自分の記憶・知識の中にある「どういうことができるモノなのか」というメンタルモデルを基に「こんなことができるに違いない」と考えてから利用する．したがって，そのメンタルモデルにはいっていない要素・機能については，その人にとっては存在しないために利用されないことになってしまうのである．

　このように考えると，すでに人が持っているメンタルモデルに合ったデザインをしていくことが大切である．しかし，じつはそうしたアプローチだけを考えると，また別の問題が生じてくる．つまり，これまでにあったものと同じメンタルモデルに合わせたデザインばかりでは，「新しいモノ」を作りだしていくことができないのである．新しい人工物はこれまでになかった機能を可能にするからこそ，意味のある新しいモノとなる．したがって人工物のデザインを「かならず，人の従来のメンタルモデルにぴったりと合ったもの」に限定して

求めることは，新しい人工物を作り出すことを不可能にしてしまう。

　それでは，人に新しいモノについての新しいメンタルモデルを獲得してもらうにはどうすればよいのだろうか。人は経験から新しいことを学ぶ学習能力が高い存在であるが，しかし何をいつどのように提示されても「何でも簡単に学習できる」わけではない。こうしたことから，「人はどのようにして，新しい人工物のメンタルモデルを学習するのか，どのようなデザインによってその学習が可能になるのか」を検討することが重要と考えられる。

（3）　学習を支えるメタファ，そして学習を支援するデザインという視点

　図9-1で述べたように，これまでに使ったことがないモノを使って，これまでには経験がない形で自分の目標を達成していくためには，第一インタフェースとしての相互作用の方法と，その結果として第二インタフェースとして何が生じるのかを概念的に理解し，その両者の関係性を理解する学習が必要となる。こうした学習を，とくにその初期においてうまくガイドする工夫として，**メタファ（隠喩）**がしばしば用いられている。

　本来，メタファとは「人生は旅だ」のような文章表現のテクニック（レトリック）であり，被喩辞「人生」を喩辞「旅」と等価に置くことで，喩辞の持つ特性（歩き続ける，変化があるなど）を被喩辞にもあてはめて，その意味を強調する技法と考えられている（楠見，1990）。人工物のデザイン，とくにコンピュータなど情報機器でのデザインにおいては，これまでに存在しなかった新しい人工物や機能を，すでに存在していることばや図柄（**アイコン：icon**）によって表現をする方法論として，メタファが広く用いられている。たとえば，電子メールはその名前自体が「郵便制度」というこれまでの人工物を喩辞として利用するメタファとなっており，またそのアイコンは郵便箱や封書などをかたどったものが多い。このように「類似する，あるいは強い関連性を持つ他のモノ」になぞらえて表現をすることによって，新しい人工物や機能を抵抗なく理解できる，つまり，その既存のモノのメンタルモデルを利用してスムーズに相互作用ができるものと考えられている。

しかし，こうしたメタファも，その表面的な等価性の理解・利用だけでは，新しい人工物の十分な学習とはならない。上述のように，既存のメンタルモデルの利用には限界があり，とくに「その喩辞では説明しきれない特性，構造」の存在に気づき，理解することは難しい。上述のように電子情報機器（いわゆるIT機器）は視覚デザイン上の自由度が高い（画面上にどのようにでもデザインできる）が，同時に「これまでは存在しなかった新しい機能を提供できる」ことがその大きなメリットでもある。それだけに既存のモノからのメタファから学習を導入するとともに「どのようにしてその既存のメンタルモデルから離れていくか」が大きな問題となる。

　このように，さまざまな形での「使いにくさ」「わかりにくさ」という問題は，多くが学習の問題に帰着してくる。実際には，ひとつの新しいモノが使われるようになってから人々にメンタルモデルが獲得されて誰にでも使えるようになり，同時にモノの側も「誰にとっても使いにくい」部分のデザインが改良されて，使いやすい形に収束をしていくまでには一定の時間がかかる。現在の生活の中で広く浸透し，誰にとっても使いやすいデザインとなっているものには，少しずつ長い時間をかけて変化してきたものが少なくない（たとえば，ペトロスキー（Petroski, H.）（1994）はフォークのデザインの変遷を紹介している）。

　逆に言えば，モノの変化が激しく，次々に新しい人工物が出てくる社会では，こうした使いにくさの問題が顕著に表れやすい。たとえば，IT機器が高齢者にとって「使いにくい」ということは近年ひとつの社会的な問題になってきている。高齢化現象のひとつ，認知的高齢化（Craik & Salthouse, 2008）が，人が新しい人工物を使う際の阻害要因になる（原田・赤津，2003）と同時に，近年世の中の多くのものが急速にIT化され，従来のモノに取って代わっている。そのために，「使えないことが実生活に支障をきたす」可能性も高くなっている。たとえば携帯電話の普及の結果，公衆電話が減少してしまい，携帯電話がないと必要な連絡がとれなくなる，あるいは係員のいる銀行窓口が減り，多くの業務がATMを介して行われるが，ATMの機能・操作がどんどん複雑化し，それが使えないと「自分のお金もおろせない」状況になっているなどがその典

型的な例である。

　このように，新しいモノが次々に提供され，同時にそれまで使われていたモノが使えなくなっていく環境は，新しいメンタルモデルの学習に（若年成人に比べて）困難さを持つ高齢者ユーザに大きな負担を課す源となっている。社会全体のシステムとしてそうした問題をどう考えるかを検討すると同時に，「高齢者ユーザは若年層ユーザと学習過程に相違がある」ことをしっかりと認識した上で，学習を支援するデザイン，利用環境をどのように提供していくか，考える必要があろう。

3　モノを使うということは生活を変えるということ

　ここまで，「自分がもつ目標を，あるモノを使ってスムーズに達成できること」を基準として良いデザインとは何かを考えてきた。しかし，モノの使いやすさは，「いま目の前にある問題が解決できる」あるいはエラーなしに使える，ということだけではないのではないか，そうした「たんに操作できるということだけを越えた，使いやすさ」を考える動きが近年いくつか提言されている。

（1）ノーマンの感情デザイン：コンサマトリな利用も併存する

　たとえば，ノーマン（Norman, D. A., 2004）は，「たとえ使いにくく，すぐに壊れても」あるモノ（ポルシェ！）が好きといった愛着の存在から，デザインの良し悪しに感情のデザインという要因を追加すべきであることを主張している。「使いやすい」という評価はそれ自体がひとつの感情・感性であり，これまで述べてきた「スムーズに使えるという使いやすさ」から好きということも当然含まれる。人の活動にはつねにいくつもの目的や動機が同時並行的に関わっており，スムーズに利用できるモノが同時に，使っていて楽しい（見て楽しい，触って気持ちがいい）という感情にも支えられていることは想像に難くない。また「こんなモノをこんな風に使っているのよ」ということが人とのコミュニケーションの話題となり，「このモノを使っている自分」という自己表

現の一部にもなっていく側面がある。このようにモノのデザインにおいても，道具的な利用だけではなくコンサマトリな利用（1-(2)参照）の側面も関与しており，そうした側面についての認知心理学的研究も必要であろう。

（2） ヴィゴツキーの三角形モデル：モノを使うと人も変わる

発達心理学者ヴィゴツキー（Vygotsky, L. S.）の理論では図9-5を用いて，人（主体）はメディアを介して対象に働きかけ，対象を変えていく（問題を解決していく），そしてそこにはかならず作用-反作用があり，対象を変えていくとメディア＝人工物も変化するし，その結果，主体も変わっていくという相互作用を考える。ヴィゴツキーの主たる関心は「言語」という非常に根源的な人工物であり，この図を基に人の認知的過程が言語・記号というメディアによって受ける影響を考察している。同様の現象は，より日常的で物理的な人工物についても生じていると考えられる（Engestroem, 1987）。

つまり，実際の生活の中でモノを使う，モノを使って問題解決をすることは，同時にそのモノを使うことに合わせて，対象やそれを含めた環境を変更していく過程でもある。移動の手段として自転車を使うようになると，自転車に乗りやすいように持物を工夫したり，服装を変えたりしていないだろうか。また徒歩での移動で一番便利なルートが自転車では使いにくい（交差点での安全確認がしにくい等）ために，移動のルートを変えたりすることもごく日常的に生じる。このように自転車というモノをうまく使うことは，その過程を通じてモノを使う環境に変化を与える。同時に，モノを使った結果として「どのように（うまく）使えるのか」という知識がのこり，メンタルモデルの獲得・精緻化を含む「人の側の変化」も存在する。このように，人がモノを使うことは，人，モノ，対象（物理的環境）の3つ全てが変化をしていくことに他ならない。

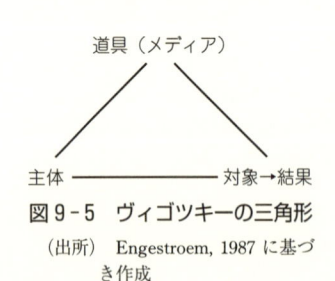

こうした変化はミクロな，しかしより広範囲で用いられる認知過程にも見出される。たとえ

図9-5　ヴィゴツキーの三角形
（出所）Engestroem, 1987に基づき作成

ばこれまで手書きで書いていた日本語の文章が、今日ではコンピュータや携帯電話といったIT機器の介在により、かな漢字変換という仕組みを使って書かれることが主流となった。その結果、日本語の文字を書く過程は視覚-運動系（手書き）から音声-聴覚系（かな入力）に変化してきており、その結果、文章作成の過程にも影響が見られる（原田ほか、2007）。

　そう考えるとき、モノのよいデザインを考える際に、そうした変化全体を含めて考える必要がみえてくる。それは「三者が最終的にどのようになるか」という形の評価であるとともに、三者の変わりやすさという側面も含まれている。たとえば、私たちが感じる「新しい鞄の使いやすさ」は、当初は鞄の操作しやすさ（例：ポケットの開閉が簡単）を考えがちであるが、最終的に「使いやすい」モノとして定着するためには、自分が生活の中でその鞄をどう使いこなしていくのか（例：どのポケットに何を入れると便利か）、その鞄がどんな新しい活動を可能にするか（例：文庫本を入れやすいポケットが外にあると、電車等でのちょっとした時間に本が読めるなど）が重要であり、そうした変化全体に対して、私たちは直感的に「この鞄は使いやすい」と感じるのではないだろうか。

　こうした視点を持つと、2節で説明した「スムーズに問題解決ができる」意味での使いやすさだけに注目していると、「モノを作った側の人が考えたとおりに、使う人が使えていること」がよいデザインの条件と考えられがちであるのに対し、実際には、いかに自分の生活の中で自分なりの使い方が見出しやすいかが「良いデザイン」のひとつの要件であることに気づく。原田・赤津（2004）、赤津・原田（2008）は、人がモノを使う際の「使いながら、使い方を自分なりに見出していく」過程を創発的使用と呼び、そうした創発的使用を支援するデザインの重要性を述べている。

4　良いデザインを考えることは人を観察し，異文化交流をすること

　ここまで「使いやすさのデザイン」と人間の認知過程の関わりを考えてきた。人の認知的な過程にメディアとしてのモノが大きな影響を与えるからこそ、

「使いやすさ」の研究は認知心理学研究なのだ，ということが理解していただけただろうか。

　最後に追記しておきたいことは，こうしたモノを作っているのもまた人であるという点である。人工物は人が作るモノだから，人が作っているのは当然であるが，「同じ人が作っているのに，なぜ人にとって使いにくいモノができるのだろう？」と考えてみることは，おもしろい問題である。

　その原因として2つ考えられる。ひとつは，人は自分が思っているほどには自分の認知的な過程が分かっていない，ということである。私たちがモノを使って何かをしているとき，「今自分は何をしているのか」という詳細な認知的過程分析を行うことは（少なくとも一般の人にとっては）容易なことではない。それはモノを作る人たちも同様である。その結果，モノが使う人にとって「使いにくい」デザインになっていることに気づかれていない可能性がある。

　もうひとつは，作っている人本人にとっては「使いやすい」のに，それ以外の人にとっては使いにくいものになっている可能性である。これは作っている人と使う人との間で知識や文化背景が異なるために，持っている知識やメンタルモデルや「何をしたいのか」という問題の立て方そのものが違っている可能性を示す。実際，世の中の製品の多くは，理工・技術系の教育を受けた若年成人がデザインしていることが多い。一方利用する側には老若男女いろいろな人がいて，その結果，たとえば「とりわけ高齢者には使いにくい」機器が世に普及してしまうのである。こうした現状を佐伯（1992）は「人工物のデザインは異文化交流である」と表した。だからこそ実際，「一目で見たときの」使いにくさを改善するためにも，使い続けていく中での創発的使用を促すためにも，実際のユーザの現状を知ることが重要となっている。近年，こうした「よいデザインのために人を知る」必要性はモノ作りの現場でも認識され始めてきた（日本工業標準調査会，2006）。

　このように人の認知過程を理解すること，その問題点を作り手側の人にうまく伝えていくことに，認知心理学を学び，認知心理学の視点から考えることが大きく役に立つのである。ここに挙げたトピックばかりではなく，認知心理学

の領域全体を頭に入れながら，人の生活を観察・分析し，それを「よりよいものにしていく」ための活動としてモノのデザインを考えることを試みてほしい。そこではきっと，認知心理学の新しい面白さも見えてくるに違いない。「今すぐにできる実践」としてお勧めする次第である。

〈サマリー〉
　この章では，「使いやすさ」とデザインの関係を認知心理学という視点から考えている。
　1節では，ヒトの特性のひとつが「ヒトが作ったモノ＝人工物」に囲まれていること，人工物は問題解決のための道具，あるいはメディアとして機能していることを説明した。人がモノを使う過程は人とモノとの「対話」であり，さらには「二重のインタフェースモデル」として記述・理解できる。
　2節では使いやすさをもたらす概念として，アフォーダンス，メンタルモデル，メタファといった概念について学び，そこでの「学習」の重要性を示した。
　こうした「操作できる」ことに加えて，3節では「使いやすさ」にコンサマトリ（自己目的的）な利用や感情デザイン，モノを使うことでの人や生活の変化といった側面が存在することを示した。
　最後に4節では，こうした「使いやすさのデザイン」の基礎が「人を知る」ことにあり，同時に作り手と使い手の間の異文化間コミュニケーションとしてとらえることの重要さを示した。
　本章のテーマは身近なところに存在している。まず，自分で身の回りの問題を体験して，そこから認知心理学の意味と意義を考えてみよう。

〈もっと詳しく知りたい人のための文献紹介〉
　ノーマン，D. A.　野島久雄（訳）　1990　誰のためのデザイン？　新曜社
　　⇨モノのデザインについて，認知心理学の視点から見て問題提起をした最初の本。この本を読んで自分でも実践してみると，回りのモノを見る目が確実に変わる。
　野島久雄・原田悦子（編著）　2004　家の中を認知科学する　新曜社
　　⇨モノのデザインのことを考えているうちに，「家の中」という空間が他の公的空間と大きく違うことに気づいた，そんなレポートを集めた「生活の中で

のデザイン」研究の視点を与えてくれる本。

〈文献〉

赤津裕子・原田悦子 2008 人工物に対する創発的使用——単構造の人工物との相互作用から見た若年成人と高齢者間比較 人間工学, 44(5), 268-278.

Craik, F. I. M., & Salthouse, T. A. 2008 *Handbook of aging and cognition.* Psychology Press.

Engestroem, Y. 1987 *Learning by expanding: An activity-theoretical approach to developmental research.* Orienta-Konsylti Oy. (山住勝広・松下佳代・百合草禎二・保坂裕子・庄井良信・手取善宏・高橋登（訳） 1999 拡張による学習——活動理論からのアプローチ 新曜社)

Gibson, J. J. 1979 *The ecological approach to visual perception.* Lawrence Erlbaum Associates. (古崎敬ほか（訳） 1985 生態学的視覚論 サイエンス社)

原田悦子 1993 人-コンピュータ交流の分析——インタフェース研究におけるプロトコル分析（2） 海保博之・原田悦子（編著）プロトコル分析入門——発話データから何を読むか 新曜社 pp. 170-187.

原田悦子 1997 人の視点からみた人工物研究——対話にとって「使いやすさ」とは 日本認知科学会（編） 認知科学モノグラフ第6巻 共立出版

原田悦子 2005 モノ（人工物）のデザインと認知心理学——人の視点からみるということ 仲真紀子（編著） 認知心理学の新しいかたち 誠信書房 pp. 104-127.

原田悦子・赤津裕子 2003 「使いやすさ」とは何か——高齢化社会でのユニバーサルデザインから考える 原田悦子（編著）「使いやすさ」の認知科学 共立出版 pp. 119-138.

原田悦子・赤津裕子 2004 家の中の学習——高齢者にとってのものの使いやすさから考える 野島久雄・原田悦子（編）〈家の中〉を認知科学する——変わる家族・モノ・学び・技術 新曜社 pp. 157-173.

原田悦子・垣内麻友子・須藤智 2007 道具は人の文章産出を変えるか——キーボード，タブレット入力と手書きの文書作成 日本認知科学会第24回大会 発表論文集 pp. 488-490.

楠見孝 1990 比喩理解の構造 芳賀純・子安増生（編） メタファーの心理学 誠信書房 pp. 63-88.

三宅なほみ　1984　メンタル・モデル　日本児童研究所（編）　児童心理学の進歩　第23巻　金子書房　pp. 25-50.

日本工業標準調査会　2006　人間工学——インタラクティブシステムの人間中心設計プロセス（JISZ8530）

Norman, D. A. 2004 *Emotional design: Why we love (or hate) everyday things*. Basic Books.（岡本明・安村通晃・伊賀聡一郎・上野晶子（訳）　2004　エモーショナル・デザイン——微笑を誘うモノたちのために　新曜社）

ペトロスキー, H.　忠平美幸（訳）　1994　フォークの歯はなぜ四本になったか——実用品の進化論　平凡社

佐伯胖　1988　機械と人間の情報処理——認知工学序説　竹内啓（編）　意味と情報　東京大学出版会　pp. 21-54.

佐伯胖　1992　ヒューマン・インタフェースは異文化交流の場である　日本認知科学会（編）　認知科学の発展 Vol. 5 特集「インタフェース」　講談社　pp. 5-27.

佐々木正人　1994　アフォーダンス——新しい認知の理論　岩波書店

10章　私たちは自分の心をどのように認知しているのか？
——メタ認知による心の制御

三宮真智子

> 　見る，聞く，感じる，理解する，記憶する，話す，読む，書く，考える，といった心の働きは，認知と呼ばれるものですね。私たちは毎日，さまざまな認知活動を行っています。でも，次のように考えることはありませんか？
> 「私に見えている世界は，他の人にも同じように見えているのだろうか？」
> 「本を読んで，わかったつもりになっていたけど，私は本当にわかっているのだろうか？」
> 「私の説明は，どうも相手にうまく伝わらないようだ」
> 「この問題は，感情的にならず，冷静に判断しよう」
> 　このように考えるとき，私たちは，通常の認知よりも，もう一段高い所から認知をとらえていると言えます。外の世界の何かを認知するのではなく，認知そのものを認知することを「メタ認知」と呼びます。メタ認知を働かせることにより，私たちは，自分の認知活動を見直し，誤りを正し，望ましい方向に軌道修正することができます。では，メタ認知とはどのようなもので，どんなふうに働くのでしょうか？　この章では，メタ認知という高度な心の働きについて考えることにしましょう。

1　メタ認知の構成要素と機能

（1）　メタ認知とは何か？

　「メタ」というのは，「後の」「一段上の」などを意味する接頭語である。したがって，**メタ認知**という語は，もう一段上の認知という意味を持つ。それはあたかも，自分を見つめているもうひとりの自分のような存在である。

落ち着いて冷静なときには，もうひとりの自分が現れて，「その考え方は変だ」「もう一度計画を立て直してみよう」などとアドバイスしてくれることが多い。一方，大勢の人の前に出てあがってしまったり，大切な筆記試験や面接などで余裕を失っているときなどには，もうひとりの自分は姿を消し，あとで考えてみると，「なぜあんなミスをしてしまったのだろう」といぶかることにもなりかねない。メタ認知は，心に余裕があるときに働きやすくなる。

　自分の心（認知）を冷静に客観的に見つめたり，必要なときには自己修正をかけたりできるということは，理性の重要な要素である。メタ認知という語が用いられるようになる前から，人間の理性について考えていた哲学者たちは「『考える自分』について考える」ということの大切さに気づいていたのである。

　メタ認知とは，認知に対する認知，認知を対象化して認知することである。たとえば，漢字を覚えるのは記憶するという認知活動であるが，自分は（あるいは他者は）一度にどれくらいたくさんの漢字を覚えられるか，今日覚えた漢字を明日まで覚えていられるか，この覚え方は効果的ではないようだ，などと考えることはメタ認知である。理解や思考についても同様で，私はこの文章を理解できたか，私は考え違いをしているようだ，と考えるのはメタ認知である。記憶，理解，思考に対するメタ認知はそれぞれ，メタ記憶，メタ理解，メタ思考と呼ばれることもある。

　1970年代に，フレイヴェル（Flavell, J. H.）やブラウン（Brown, A. L.）がメタ認知という語を用いはじめており，ともに子どものメタ記憶（記憶についてのメタ認知）の発達研究からスタートしている。メタ認知は，このように，認知心理学の中では比較的新しい概念である。

（2）　メタ認知はどのような構成要素から成るのか？

　メタ認知は，知識成分と活動成分に大きく分けることができる（Flavell, 1987）。知識成分としての**メタ認知的知識**と，活動成分としての**メタ認知的活動**は，フレイヴェル（Flavell, 1987）に基づけば，さらに次のような下位の要

素に分かれる。
(1) メタ認知的知識
　① 人間の認知特性についての知識
　・自分自身の認知特性についての知識
　　個人内での認知特性についての知識。たとえば，「私は英文解釈は得意だが英作文は苦手だ」など。
　・個人間の認知特性の比較に基づく知識
　　個人間の比較に基づく，認知的な傾向・特性についての知識。たとえば，「AさんはBさんより理解が早い」など。
　・一般的な認知特性についての知識
　　人間の認知についての一般的な知識。たとえば，「目標を持って学習したことは身につきやすい」など。
　② 課題についての知識
　　課題の性質が，私たちの認知活動に及ぼす影響についての知識。たとえば，「数字の桁数が増えるほど計算のミスが増える」など。
　③ 方略についての知識
　　目的に応じた効果的な方略の使用についての知識。たとえば，「あることを相手に大ざっぱに把握してほしい場合と深く理解してほしい場合とでは，説明の仕方を変える必要がある」など。
(2) メタ認知的活動
　① メタ認知的モニタリング
　　認知についての気づきやフィーリング，予想，点検，評価など。たとえば，「この課題なら，30分くらいで完了するだろう」など。
　② メタ認知的コントロール
　　認知についての目標を立てたり，計画・修正したりすること。たとえば，「自分ひとりではいい考えが浮かびそうにないので，グループで話し合ってみよう」など。
　ネルソンとナレンズ（Nelson, T. O., & Narens, L., 1994）は，メタ認知的モニ

タリングとはメタレベル（meta-level）が対象レベル（object-level）から情報を得ることであり，メタ認知的コントロールとはメタレベルが対象レベルを修正することであると説明する。なお，メタ認知的活動をフレイヴェル（Flavell, 1987）はメタ認知的経験と呼び，また，ブラウン（Brown, 1987）は認知の調整（regulation）と呼んでいる。

　「では，感情についてもメタ認知を想定することができるのか？」という疑問が湧いてくるかもしれない。これまでは，感情についての言及はあまり見られなかったが，「感情に対する認知」を考えると，そのさらに一段上位の認知すなわちメタ認知を想定することができるだろう。たとえば，ある出来事に対して本当は「悲しい」と感じているにもかかわらず，その感情を認知できていない場合がある。「あの時，私は自分の悲しみがわかっていなかったのだ」と後で気づくことは，メタ認知ととらえることができる。

（3）メタ認知はどのような機能を果たすのか？

　記憶・理解・思考などの活動においてもメタ認知が果たす機能は重要であるが，他者との関わりを前提とするコミュニケーションという認知活動においては，とりわけメタ認知を働かせることが必要である。他者に自分の考えを伝え，理解してもらうためには，自分の中での考えと表現のギャップを埋め，自分の表現と相手の理解のギャップを埋める必要がある。コミュニケーションにおいて，こうしたギャップはつきものである。このギャップを埋めるためには，メタ認知が欠かせない。スピーチや討論などのコミュニケーション活動においては，聞き手の反応を予測した事前の準備が必要であり，また活動を行っている最中や事後のモニタリングが大切である。

　たとえば，無計画なスピーチや，実施したままで事後的にふり返って評価を行わないスピーチは，適切なスピーチへと発展しにくい。そこで，評価を計画にフィードバックする循環的な活動が必要である。コミュニケーションの計画段階では，相手の特性や，これから行おうとするコミュニケーションの目的をふまえ，コミュニケーションの方略についての知識を活用しながら，どのよう

```
          ●メタ認知的知識
            ○人間のコミュニケーション特性についての知識
              ・個人のコミュニケーション特性についての知識
                  (例:「私は，論理的に意見を組み立てることが苦手である」)
              ・個人間のコミュニケーション特性比較についての知識
                  (例:「AさんはBさんより順序よく説明する」)
              ・一般的なコミュニケーション特性についての知識
                  (例:「きちんと伝えたつもりでも，相手には伝わっていないことがある」)
  メタ認知    ○課題についての知識
                  (例:「スピーチでは，内容に加えて視線や表情，声の調子なども大切な要素
                     となる」)
            ○方略についての知識
                  (例:「何かを説明するときには，具体例を挙げると聞き手の理解が得やすく
                     なる」)
          ●メタ認知的活動
            ○メタ認知的モニタリング
                  (例:「私は聞き取りやすい速さで話しているか」といった，コミュニケーショ
                     ンについての点検や予想，評価など)
            ○メタ認知的コントロール
                  (例:「この話はわかりにくいので，図を使って説明しよう」といった，コミュ
                     ニケーションについての計画や修正，目標設定など)
```

図10-1 コミュニケーションに対するメタ認知の構成要素の例

(出所) 三宮，2008より作成

にコミュニケーション活動を行うかの計画を立てることが必要である。また，実施段階では，自分のコミュニケーション活動をリアルタイムでモニターしコントロールすることが必要である。そして，事後の評価段階では，ふり返ってモニターすることが重要である。こうした知識・活動が，コミュニケーションに対するメタ認知である。コミュニケーションに対するメタ認知の構成要素の例は図10-1のようになる。

メタ認知的活動は，メタ認知的知識に基づいて行われるため，もしメタ認知的知識が不適切であれば，メタ認知的活動も同じく不適切なものになりかねない。たとえば，「意見を述べるときには，結論はずっと伏せておいて最後に言うのがよい」といったかならずしも適切でない知識を話し手が持っていれば，話の展開を考えるとき，結論を最後に言う計画を立てるだろう。すると聞き手

10章　私たちは自分の心をどのように認知しているのか？

は，最後まで話し手の主張がわからず，宙ぶらりんの状態に置かれることになる。

　また，メタ認知的モニタリングとメタ認知的コントロールは，循環的に働くと考えられる。つまり，モニターした結果に基づいてコントロールを行い，コントロールの結果を再度モニターし，必要なコントロールがあれば行う……という具合である。したがって，メタ認知的モニタリングが不正確である場合には，メタ認知的コントロールは不適切なものとなりがちである。十分な説明を行っているにもかかわらず，「私の説明は，まだまだ不足している」と感じれば，さらにくどく説明を重ねようとし，聞き手をうんざりさせてしまうかもしれない。

2　メタ認知の発達

(1)　メタ認知に必要な視点取得

　認知に個人差があるように，メタ認知にもかなり大きな個人差がある。しかし一般には，発達のプロセスの中で徐々にメタ認知能力も高まっていくと考えられる。認知発達に関するピアジェ（Piaget, J.）の古典的研究は，この問題についての示唆を与えてくれる。

　ピアジェは幼い子どもの認知の特徴を，**自己中心性**（egocentrism）ということばで表した。自己中心性という語は利己主義や自分勝手と混同しやすく誤解されやすい。しかし，ピアジェの言う自己中心性とは，自分の視点でしかものごとをとらえられないことを意味する。つまり，幼児は，自分に見えているものは他の人にも見えている，自分が知っていることは他の人も知っていると思い込んでしまうのである。前操作期（2〜7歳頃）に見られる自己中心性からその後脱却することを**脱中心化**（decentration）と呼ぶが，脱中心化により，子どもは自分のものの見方・考え方を対象化することができ，他者の視点をとること（**視点取得**：perspective-taking）ができるようになる（Piaget, 1970）。ピアジェとインヘルダー（Piaget, J., & Inhelder, B., 1956）は，図10-2のような「3つ山問題」を用いて，このことを示した。3つ山問題とは，1m四方の

193

台に 20-30 cm の高さの 3 つの山の模型をセットし，A，B，C，D の位置に人形を置いて，人形の目から山の風景がどのように見えるかを子どもに尋ねるものである。回答者は，次のいずれかの方法で答えることを要求される：①人形から見える風景を模型で再構成する，②人形から見える風景の絵を選ぶ，③ 1 枚の風景画を見せ，そのように見える位置に人形を置く。すると，4 歳未満の子どもは，そもそも課題を十分に理解できなかった。そして，4 ～ 7 歳では自分の視点と他者の視点を区別できず，自分に見えている通りに人形にも見えるという答え方をした。7 歳頃からは，少しずつ他者の視点を取れるようになり，9 ～ 10 歳頃には①②③いずれの答え方でも，自分の見え方と他者（ここでは人形）の見え方を区別して人形から見える風景を答えることができたという。

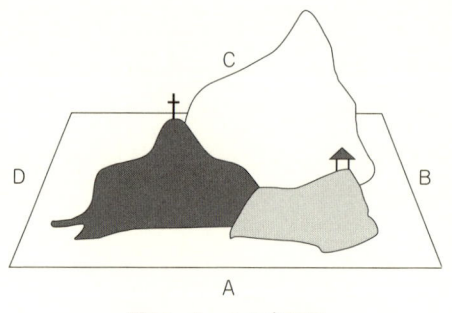

図 10 - 2　3 つ山問題
（出所）Piaget & Inhelder, 1956 より作成

（2）メタ認知の芽生えとしての「心の理論」

　1970 年代末に現れた概念である「**心の理論** (theory of mind)」とは，心のしくみや働きを理解するための知識の枠組みを意味する。幼児の持つ心の理論を調べることにより，他者理解や自己と他者の心の区別の発達を知ることができる。たとえば，ウィマーとパーナー (Wimmer, H., & Perner, J., 1983) は，**誤信念課題**と呼ばれる次のような課題を用いて実験を行い，3 - 4 歳児では心の理論が十分に形成されていないことを実験的に明らかにしている。

　「マクシという男の子が緑の戸棚にチョコレートを入れて遊びに出かけました。マクシが出かけた後で，マクシのお母さんは戸棚からチョコレートを取り出し，今度は緑ではなく青い戸棚にチョコレートを入れました。お母さんが出かけた後，マクシが戻ってきました。マクシはチョコレートがどこにあると

思っているでしょうか？」

この問いに対し，3-4歳児はほとんどが「青い戸棚」と答えたが，4歳から7歳にかけて「緑の戸棚」と答える正答率が上昇した。「他者は自分とは別の心を持つ（別個の考えや気持ちを持つ）」ということが理解できる「心の理論」の形成が不十分な場合には，他者の立場に立ってものごとを考えることがうまくできない（詳しくは，子安・木下（1997）を参照）。自分の認知を対象化し，他者の認知と区別できるようになることが，メタ認知の芽生えである。心の理論の形成は，メタ認知の発達における重要な初期ステージと考えられる。

なお，上で述べた課題は，心の理論の基本的な段階（「AさんはXがYにあると，誤って信じている」ことが理解できる）を調べるもので，1次の誤信念課題と呼ばれる。より複雑なものとして，2次の誤信念課題がある。これは，たとえば「AさんはXがYにあると信じている，とBさんは誤って信じている」「Aさんは，BさんがAさんに好意を持っていると誤って信じている」といったものであり，一般には6-7歳からできるようになる。さらにその上には，社会的な状況をふまえて，ある発言が失言であることを理解できるかを調べる失言認識課題（recognition of faux pas task）と呼ばれる課題があり，9-11歳にならなければできないとされる。たとえば，次のような課題である：「ジャネットは，アンの結婚祝いにクリスタルボウルを贈った。アンはたくさんのプレゼントをもらったため，どれを誰からもらったのかを把握できていなかった。約1年後，ジャネットはアンの家で，自分が贈ったボウルにうっかりワインボトルを落として割ってしまった。深く詫びるジャネットに，アンは『誰かが結婚祝いにくれたものだけど，まったく気に入っていなかったから，心配しないで』と言った」というストーリーの中の失言に気づくかどうかを問う（Stone et al., 1998）。

心の理論は，会話において相手が本当は何を伝えたいのかを理解する際にも大きな役割を果たす。発話者の意図を正しく理解するためには，話者が何を考えているのか，何を感じているのかを正しく推測することが必要である。発達障害児には，これが困難であることが多い。心の理論を用いた他者理解がうま

くできないことは，自閉症の大きな特徴のひとつとされており（Baron-Cohen et al., 1985），メタ認知の不十分さを表している。

ただし，心の理論が形成されたからといって，ただちに十分なメタ認知が働くようになるわけではない。マークマン（Markman, E. M., 1977）は，小学校1～3年生を対象にした実験で，ゲームと手品のやり方を説明する際に，肝心な部分をわざと抜かした説明を行い，彼らがそのことに気づくかどうかを調べた。すると，3年生は，「何か質問はありますか？」「必要なことを全部話しましたか？」といった探りを入れることによって，与えられた説明が不十分であることに気づいた。しかし1年生は，すっかりわかったつもりになっており，説明を実行に移してみてはじめて，できないということに気づいた。彼らは，説明を聞いている段階では，自分がわかっていないということがわかっていなかった。つまり，1年生は，理解に対するメタ認知が十分に働いていなかったのである。

こうした発達的知見を概観すると，4歳頃からの自他の知識の区別（自分の知っていることと他者の知っていることはかならずしも同じではないという理解），そして9～10歳頃からの複数視点の統合や矛盾の認知などが，メタ認知の発達のポイントであると考えられる。つまり，メタ認知の発達には，まず4歳頃，そして9～10歳頃という大きな節目を想定することができるだろう。

それでは，成人の場合にはどうだろうか。じつは私たち成人も，自分が人の話を聞いたり文章を読んだりして，すぐ「わかったつもり」になってしまうことをしばしば経験している。実際には，理解が浅かったり誤っていたりするにもかかわらず，である。また，メタ認知を働かせていたとしても，それが誤っていることがある。たとえば，「話し声を大きくすればするほど，聞き手の関心をひくことができる」といったメタ認知的知識を持つ人もいる。しかし，大声は度を超すと逆に聞き手の拒絶反応を招きかねないため，このメタ認知的知識は多くの場合，正しいとは言えない。また，自分のプレゼンテーションの出来映えを実際よりも低く（あるいは高く）評価するという具合にメタ認知的活動に失敗することは珍しくない。こうした場合，知識にせよ，活動にせよ，自

らのメタ認知を修正するためには，メタ認知をさらにもう一段上からとらえることが必要になる。

(3) メタ認知の発達を促すためには

　私たちは，ひとりで考えているときには気づかなかったことでも，他者に向かって話している最中に，自分の論理の不完全さに気づくことがある。たとえば，「自分が今言っていることは，さっき言ったことと矛盾しているのではないか」というふうに。このように，成人であっても，他者とのやりとりを通してメタ認知が働きやすくなる傾向がある。子どもであれば，「今あなたが言っていることは，さっきあなたが言ったことと反対じゃない？」といった周りの発言が，メタ認知を促してくれることも少なくない。

　社会や文化の影響を重視するヴィゴツキー (Vygotsky, L. S.) の認知発達理論は，ことばを思考の道具と見なしている。子どもたちは，周りの大人たちとのことばのやりとりによって思考が調整できるようになる。そして次第にこの**個人間過程の調整**が**個人内過程の調整**へと向い，自らの思考を**内言** (inner speech) によって調整できるようになる (Vygotsky, 1934)。これによって，メタ認知が少しずつ可能になる。はじめのうちは，問題解決のために子どもは親や教師から，おもに対話を通しての支援を必要とする。これが次第に内面化されて，自己内対話による問題解決が行なわれるようになる。

　ワーチら (Wertsch et al., 1980) は，問題解決に際しての母と子のやりとりを調べ，母親の言語的援助による調整がしだいに子どもの側に内化されていくことを見出している。この研究では，「トラックパズル」（図10-3）と呼ばれるパズルの組み立てが課題として用いられた。対象者は，平均約2歳半，3歳半，4歳半の3群の子どもたちとその母親のペアである。母親の前に置かれた見本通りにトラックパズルを組み立てるためには，子どもはとくにトラックの積み荷部分に注意を払う必要がある。なぜなら，ピースの形が手がかりとなる他の部分とは異なり，積み荷部分はまったく同じ形の6個のピースから構成されているため，見本をよく見て見本通りに各色のピースの位置を決めなければなら

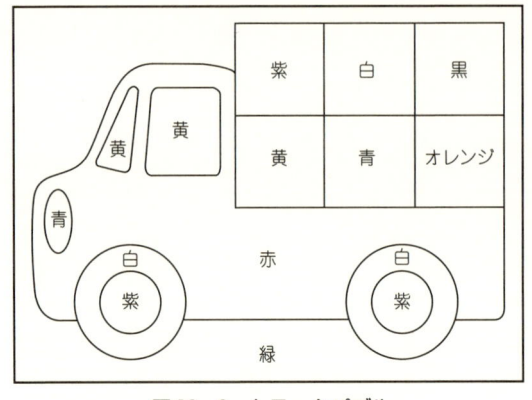

図10-3 トラックパズル
(出所) Wertsch et al., 1980 より作成

ないからである。そこで、見本をよく見て（注視：gaze）確認することが正確な問題解決のポイントとなる。この確認作業は、メタ認知的活動の芽生えととらえ得る。ワーチらは、この注視行動が母親の指さしや言及によって調整される場合（**他者調整**）と子ども自身によって行われる場合（**自己調整**）の回数を数えた。その結果、子どもたちの年齢とともに、他者調整の割合が減っていった。この結果は、ごく初歩的な段階ではあるが、子どもたちの問題解決行動が他者調整から自己調整へと移行し始めることを示すものと解釈できる。このように、認知的な課題の遂行において自己調整を行うことができるのは、メタ認知の現れである。

3　メタ認知のモデル

(1) メタ認知の認知心理学的モデル

認知心理学における初期の情報処理モデルは、感覚記憶、短期記憶、長期記憶からなるシンプルなボックスモデルが主流であった。これに対してバデリーとヒッチ（Baddeley, A. D., & Hitch, G., 1974）は、短期記憶に代わる概念として**ワーキングメモリ**（作動記憶：working memory）を用いることを提唱した（4章参照）。彼らは、短期記憶と違ってワーキングメモリは、情報の一時的保存のみならず、暗算や談話・文章の理解、推論などの複雑な認知活動を行う場所と位置づけた。初期のモデルでは、ワーキングメモリは**音韻ループ**（情報を言語的に保持するシステム）、**視空間スケッチパッド**（情報を視空間的なイメージ

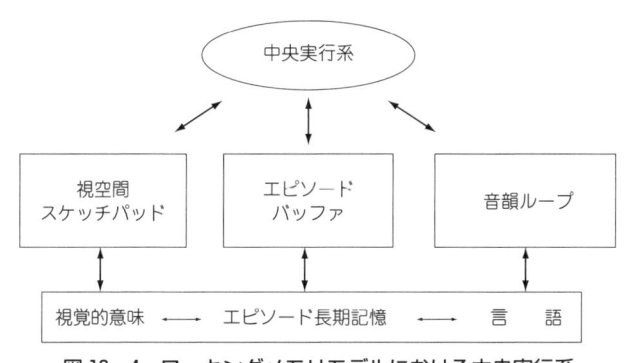

10章 私たちは自分の心をどのように認知しているのか？

図10-4 ワーキングメモリモデルにおける中央実行系
(出所) Baddeley, 2000 より作成

として保持するシステム），中央実行系の3つの要素からなるとされるが，中でももっとも重要な役割を果たすのは，**中央実行系**（central executive）と呼ばれる部分であり，メタ認知と深く関連する。ここでは，ワーキングメモリ内の情報の流れをコントロールし，長期記憶からの情報検索や，音韻ループ・視空間スケッチパッドへの情報の割りつけを行い，また，注意容量の限界の範囲で作業を行えるように，重要度の高い順に注意資源を配分していく。後にバデリーは，3つの要素にもうひとつ要素を追加しており，これは複数の情報が統合された表象を保持する**エピソードバッファ**と呼ばれるものである（Baddeley, 2000）（図10-4）。

中央実行系の機能をより詳細に表したものとして，シャリス（Shallice, T.）らの**監督的注意システム**（supervisory attentional system：SAS）のモデルがある（Shallice, 1988；Shallice & Burgess, 1993）（図10-5）。このモデルによれば，よく学習され，自動化された活動は，外界からの情報によって活性化された**スキーマ**（ハンドル操作スキーマやギアチェンジスキーマなど：スキーマについては4章参照）にガイドされるという。スキーマ間の活性化の競合は通常，競合スケジューリングシステム（contention scheduling system）によって解決されるが，新奇な情報に出会ったり緊急事態や非常事態になると，より高次の監督的注意システムが活動をコントロールするために介入してくると考えられてい

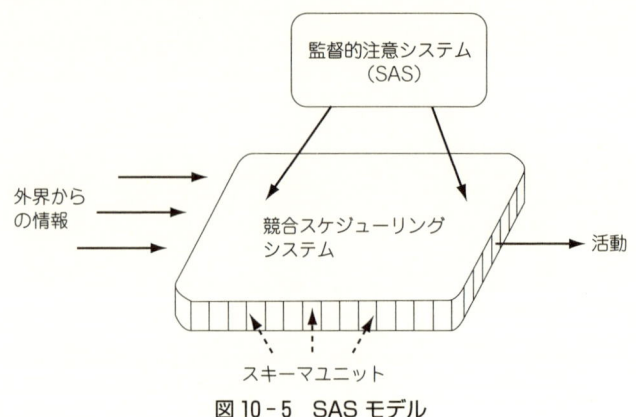

```
        ┌──────────────┐
        │ 監督的注意システム │
        │    (SAS)     │
        └──────┬───────┘
               ↓
    ┌──────────────────┐
外界から →│                  │
の情報  →│ 競合スケジューリング │→ 活動
       →│    システム       │
    └──────────────────┘
         ↑  ↑  ↑
       スキーマユニット
```

図 10-5 SAS モデル

（出所） Shallice, 1988 より作成

る。[1]

認知心理学の現在の情報処理モデルにおいては，メタ認知の働きは中央実行系の機能としてとらえることができるだろう。それは，中央実行系が，プランニングや意思決定，エラー分析，適応的な行動などを必要とする状況における注意機能を果たしているからである（Shallice & Burgess, 1993）。

(2) メタ認知の神経心理学的モデル

神経心理学においても，メタ認知は重要なトピックになりつつある。脳の研究はこれまで，病気や事故で脳に損傷を受けた人の障害を診断し治療するプロセスで，脳の損傷部位と患者が示す症状や行動の関係を調べる方法に頼ることが多かった。しかし，**神経画像法**（ニューロイメージング：neuroimaging）の開発によって特定の心的活動中に脳の活動部位が見えるようになり，脳の研究

➡ 1 たとえば，熟練ドライバーが通い慣れた道を運転する場合，右折・左折，アクセルやブレーキの操作などを道路状況に応じてほぼ自動的に行うのが，競合スケジューリングシステムである。一方，左ハンドルの国で運転する場合には，運転事情が異なるため，ふだんの活動を抑制し，その国の事情に合わせた活動を促進するために，より高次の SAS が介入してくる。

は近年著しい発展を遂げつつある。fMRI（機能的磁気共鳴映像法：functional magnetic resonance imaging）や PET（ポジトロン断層撮影法：positron emission tomography）といった方法が，よく知られている。前者は，血流の変化から神経活動を読みとるものであり，外部からの刺激によって活動し

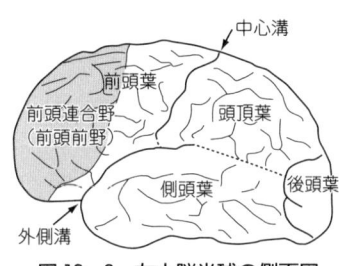

図10-6　左大脳半球の側面図

た脳の様子を画像化する方法である。後者は，ポジトロン（陽電子）を放出する放射性同位元素で標識された薬剤を投与し，その分布を PET カメラで断層画像に撮影する方法である。これらは非侵襲的な脳機能測定法と呼ばれ，脳を外科的に傷つけることなしに脳機能を調べることができる。

　こうした背景のもと，脳の**前頭連合野**（**前頭前野**）と呼ばれる部位がメタ認知を司っていると考えられるようになった。前頭連合野とは，中心溝により頭頂葉と，外側溝により側頭葉と仕切られた前頭葉の中の前方部分を指す（図10-6）。ここではおもに，注意・思考・感情のコントロール，つまりメタ認知が行われ，脳内オペレーティングシステムとしての機能を担っていると考えられる。

（3）　メタ認知の機能不全

　メタ認知がうまく働かなくなると，どのような結果を招くのだろうか。渡邊（2005，2008）は，前頭連合野の損傷によるメタ認知の機能不全についてのショッキングな事例を紹介している（原典：Harlow, 1868）。アメリカのヴァーモント州で1848年に起きた鉄道工事中の事故により，フィネアス・ゲージという青年の脳を長さ約1m，直径約3cmの鉄の棒が貫通した。彼は，前頭前野の底部と先端部（前頭極部）を中心に損傷を受けてしまった。ゲージは当時25歳で工事現場の監督を任されるほどしっかりした青年だった。彼は事故で意識を失うこともなく，医師の質問にも適切に答えたという。その後2カ月を経て，彼は現場に復帰した。しかし，間もなく悲劇はその正体を現した。ゲージはすでに，もとのゲージではなかったのである。見た目には変化がなく，知的作業

コラム　メタ認知を促す学習活動

　教室で学習者が自らの学びについてメタ認知を働かせるよう促すには，どうすればいいだろうか？　筆者の実践例をひとつ紹介しよう。以前の勤務校の授業で「思考支援の認知心理学」を担当していた筆者は，授業の中で「教えることによって学ぶ（learning by teaching）」効果を強調してきた。授業で学ぶ認知心理学の概念や知見の習得を確かなものにするために，「自分が教える立場に立ったとき，相手にどのように説明するか」をつねに考えてもらうようにしていた。ときには，後輩の大学生や高校生などに分かりやすく教えるためのミニ教材をグループ単位で開発するといった課題を出すこともあった。すると，講義を聞いたときにはよく分かったつもりになっていても，実際には理解不足であることに気づきやすくなる。学ぶ側から教える側へと立場を変えてみることは，効果的なメタ認知促進法と考えられる。読者のみなさんも，「今，学んでいる内容をもっとわかりやすく説明するには，どんな言い換えや具体例を使えばいいだろうか？」と自問してメタ認知を働かせることで，学習をより効果的にすることができるのではないだろうか。

の遂行レベルは以前とあまり変わらなかったが，人格がひどく変容していた。気まぐれで下品で頑固で優柔不断な人間になっていた。こうした傾向は，メタ認知的モニタリングやメタ認知的コントロールが機能しなくなったことに原因があると考えられる。あれほど信頼され人望もあったゲージだが，仕事を失い，失意のうちに38歳で生涯を閉じたのである。

　事故に限らず，**ロボトミー手術**や脳卒中などによっても，類似の障害が現れることが知られている。ロボトミー手術とは，前頭葉切除を意味し，1935年にポルトガル人医師のモニスが，てんかん治療のためにはじめたものである。日本でも1975年まで行われていたが，メタ認知の障害を招き，周囲への関心や感受性低下，判断・計画・立案能力低下を引き起こすことが分かったため，廃止された。前頭前野のみが損傷を受けた場合，言語・記憶・計算などの能力は低下しないこともある。しかし，メタ認知能力はいちじるしく損なわれてしまうのである。

10章 私たちは自分の心をどのように認知しているのか？

〈サマリー〉

　この章では，認知をさらにもう一段上からとらえるメタ認知という高次な認知について解説した。

　まず，メタ認知がメタ認知的知識とメタ認知的活動から構成されていること，メタ認知的知識が人間の認知特性についての知識，課題についての知識，方略についての知識からなること，そしてメタ認知的活動がメタ認知的モニタリングとメタ認知的コントロールからなることを示した。

　次に，メタ認知の発達が，他者の視点をとることができるようになることや「心の理論」の形成と関係していること，また，他者とのやりとりを通してメタ認知が促進されることを述べた。

　最後に，メタ認知は認知心理学的モデルにおいては，ワーキングメモリ（作動記憶）の中の中央実行系と呼ばれる要素に対応していること，また，ニューロイメージングなどの手法を用いた神経心理学の知見では，メタ認知の働きは前頭連合野の機能としてとらえられていることを紹介した。

　このような事実から，私たちが生きていく上で，メタ認知が適切に働くことがいかに大切かがよく分かる。速く正確に計算ができたり，流暢にことばを話せたり，多くのことを記憶できたりというだけでは，けっして十分ではない。こうした認知活動を，状況に応じて，より適切に行うためにメタ認知を働かせることができなければ，仕事や学習，日々の生活や人間関係にたちまち支障を来すことになりかねない。メタ認知は，読み・書き・計算のように，ペーパーテストですぐに測定できるものではないが，その機能はきわめて重要であり，私たちが生きていく上で欠かせない大きな役割を担っているのである。

〈もっと詳しく知りたい人のための文献紹介〉

　三宮真智子（編著）　2008　メタ認知——学習力を支える高次認知機能　北大路書房

　　⇨本書はとくに学習に関するメタ認知研究の現状と可能性を論じ，メタ認知の理論研究から応用研究までを12のトピックで幅広く網羅している。最近のメタ認知研究の成果を系統的に紹介するとともに，日常の学習場面におけるメ

タ認知活用の足がかりとなることを目指して書かれている。

〈文　献〉

Baddeley, A. D. 2000 The episodic buffer: A new component of working memory? *Trends in Cognitive Sciences*, **4**, 417-423.

Baddeley, A. D., & Hitch, G. 1974 Working memory. In G. H. Bower (Ed.), *The psychology of learning and motivation*, Vol. 8. Academic Press.

Baron-Cohen, S., Leslie, A., & Frith, U. 1985 Does the autistic child have a "theory of mind"? *Cognition*, **21**, 37-46.

Brown, A. L. 1987 Metacognition, executive control, self-regulation, and other more mysterious mechanisms. In F. E. Weinert & R. H. Kluwe (Eds.), *Metacognition, motivation, and understanding*. Lawrence Erlbaum Associates. pp. 65-116.

Flavell, J. H. 1987 Speculations about the nature and development of metacognition. In F. E. Weinert & R. H. Kluwe (Eds.), *Metacognition, motivation, and understanding*. Lawrence Erlbaum Associates. pp. 21-29.

Harlow, J. M. 1868 Passage of an iron rod through the head. *Boston Medical and Surgical Journal*, **39**, 389-393.

子安増生・木下孝司　1997　〈心の理論〉研究の展望　心理学研究, **68**, 51-67.

Markman, E. M. 1977 Realizing that you don't understand: A preliminary investigation. *Child Development*, **46**, 986-992.

Nelson, T. O., & Narens, L. 1994 Why investigate metacognition? In J. Metcalfe & A. P. Shimamura (Eds.), *Metacognition*. The MIT Press. pp. 1-25.

Piaget, J. 1970 Piaget's theory. P. H. Mussen (Ed.), *Carmichael's manual of child psychology* (3rd ed.): Vol. 1. John Willey & Sons.（中垣啓（訳）　2007　ピアジェに学ぶ認知発達の科学　北大路書房）

Piaget, J., & Inhelder, B. 1956 *The child's conception of space*. Routledge and Kegan Paul.

三宮真智子　2008　学習におけるメタ認知と知能　三宮真智子（編著）　メタ認知――学習力を支える高次認知機能　北大路書房　pp. 17-37.

Shallice, T. 1988 *From neuropsychology to mental structure*. Cambridge University Press.

Shallice, T., & Burgess, P. 1993 Supervisory control of action and thoughts selection. In A. D. Baddeley & L. Weiskrants (Eds.), *Attention: Selection, awareness, and control.* Oxford University Press.

Stone, V. E., Baron-Cohen, S., & Knight, R. T. 1998 Frontal lobe contributions to theory of mind. *Journal of Cognitive Neuroscience*, **10**, 640-656.

Vygotsky, L. S. 1934 Мышление и речь (柴田義松（訳） 2001 新訳版・思考と言語 新読書社)

渡邊正孝 2005 思考と脳——考える脳のしくみ サイエンス社

渡邊正孝 2008 メタ認知の神経科学的基礎 三宮真智子（編著） メタ認知——学習力を支える高次認知機能 北大路書房 pp. 207-225.

Wertsch, J. V., McNamee, G. D., McLane, J. B., & Budwig, N. A. 1980 The adult-child dyad as a problem-solving system. *Child Development*, **51**, 1215-1221.

Wimmer, H., & Perner, J. 1983 Beliefs about beliefs: Representation and constraining function of wrong beliefs in young children's understanding of deception. *Cognition*, **13**, 103-128.

11章　感情は知的活動にどのような影響をおよぼすのか？
——感情と認知

北 神 慎 司

> 　合格発表の掲示の中に自分の受験番号を見つけて，大きな喜びを感じたり，身に覚えがないにもかかわらず友達から非難されて，激しい怒りを感じたり，というように，われわれは，さまざまな感情に突き動かされながら生きているといっても，過言ではありません。また，あまりにも不安になりすぎて勉強が手につかない，という例からも分かるように，感情は時として，われわれの知的な活動に影響をおよぼすこともあります。
> 　それでは，感情は，知的活動に対して，どのような影響をおよぼすのでしょうか？　また，そもそも感情とはいったい何者なのでしょうか？　この章では，これらの問いに答えるために，まず感情がどのように研究されてきたかを概観した後，感情と認知の相互作用に関する具体的な研究と，その理論およびメカニズムを紹介します。そして，最後に，感情のコミュニケーションという社会的な側面について触れます。

1　感情とはいったい何だろう？

（1）　進化論的な視点から見た感情

　感情は，古くは，ソクラテスやプラトンが生きたギリシア時代から，哲学的な議論の対象であったが，現代へと続く感情の科学的な研究の源泉は，ダーウィン（Darwin, C.）が1872年に発表した"*The expressions of the emotions in man and animals.*（人および動物における感情の表出）"という著書に求めることができる。この著書の中で，ダーウィンは，そのタイトルにあるとおり，表情や身体の動きなど，人と動物に共通する感情の表出について，進化論的な視

点から論じている。

そもそも**進化論**とは，ダーウィンの主張した**自然選択説**によれば，キリンの首が長いのは，長い首を持ったキリンがより環境に適応的であったためであると考えるものである。進化論的な視点から見た感情とは，その起源は，たとえば危険を回避するために必要な準備状態を整えることにあり，人間が進化の過程で環境に適応した結果，備わった機能であると考えられる。

ダーウィンに端を発した研究の流れを受けて，感情は，適応的な価値を持つものであり，だからこそ，普遍的であるということを主張したのは，エクマン（Ekman, P.）やプルチック（Plutchik, R.）をはじめとするネオ・ダーウィニズムの研究者たちである。たとえば，エクマンとフリーセン（Ekman, P., & Friesen, W. V., 1971）は，西洋文化とほとんど接触を持たないニューギニアのフォア族が，西洋人の表情を正しく識別できることを示すことによって，感情は文化を問わず，普遍的であると主張した。さらに，複数の比較文化研究によって，「喜び，悲しみ，恐怖，怒り，嫌悪，驚き」の6種類が**基本感情**（basic emotion）であるとして，文化を超えて普遍的に備わっているものであるとしている。

また，プルチック（Plutchik, 1980, 1984）は，人間には，円環上に配置される「恐れ，怒り，喜び，悲しみ，受容，嫌悪，期待，驚き」という8つの基本感情が存在し，それぞれが適応的な役割を果たしていると考える**心理進化説**を唱えた。図11-1に示すように，基本感情は，円環上で近接した位置にあるものは互いに類似しており，対極の位置にあるものは反対の性質を持つとされる。さらに，愛や呵責などといった感情は，隣りあう基本感情が混合したものであることが仮定されている。

（2）　生理学的な視点から見た感情

「悲しいから泣く」のか，それとも「泣くから悲しい」のか，どちらが正しいかと聞かれたら，たいていの人は，直感的に，前者の「悲しいから泣く」と答えるだろう。しかしながら，ジェームズ（James, W., 1884）は，「泣くから悲

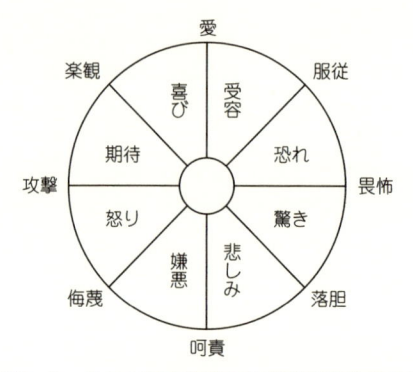

図11-1　8つの基本情動の円環的配置と混合型
（出所）　Plutchik, 1980

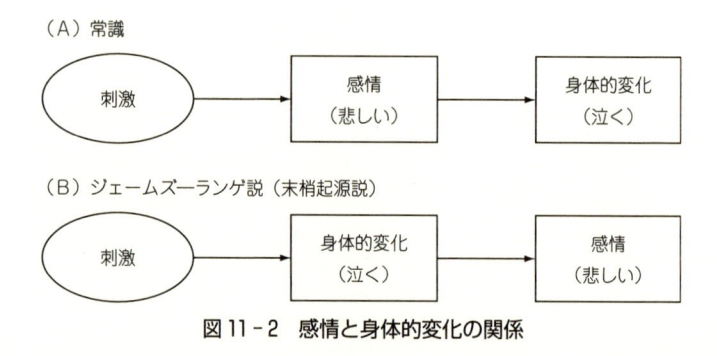

(A) 常識

刺激 → 感情（悲しい）→ 身体的変化（泣く）

(B) ジェームズーランゲ説（末梢起源説）

刺激 → 身体的変化（泣く）→ 感情（悲しい）

図11-2　感情と身体的変化の関係

しい」，つまり，図11-2の（B）に示されているように，ある刺激に伴う身体の生理的な変化が先で，その後に感情が引き起こされるという説を唱えた。具体的には，ジェームズは生理的変化を内臓活動の変化と捉え，同時期にオランダの研究者であるランゲ（Lange, C. G., 1885/1922）も，生理的変化を血管活動の変化と捉えることで，同様の主張をしていたことから，このような説は，**ジェームズーランゲ説**，あるいは**末梢起源説**と呼ばれる。

これに対して，キャノン（Cannon, W. B., 1927, 1931）は，内臓を切り離しても感情行動は変化しないことや，異なる感情状態でも同じ内臓変化が生じること，内臓変化を人為的に起こしても感情は生じないこと，などを反証として，ジェームズやランゲによる末梢起源説を批判し，その代わりに，脳の**視床**とい

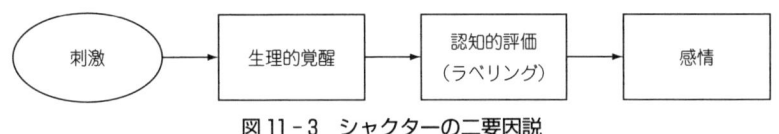

刺激 → 生理的覚醒 → 認知的評価（ラベリング） → 感情

図11-3　シャクターの二要因説

う部位が感情の生起に重要であるとする**中枢起源説**を提唱した。

このような批判を受けたことで，ジェームズに始まる身体の生理的な変化を重視した感情の研究は一時衰退することとなるが，修正ジェームズ主義を標榜するシャクター（Schachter, S., 1964）が，末梢起源説と中枢起源説を包括する形で，図11-3に示すように，感情は生理的覚醒と認知的評価という2つの要素から構成されるという**感情の二要因説**を提唱している。また，近年，ダマシオ（Damasio, A. R., 1994）は，シャクターの説を発展させ，心と脳と身体は不可分の関係にあるとし，感情経験における身体感覚を重視した**ソマティック・マーカー**（somatic marker）**仮説**[1]を提唱している。

（3）認知的な視点から見た感情

たとえば，友人同士の2人がお化け屋敷に入り，一方はものすごい恐怖を感じ，もう一方はほとんど恐怖を感じなかった，という状況があったとしよう。やや抽象的に表現すれば，同じ状況であっても，恐怖という感情が起こった人と，起こらなかった人とに分かれたわけだが，これを認知的な視点から見れば，2人を分けたものは，状況に対する評価の違いであると考えられる。

（2）で紹介した感情の二要因説においても，感情の構成要素として認知的評価が含まれていたが，そもそも感情は**認知的評価**（cognitive appraisal）に基づくということを最初に主張したのは，アーノルド（Arnold, M. B., 1960a, 1960b）である。図11-4に示したように，アーノルドは，自動的な性質を持つ認知的評価によって，好ましいものへは接近し，好ましくないものからは遠ざかると

➡ 1　ソマティック・マーカー（Somatic marker）仮説：意思決定の際，過去の経験に基づく身体表象（ソマティック・マーカー）が喚起され，そこから快・不快の感情が生じ，意思決定に影響を及ぼすという仮説。

```
刺激 → 認知的評価 → 行動傾向 → 感情
```

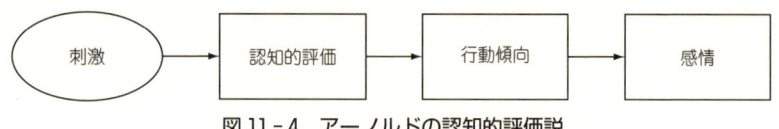

図11-4 アーノルドの認知的評価説

いう行動傾向を経て，感情が生起すると考えた。このように，アーノルドが感情における認知の重要性を主張したことを受けて，ラザラスら（Lazarus, R. S., 1991 ; Smith, C. A., & Lazarus, R. S., 1993）もまた，特定の感情には特定の認知的評価が先行すると考える**認知・動機づけ・関係説**を提唱している。

このように，アーノルド，シャクター，あるいは，ラザラスは，いずれも，感情の生起には，認知的評価が不可欠であり，認知は感情に先行するということを主張したわけだが，ザイアンス（Zajonc, R.）は，複数の**単純接触効果**（mere exposure effect：刺激がたんに何度も提示されるだけで，刺激への好みが生じるという現象）の研究を通じて，認知と感情は独立であり，感情は認知的評価がなくとも生起するという**感情先行説**を提唱し，その後ラザラスとザイアンスのあいだで激しい論争が起こった。

（4） 社会・文化的な視点から見た感情

日本人は欧米の人たちに比べて感情を表に出すことが苦手であるというような話は，たいていの人が一度はどこかで耳にしたことがあるだろう。このように，感情は，社会や文化に影響されるだけでなく，むしろその産物であると考えるのが，**社会的構築主義**（social constructivism）と呼ばれる立場である。

社会的構築主義の代表的な研究者であるエイヴェリル（Averill, J. R., 1980）は，感情を「一時的な社会的役割」または「社会的に構築されたシンドローム」と捉え，感情の規則は特定の文化に社会化されていく過程で学習されるものであり，その学習した規則によって解釈されるものが感情であると考えた。

エイヴェリル（Averill, 1980）はその著書の中で，「感情は，人間の系統発生的過去のたんなる名残ではなく，また，厳密に生理的な用語として説明できるものではない。むしろ，感情は，社会的構築物であり，社会的レベルの分析で

のみ完全に理解されうるものである」と主張しており，(1)で紹介した，エクマンをはじめとする進化論的な立場の研究者が唱えた基本感情の存在を真っ向から否定している。

(5) 神経学的な視点から見た感情

神経学的な視点から見た感情の研究とは，感情における脳の働きを解明することを目的とするものである。(2)で取り上げたように，末梢起源説を批判したキャノン (Cannon, 1927, 1931) は，脳の視床という部位が感情の生起に重要であるとする中枢起源説を提唱した。これとほぼ同時期に，バード (Bard, P., 1928) は，感情の経験において視床下部が重要な役割を担うというように，キャノンと同様の主張をしたことから，中枢起源説は**キャノン－バード説**と呼ばれる。

パペッツ (Papez, J., 1937) はキャノン－バード説を発展させ，多くの臨床的な所見や解剖学的な推論にもとづき，感情の中枢は**大脳辺縁系**にあることを主張した。図11-5に示されているように，感情刺激はまず視床から大脳皮質および視床下部の両方へ伝わり，そして視床から「視床下部→視床前部→帯状回→海馬」という大脳辺縁系を構成する脳の各部位によって閉鎖回路（**パペッツ回路**）が作られる。そして，帯状回が大脳皮質と視床下部からの情報を統合したときに，感情体験が生じると考えた。

また，ルドゥー (LeDoux, J. E., 1987) は図11-6に示したように，感情には，**扁桃体**が深く関わっており，処理は速いが粗雑な処理が行われる低位経路（視床→扁桃体）と，処理は遅いが複雑な処理が行われる高位経路（視床→大脳皮質→扁桃体）という2つの経路が存在すると考える**二重経路説**を提唱した。

2 感情が認知におよぼすさまざまな影響

1節では，「感情とはいったい何だろう？」という問いに対して，これまで行われてきた感情の研究を，進化論的，生理学的，認知的，社会・文化的，神

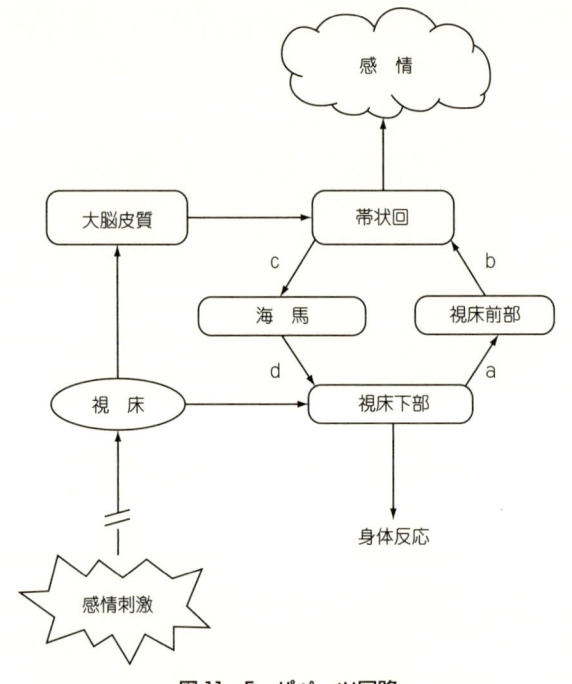

図11-5 パペッツ回路
（出所） LeDoux, 1996（松本ほか訳, 2003）

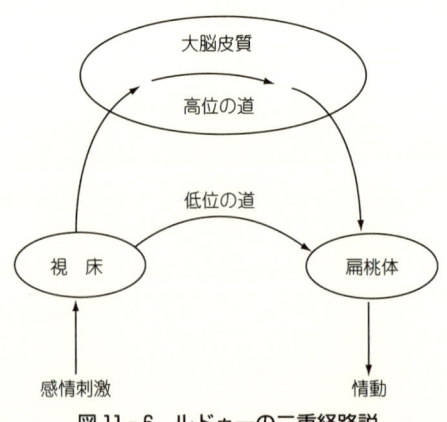

図11-6 ルドゥーの二重経路説

経学的という5つの視点に分けて紹介することで，感情の正体は，研究上の視点や立場によって，さまざまな形で捉えることができるということを示した。

　これらは，いわば，感情そのものに関する研究であると位置づけられるが，これを踏まえて，本節では，感情が人間の認知に対してどのような影響をおよぼすかを検討した研究を紹介していく。認知とは，人間が行うさまざまな知的活動を意味し，具体的には知覚，注意，記憶，学習，思考，言語，推論，問題解決などがその例として挙げられるが，ここではとくに注意，記憶，思考の3つに絞って，感情と認知の関係を扱った具体的な研究を取り上げることとする。

　なお，これまでは，感情に関わる専門用語の使い分けについて，触れてこなかったが，感情と認知の関係を検討した研究では，扱われる感情の種類によって，**情動**（emotion）と**気分**（mood）という用語が使い分けられている。情動は，その強度は強いが，短時間しか持続しないものであると定義されるのに対して，気分は，その強度は弱いが，比較的長い時間持続するもので，かつ，快・不快といった漠然としたものであると定義される場合が多い。したがって，以下では，日本語の訳語として，それぞれ「emotion＝情動」，「mood＝気分」を用い，それらを包括する上位概念として「affect＝感情」ということばを用いることとする。

（1）　感情が注意におよぼす影響

　「赤・青・黄・緑…」というように，色に関する単語がたくさん並んでいて，たとえば，「赤」という単語が青色で印刷されているというように，それぞれの単語が色の名前とは異なる色ですべて印刷されていたとする。このような場合，それぞれの単語が何色で印刷されているかを，スムーズに答えることができるだろうか。実際，たいていの人は，スムーズに答えることが難しいのだが，色に関する単語と印刷されている色が一致しない場合（青色で印刷された「赤」），一致する場合（赤色で印刷された「赤」）に比べて，色を答えるという反応が遅れる現象を**ストループ効果**（stroop effect）という。

　色を答えるという反応が遅れる原因を簡単に説明すると，「色を答える＝色

に注意を向ける」ということだが，書かれている色の単語をわれわれは自動的に読んでしまうために，印刷されている色への注意が阻害されてしまうからである。したがって，ストループ効果の研究は，人間の注意（とくに，選択的注意）を扱った研究であると位置づけることができる。

通常のストループ課題で用いられる色単語を，情動的な意味を伴う単語に変えた場合にも，ストループ効果と類似の現象が起こることが，非常に多くの研究で示されており，この現象は，**情動ストループ効果**（emotional stroop effect）と呼ばれる。たとえば，フォーら（Foa, E. B. et al., 1991）は，レイプの被害に遭ったことで **PTSD**（心的外傷後ストレス障害）になった人は，レイプに関連した単語のほうが，関連しない単語よりも，色の命名が遅くなることを示した。このような現象に対する解釈は複数あるが，たとえば，マックロードら（MacLeod, C. et al., 1986）は，**注意バイアス**（attentional bias）という概念で説明している。つまり，課題は色を命名することであるため，単語の意味は課題とは無関係であり，無視しなければならないものであるが，それが自分の心理的な問題に関連しているため，注意が捕捉されてしまう。そして，結果的に，単語の意味が無視できずに，色の命名が遅くなってしまう，ということである。

この他にも，ウィリアムズら（Williams, J. M. G. et al., 1996）のレビューによれば，主要なものだけを羅列しても，抑うつなどの気分障害，社会恐怖や単一恐怖（クモ，ヘビなど）などの恐怖症，PTSD，摂食障害など，さまざまな対象で，情動ストループ効果が示されている。

（2）感情が記憶におよぼす影響

何かのきっかけで悲しい気分になってしまったときに，その出来事と直接関係することではないが，過去に起こったさまざまな悲しい出来事が，次から次へと頭に思い浮かんでしまう，という経験をしたことはないだろうか。このように，気分の種類と一致する出来事の記憶が思い出されてしまうという現象や，気分と一致する出来事のほうが一致しない出来事よりもよく覚えているという現象を，まとめて**気分一致効果**（mood congruent effect）という。

たとえば，ギリガンとバウアー（Gilligan, S. G., & Bower, G. H., 1983）は，実験参加者を催眠によって楽しい気分または悲しい気分のいずれかに誘導し，1週間の自分自身の経験を思い出させた。その結果，楽しい気分の実験参加者は，悲しい気分の実験参加者と比べて，楽しい経験をより多く思い出し，その逆に，悲しい気分の実験参加者は，楽しい気分の実験参加者と比べて，悲しい経験をより多く思い出した。つまり，この結果は，特定の気分と一致する情報が，一致しない情報よりも，多く想起されるというタイプの気分一致効果を示したものである。また，バウアーら（Bower, G. H. et al., 1981）をはじめとして，数多くの実験で，特定の気分と一致する出来事のほうが，一致しない出来事に比べて，よく覚えているというタイプの気分一致効果が示されている。なお，類似の現象として，**気分状態依存効果**（mood state dependent effect）があるが，これは，特定の気分で覚えた出来事は，覚えたときと同じ気分のほうがより思い出されやすいという現象であり，気分一致効果とは区別されるものである。

それでは，なぜ，気分と一致する出来事のほうが，よく覚えられていたり，よく思い出されたりするのだろうか。こういった現象に対する理論的説明のひとつに，バウアー（Bower, 1981, 1991）による**連想ネットワーク理論**がある。高橋（1997, 2007）によれば，この理論では，図11-7に示されているように，それぞれの概念や記憶表象が，互いに結合しあったネットワークの形式で頭の中に貯蔵されているということが仮定されている。そしてこれらのネットワークの中には，楽しい気分や悲しい気分といった感情も組み込まれていて，特定の感情が活性化すると，その感情に結合した記憶表象に活性化が自動的に広がっていくと考えられている。たとえば，悲しい気分のもとでは，悲しい気分という感情の活性化がまず起こり，この活性化が，その感情に結合した概念（遭難，事故，葬式）や記憶表象（友人が山で行方不明になったエピソード）に広がっていくため，思い出しやすくなり，また，それらの連合が強化されることでより覚えやすくなる，ということである。

また，気分一致効果は，記憶という認知プロセス以外に，たとえば，印象形成や対人評価といった社会的な判断を行う際にも起こることが，多くの研究で

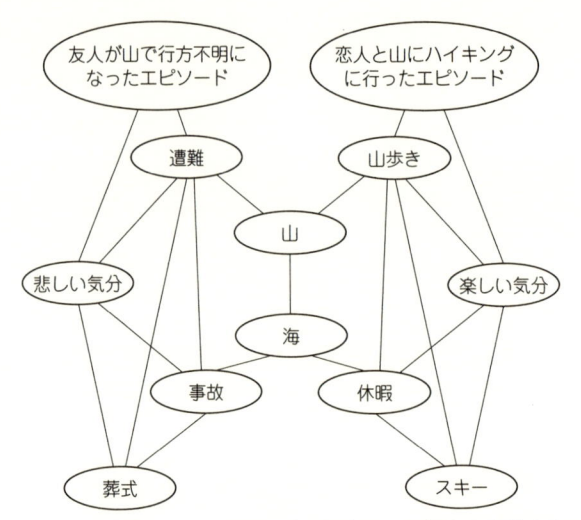

図 11-7 連想ネットワーク理論で仮定される概念や記憶表象のネットワークの模式図

(出所) 高橋, 1997

示されている。これに対する理論的説明として，フォーガス（Forgas, J. P., 1995）は，連想ネットワーク理論を発展させて，**処理方略**（processing strategy）という概念を導入した**感情混入モデル**（affect infusion model：**AIM**）を提唱している。

（3） 感情が思考におよぼす影響

　気分がよくて，思わず衝動買いをしてしまった，という経験はないだろうか。何か買い物をする場合，自分がお金をどれだけ持っているか，本当に必要なものかどうかなど，さまざまな思考を巡らせた上で，最終的に買うか買わないかという判断を下すわけだが，このような例をはじめとして，感情は思考という認知過程に対して，そもそも影響をおよぼすものなのだろうか。また，およぼすとすれば，それはいったいどのような影響なのだろうか。

　感情と思考の関係を検討したこれまでの研究では，気分の違いによって，とられる処理方略が異なると考えられている。つまり，ポジティブな感情は，受

コラム　基礎研究と応用研究

　応用的な色彩の濃い認知研究のひとつとして，目撃証言の研究が挙げられる。この分野では，2節で紹介したいくつかの研究と同じように，認知に影響する感情という要因を取り上げることは，応用研究という性格上，実際的な価値を持っている。というのも，事件や事故などの目撃者は，とくに，ネガティブな感情が喚起されている場合も多々あると考えられるからである。たとえば，筆者ら（Kitagami, S., & Yamada, Y., 2008, 2009）は，顔を言語的に描写すると顔の記憶が阻害されてしまう**言語陰蔽効果**（verbal overshadowing effect：5章参照）の生起に対して，感情状態がどのような影響をおよぼすかを検討している。

　このような応用研究は，何らかの具体的な問題解決を志向するというように，その意義や重要性が見出しやすい。これに対して，理論の構築やメカニズムの解明を志向する基礎研究は，ともすれば，実験のための実験に終わってしまうこともあり，とくに，研究者以外の一般の人から見ると，その意義や重要性が見出しにくく，結果的に，評価されづらいという側面がある。しかしながら，基礎研究と応用研究は，その目指すものは異なるにせよ，車の両輪のような関係が望ましいと言える。つまり，どちらも不可欠なものであり，基礎から応用へ，また，応用から基礎へというように，さまざまな研究の交流（インタラクション）が行われることこそが，研究全体の発展や進歩につながると考えられる。

動的で，かつ，簡便な**ヒューリスティック型**の処理方略（いわば「大雑把」な処理方略）を導きやすく，その逆に，ネガティブな感情は，能動的で，かつ，分析的・体系的な処理方略（いわば「丁寧」な処理方略）を導きやすい，というのが，研究間で一致した見解である。

　たとえば，シンクレアとマーク（Sinclair, R. C., & Mark, M. M., 1995）は，**ヴェルテン法**（さまざまな文章を読ませることで実験参加者に特定の気分を誘導する方法）を用いて，実験参加者を楽しい気分または悲しい気分のいずれかに誘導し，統計に関する課題を行わせた。この課題は，散布図から相関係数を推定して，その具体的な数値を答えるというものであったが，実験の結果，楽しい気分の実験参加者は，悲しい気分の実験参加者に比べて，相関係数の推定が，

不正確であるだけでなく，報告した相関係数の桁数もより少なかった。この結果は，上述のとおり，楽しい気分がヒューリスティック型の処理方略を，悲しい気分が分析的・体系的な処理方略を導くことによるものであると解釈されており，この解釈は，課題時の処理方略や集中度などに関する自己報告式のデータからも支持されている。

　このように，思考や問題解決などにおいて，感情によって処理方略が異なるということに対して，シュワルツ (Schwartz, N., 1990) は，次のような説明をしている。感情状態は人にとって一種のシグナルであり，ネガティブな感情は，環境の中に危険が存在していることを表すシグナルであって，だからこそ，その状況を解決するため，分析的・体系的な処理方略がとられる。一方，ポジティブな感情は安全な環境であることを表すシグナルであるため，簡便なヒューリスティック型の処理方略がとられる，ということである。

3　表情を通じた感情のコミュニケーション

　感情は個人の中で完結するだけのものではなく，自分の感情を相手に伝えたり，相手の感情を理解したりというように，コミュニケーションの中に位置づけられるものでもある。つまり，感情はコミュニケーションの機能を有し，社会的な相互作用を生み出すものであると考えられる。

　このような感情のコミュニケーションは，発話などの言語的なものから，身振り・手振りなどの非言語的なものまで，さまざまなものがある。その中でも表情は，1節で説明されているとおり，ダーウィンから始まる表情研究によって，感情の研究が進められてきたことからも推測できるように，感情のコミュニケーションを実現するものとして，中心的な存在であるといえる。そこで本節では，表情認知の研究を中心に，感情のコミュニケーションに関するいくつかの研究や知見を紹介する。

（1） 表情を媒介とした社会的参照

　たとえば，悲しい表情にしている人を目の前にして，どのようなことを思うだろうか。たんに「この人は悲しいのだ」と認識するだけでなく，「原因は何だろう？」と推測してみたり，「自分はどう接すればよいのだろう？」と悩んでみたり，いろいろなことが頭の中に浮かんでくるかもしれない。

　表情というものは，個人内のレベルで考えれば，ある特定の感情が表出されたものでしかない。しかしながら，社会的なレベルで考えた場合，たんなる感情の表出以上の意味を持つものである。つまり，表情を認知する他者がいる状況では，上述の例のように，表情は相手の感情状態を推測するための情報となり，それ以上に，表情を観察した者自身がどのような行動をとればよいかを決めるための情報ともなりうる。

　一般に，生後9カ月以降の乳幼児に見られる現象であるが，状況があいまいな場合に，表情や視線からさまざまな情報を得ることで，状況の判断を行うことを**社会的参照**（social referencing）という。ソースら（Sorce, J. F. et al., 1985）は，**視覚的断崖**（visual cliff）という装置を用いて，1歳児を対象とした社会的参照の実験を行っている。図11-8に示されているように，視覚的断崖の実験装置は，実際には透明なガラス板が全面にはめられているため，落ちる危険はまったくないが，市松模様のパターンを床面とガラス面とで半分ずつにすることによって，その名のとおり視覚的な断崖となるようにしたものである。

　ソースらの用いた視覚的断崖の実験装置は，通常よりも深さを浅くすることにより，落ちることが危険かどうかをあいまいな状況に設定している。その上で，母親は深瀬の側に立ち，1歳児が断崖の端まで来て母親の顔を見たときに，あらかじめ練習した恐怖や喜びなどの表情をするように教示された。その結果，深瀬の側に魅力的なおもちゃが置いてあっても，母親が恐怖の表情を見せた場合は，ひとりも断崖を超えて深瀬のほうに進むことはなかった。その一方で，母親が喜びの表情をした場合は，ほとんどの1歳児（19人中14人）が，深瀬のほうに進んだ。つまり，この結果は，母親の感情表出の様子を見て，状況判断を行っていることを示しており，このような表情という媒体を通じた社会的参

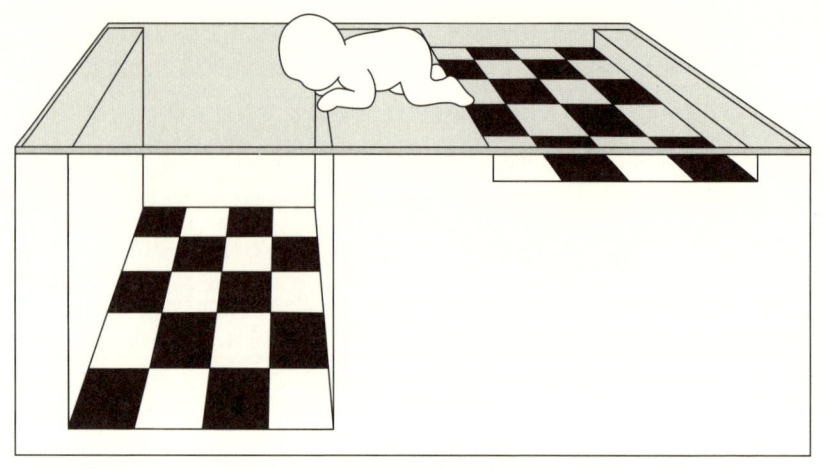

図11-8 視覚的断崖

(出所) 旦, 2009

照という現象は，感情のコミュニケーションのひとつであると位置づけることができる。

(2) 表情を媒介とした情動伝染

明るく微笑んだ他者の表情を見て，思わず自分も明るい気持ちになったり，その逆に，暗く沈んだ表情を見て，暗い気持ちになったりするというように，表情を媒介として感情を共有するような経験は，誰しもあることだろう。このように，表情をはじめとして，他者の発話や姿勢，動きなどを知覚することによって，結果的に，他者と同じ感情を経験することを**情動伝染** (emotional contagion) という。

たとえば，ガンプとクリック (Gump, B. B., & Kulik, J. A., 1997) は，女性の実験参加者を2人組にして，音声刺激により，2人のうちのひとりが脅威を感じる状況，または脅威を感じない状況を作り上げて，情動伝染が起こるかどうかを検討している。なお，音声刺激はヘッドホンを通して提示され，実験参加者の2人は互いの表情が観察できるように向かい合わせに座った。その結果，

質問紙によって測られた不安の程度が，実験場面で対となった2人のあいだで一致することが示された。つまり，この結果は，情動伝染が起こったことを示唆するものである。また，この実験では，実験参加者の表情が実験には参加していない第三者によって事後的に評価されているが，それらのデータの分析によって，2人の表情が一致するという**顔面模倣**（facial mimicry）が起きていたことが示された。

このような顔面模倣という現象は，もともと，**顔面筋電図**（facial electromyogram）を用いた実験によって検討されている。顔面筋電図とは，表情を生み出す基礎となっている**顔面筋**（表情筋）の動きを測定するものであるが，ディンバーグ（Dimberg, U., 1982）は，実験参加者が幸福および怒りの表情の写真を見ているあいだの顔面筋の動きを調べた。その結果，幸福の表情を見ているときは，幸福の表情に関連が深い顔面筋（大頬骨筋）の活動が示されるとともに，怒りの表情を見ているときは，その表情に関連が深い顔面筋（皺眉筋）の活動が顕著であることが示された。つまり，顔面筋の活動という生理的な指標からも，顔面模倣が行われていた可能性が示唆された。

以上のような，情動伝染と顔面模倣という2つの現象をあわせて考えれば，情動伝染という心理的な過程は，顔面模倣という認知的な過程を媒介としている可能性があり，現にヘスとブレイリー（Hess, U., & Blairy, S., 2001）は，その可能性を指摘している。このように，情動伝染という現象は，表情が，感情のコミュニケーションを実現するための媒体として機能することを示唆していると考えられる。

〈サマリー〉

これまで，感情の科学的な研究は，進化論的，生理学的，認知的，社会・文化的，あるいは神経学的な視点から，相互に関連を持ちつつ進められてきたが，立場によって，「感情とは何か」といった根本的な問いに対する答えも異なる。

また，自分の心理的な問題と関連の深い情動的な意味を持つ単語に対して注意のバイアスが生じたり（情動ストループ効果），気分によって思い出される内容が変わったり（気分一致効果），あるいは思考の様式（処理方略）が変わったりするというよ

うに，感情と認知の関係を検討した研究では，さまざまな知見が蓄積され，それに対する理論的説明も行われている。

さらに，感情は個人内で完結するだけのものでなく，社会的参照や情動伝染という現象など，コミュニケーションの機能を有し，社会的な相互作用を生み出すものでもある。

〈もっと詳しく知りたい人のための文献紹介〉

高橋雅延・谷口高士（編著） 2002 感情と心理学――発達・生理・認知・社会・臨床の接点と新展開　北大路書房
　⇨本の副題にあるように，発達心理学，生理心理学，認知心理学，社会心理学，臨床心理学というそれぞれの分野において，感情がどのように研究されてきて，さらに，どのように発展していくかが，詳しく紹介されている。

コーネリアス，R. R. 齊藤勇（監訳）　1999　感情の科学――心理学は感情をどこまで理解できたか　誠信書房
　⇨感情の古典的研究から現代の研究に至るまで，生理・行動・認知・社会という4つの理論的観点から，体系的に整理した上で，かなり詳しく紹介されている。

〈文　献〉

Arnold, M. B. 1960a *Emotion and personality : Vol. 1. Psychological aspects.* Columbia University Press.

Arnold, M. B. 1960b *Emotion and personality : Vol. 2. Physiological aspects.* Columbia University Press.

Averill, J. R. 1980 A constructivist view of emotion. In R. Plutchik & H. Kellerman (Eds.), *Emotion : Theory, research and experience*, Vol. 1. Academic Press. pp. 305-339.

Bard, P. 1928 A diencephalic mechanism for the expression of rage with special reference to the sympathetic nervous system. *American Journal of Physiology,* **84**, 490-515.

Bower, G. H. 1981 Mood and memory. *American Psychologist,* **36**, 129-148.

Bower, G. H. 1991 Mood congruity of social judgments. In J. P. Forgas (Ed.), *Emotion and social judgments.* Pergamon Press. pp. 31-53.

Bower, G. H., Gilligan, S. G., & Monteiro, K. P. 1981 Selectivity of learning caused by affective states. *Journal of Experimental Psychology : General*, **110**, 451-473.

Cannon, W. B. 1927 The James-Lange theory of emotions : A critical examination and an alternative theory. *American Journal of Psychology*, **39**, 106-124.

Cannon, W. B. 1931 Again the James-Lange and the thalamic theories of emotion. *Psychological Review*, **38**, 281-295.

Damasio, A. R. 1994 *Descartes' error : Emotion, reason, and the human brain.* Putnam.（田中光彦（訳）　2000　生存する脳　新曜社）

旦直子　2009　乳児期①：世界を知りはじめる　藤村宣之（編著）　発達心理学　ミネルヴァ書房　pp. 1-22.

Darwin, C. 1872/1965 *The expression of the emotions in man and animals.* University of Chicago Press.（浜中浜太郎（訳）　1931　人及び動物の表情について　岩波書店）

Dimberg, U. 1982 Facial reactions to facial expressions. *Psychophysiology*, **19**, 643-647.

Ekman, P., & Friesen, W. V. 1971 Constants across cultures in the face and emotion. *Journal of Personality and Social Psychology*, **17**, 124-129.

Foa, E. B., Feske, U., Murdock, T. B., Kozak, M. J., & McCarthy, P. R. 1991 Processing of threat-related information in rape victims. *Journal of Abnormal Psychology*, **100**, 156-162.

Forgas, J. P. 1995 Mood and judgment : The affect infusion model (AIM). *Psychological Bulletin*, **117**, 39-66.

Gilligan, S. G., & Bower, G. H. 1983 Reminding and mood-congruent memory. *Bulletin of the Psychonomic Society*, **21**, 431-434.

Gump, B. B., & Kulik, J. A. 1997 Stress, affiliation, and emotional contagion. *Journal of Personality and Social Psychology*, **72**, 305-319.

Hess, U., & Blairy, S. 2001 Facial mimicry and emotional contagion to dynamic emotional facial expressions and their influence of decoding accuracy. *International Journal of Psychophysiology*, **40**, 129-141.

James, W. 1884 What is an emotions ? *Mind*, **4**, 188-205.

Kitagami, S., & Yamada, Y. 2008 The effects of emotion on verbal overshadowing. Poster session presented at the XXIXth International

Congress of Psychology, Berlin, Germany.

Kitagami, S., & Yamada, Y. 2009 The effect of negative emotion and verbal description in face recognition. Poster session presented at the 8th Conference of Society for Applied Research in Memory and Cognition (SARMAC 8), Kyoto, Japan.

Lange, C. G. 1885/1922 The emotions: A psychophysiological study. In C. G. Lange & W. James (Eds.), *The emotions*. Williams & Wilkins. pp. 33-90.

Lazarus, R. S. 1991 Progress on a cognitive-motivational-relational theory of emotion. *American Psychologist*, **46**, 819-834.

LeDoux, J. E. 1987 Emotion. In F. Plum & V. B. Mountcastle (Eds.), *Handbook of physiology. The nervous system: Vol. 5. Higher function*. American Physiological Society. pp. 419-459.

LeDoux, J. E. 1996 *The emotional brain: The mysterious underpinnings of emotional life*. Simon and Schuster. (松本元・川村光毅・小幡邦彦・石塚典生・湯浅茂樹（訳）2003 エモーショナル・ブレイン——情動の脳科学 東京大学出版会）

MacLeod, C., Mathews, A., & Tata, P. 1986 Attentional bias in emotional disorder. *Journal of Abnormal Psychology*, **95**, 15-20.

Papez, J. 1937 A proposed mechanism of emotion. *Archives of Neurology and Psychiatry*, **38**, 725-743.

Plutchik, R. 1980 *Emotion: A psychoevolutionary synthesis*. Harper and Row.

Plutchik, R. 1984 A psychoevolutionary theory. In K. R. Scherer & P. Ekman (Eds.), *Approaches to emotion*. Erbaum. pp. 197-219.

Schachter, S. 1964 The interaction of cognitive and physiological determinants of emotional state. In L. Berkowitz (Ed.), *Advances in experimental social psychology*, Vol. 1. Academic Press. pp. 49-80.

Schwartz, N. 1990 Feeling as information: Informational and motivational functions of affective state. In E. T. Higgins & R. M. Sorrentino (Eds.), *Handbook of motivation and cognition: Foundations of social behavior*, Vol. 2. Guilford. pp. 527-561.

Sinclair, R. C., & Mark, M. M. 1995 The effects of mood state on judgemental accuracy: Processing strategy as a mechanism. *Cognition and Emotion*, **9**, 417-438.

Smith, C. A., & Lazarus, R. S. 1993 Appraisal components, core relational themes, and the emotions. *Cognition and Emotion*, **7**, 233-269.

Sorce, J. F., Emde, R. N., Campos, J., & Kinnert, M. D. 1985 Maternal emotional signaling : Its effect on the visual cliff behavior of 1-year-olds. *Developmental Psychology*, **21**, 195-200.

高橋雅延　1997　悲しみの認知心理学——気分と記憶の関係　松井豊（編）悲嘆の心理　サイエンス社　pp. 52-82.

高橋雅延　2007　感情と認知　鈴木直人（編）　感情心理学　朝倉書店　pp. 36-53.

Williams, J. M. G., Mathews, A., & MacLeod, C. 1996 The emotional stroop task and psychopathology. *Psychological Bulletin*, **120**, 3-24.

12章　動物は世界をどのように認識しているのか？
——動物の認知行動

和田博美

　前章までヒトの認知の話が続きました。ここで頭を切り替えて，動物モードにしてみましょう。ヒト以外の動物が世界をどのように認識しているのか，考えたことがありますか。あなたが飼っているペットは，あなたをどのように思っているのでしょうか。動物園の動物は，オリの中から私たちをどのように見つめているのでしょうか。
　ヒトとヒト以外の動物の認知能力を比較研究する学問は，比較認知科学と呼ばれています。最新の研究によって，動物にも驚くほど優れた認知能力の備わっていることがわかってきました。石の道具を使って木の実を割るサルや，車に轢いてもらって殻を割るカラスの話がテレビで紹介されたので，知っている人も多いと思います。動物にはどのような認知能力が備わっているのでしょうか，どこまでヒトと同じことができるのでしょうか。この章では，実験室で研究されている動物の認知能力を取り上げて紹介します。読み終わったら，あなたのペットがヒトに思えてくるかもしれません。

1　ヒトの脳と動物の脳

　ヒトであってもヒト以外の動物（以下，動物と表記）であっても，世界を認識できるのは脳の働きによる。ヒトの脳は重さ約1.3kgであるが，動物はネズミで2～3g，ゾウやクジラでは5kg以上にもおよぶ。脳の重さはさまざまであるが，ヒトも動物も同じ生物から進化したため，脳の仕組みと働きは驚くほどよく似ている。なかでも進化的に近い動物である霊長類——とくにヒトとチンパンジー——では，表面のシワ模様まで共通している（図12-1）。
　脳は目，耳，鼻，舌，皮膚を通して感覚情報を取り込む。これらの感覚情報

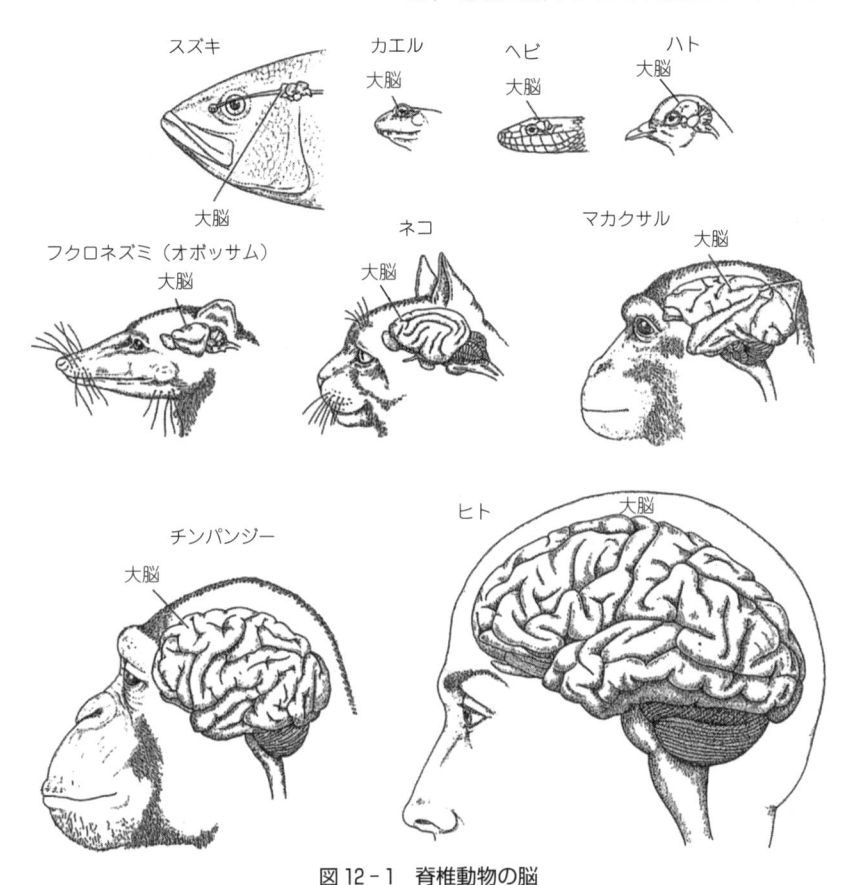

12章　動物は世界をどのように認識しているのか？

図12-1　脊椎動物の脳

（出所）　山内・橋本, 2006；原典は Cowan, 1979

は特定の脳部位で分析され，脳にたくわえられている知識と統合されて外界のイメージができあがる。脳はこの過程を通して世界を認識するのである。はじめに認識の働きを支える脳の仕組みについて見てみよう。

（1）　認識を支える脳の仕組み

　脳の進化を研究したマクリーン（MacLean, P.）は，脳が進化的に古い脳と新しい脳から構成されていると考えた（図12-2）。脳の中心部は進化的にもっ

227

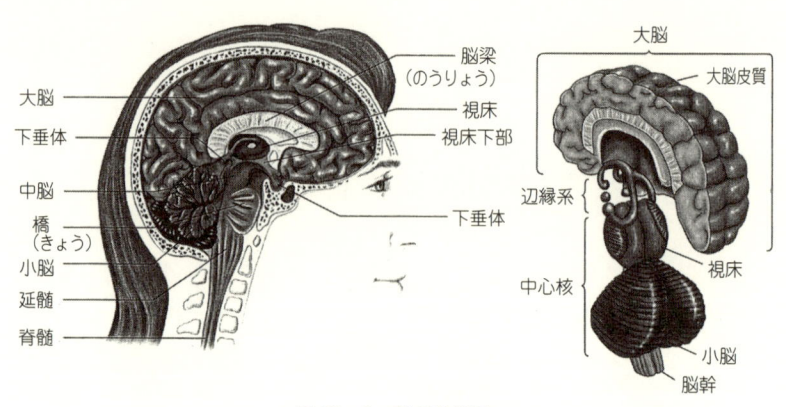

図12-2　脳の仕組み

(出所)　スミスほか，2005

とも古く，**ハ虫類の脳**と呼ばれている（図12-2の中心核）。ハ虫類の脳は脳幹（延髄・橋（きょう）），小脳，視床，視床下部などから構成され，呼吸，睡眠，摂食，体温調節，性行動といった生存のために必要なもっとも原始的な行動を調節している。この働きはハ虫類にも哺乳類にも共通する。ハ虫類の脳を取り囲んでいるのが**旧哺乳類の脳**で，海馬や扁桃体から構成される辺縁系がある。旧哺乳類の脳は喜怒哀楽などの情動を生み出し，記憶とも関連がある。このような働きは哺乳類の脳に共通しているが，ハ虫類の脳にはほとんど見られない。旧哺乳類の脳を包み込むように覆っているのが**新哺乳類の脳**である。新哺乳類の脳の一番外側が**大脳皮質**である。大脳皮質は左右の大脳半球に分かれており，脳梁という神経線維によって連絡している。新哺乳類の脳は広く哺乳類で発達しているが，ハ虫類にはない。この大脳皮質こそが，世界を認識する核心部なのだ。

（2）認識を支える脳の働き

　大脳皮質は大きな溝によって，4つの部分に分けることができる（図12-3）。外側溝と中心溝で区切られた前方部分が前頭葉，中心溝，外側溝，頭頂後頭溝で囲まれているのが頭頂葉，頭頂後頭溝より後方が後頭葉，外側溝の下側が側

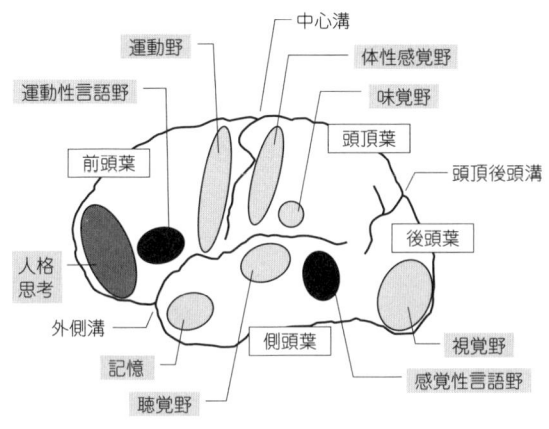

図12-3 大脳皮質と機能局在

頭葉である。

　大脳皮質は場所ごとに働きが異なっており，**大脳の機能局在**と呼ばれている。感覚情報のなかで光情報を取り込むのが後頭葉の視覚野である。ヒトは後頭葉の視覚野で外界を見ているのである。同様に音情報は外側溝の下にある聴覚野に，甘味・酸味・塩味・苦味・うま味といった味情報は外側溝の上にある味覚野に送られる。中心溝の前方には運動野が，後方には体性感覚野が帯状に広がっている。それぞれ手足や顔と特異的に対応しており，筋肉を動かしたり皮膚に加えられた痛みや温感を感じ取ったりする（図12-4）。

　頭頂葉，側頭葉，前頭葉では，これらの感覚情報にもとづいて外界の認識も行っている。頭頂葉は空間や身体の認識にかかわっている。頭頂葉を損傷された患者は対象物の空間的な位置関係が認識できず，目的地までの道順を覚えられない（空間失認）。また自分の体を自分のものと認識できなくなる（身体失認）。目で見た対象物の認識にかかわる部位が，側頭葉から後頭葉にかけて分布する。ここに障害が起こると，腕時計を見ても何であるかわからなくなる（視覚失認）。しかし腕時計についての知識はもっていて，きちんと説明することができる。側頭葉には記憶にかかわる部位がある。無麻酔患者の側頭葉を電気刺激したところ，子どものころの恐ろしい体験——ひとりの男が近づいて

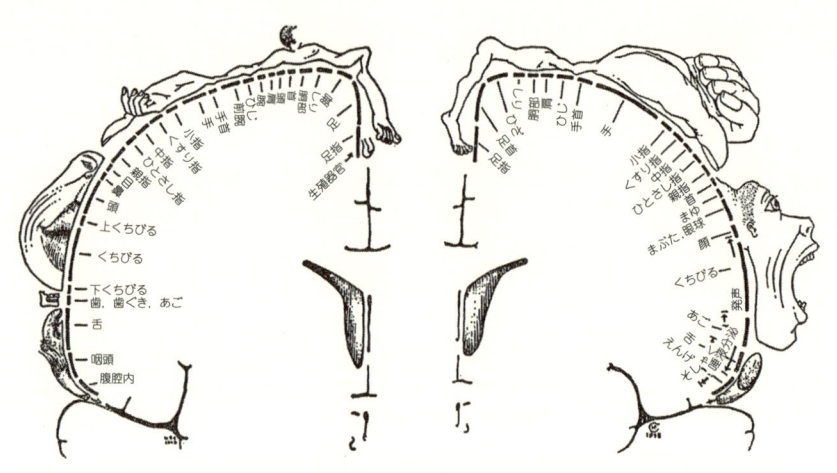

図 12-4 運動野と体性感覚野は体のどの部分と対応しているか
(注) 中心溝にそった断面の右半球（運動野，図の右側）と左半球（体性感覚野）を示したもの。上が頭頂葉である。
(出所) ペンフィールド・ラスミュッセン，1986

きて彼女をおびえさせたため，走って家へ逃げ帰ったこと――を思い出した（ペンフィールド・ラスミュッセン，1986）。またてんかん患者のヘンリー・モレゾン氏（2008年死去）は，発作を抑えるため側頭葉の切除手術を受けた後，手術後の出来事を覚えられなくなってしまったのである。

　認知能力のなかでヒトが動物ときわだって異なるのは言語能力である。言語を認識する言語野は2つある。ことばの意味を理解するときに働く**感覚性言語野**（ウェルニッケ言語野）と言語を話すときに働く**運動性言語野**（ブローカ言語野）である。前者は側頭葉に，後者は前頭葉にある。感覚性言語野が障害を受けると，ことばの意味が理解できない感覚性失語症になる。知らない外国語を聞いているようなものである。運動性言語野が障害を受けると，ことばが出なくなる運動性失語症になる。なんと言っていいかわからずもどかしい思いをするような状態である。言語野は左側の大脳半球に存在することが多く，その割合は右利きの人で90％以上，左利きの人で60％前後といわれている。

　ヒトらしい特徴――人格，思考，意志，社会性などの働き――を担っているのが前頭葉である。ヒトは他の動物とは比較にならないほど前頭葉が発達して

いる。さまざまな文明を生み出したのも前頭葉の働きだ。「人間は考える葦である」といわれているのは，まさに前頭葉の働きがあってのことなのである。

かつて精神症状を改善する目的で，前頭葉を切除する**ロボトミー手術**が行われていたことがある。前頭葉を切除されると無気力になったり，抑制力が欠如して衝動的になったりする。人格が変貌してまるで別人のようになる（10章も参照のこと）。

2 動物はどのように世界を認識するか？

動物の認知能力を研究する学問は**比較認知科学**と呼ばれている。その目的は進化の上でヒトに近い鳥類や哺乳類の認知能力を研究し，ヒトの認知能力がどのように進化してきたのかを解明することにある。この節では比較認知科学によって明らかになった動物の認知能力を紹介し，動物がどのように世界を認識しているのか，どれほどヒトに近いのかを明らかにする。

(1) モネやピカソの絵を鑑賞するハト

トリの視覚能力はヒトに匹敵するほど優れている。なかでもハトは，遠く離れた場所から住み慣れた巣に戻ってくるなど，高い認知能力のあることがわかっている。ヒトの見る世界は，ハトの目にどのように映っているのだろうか。渡辺ら（Watanabe et al., 1995）はハトに有名な画家の絵画を見せ，その画家独自のペンタッチ（画風と呼べるだろうか？）を認識できることを明らかにした。

まず2群のハトに，モネとピカソの絵を見せた。一方の群はモネの絵を見せたときにキーをつつくとエサが与えられ，ピカソの絵を見せたときにキーをついてもエサは与えられなかった。もう一方の群はピカソの絵を見せたときにキーをつつくとエサが与えられ，モネの絵を見せたときにキーをつついてもエサは与えられなかった。ハトは90％以上の正答率で2人の絵を識別することができた。ハトは何を手がかりにして，モネの絵とピカソの絵を識別していたのだろうか。

色づかいや輪郭の描き方が手がかりかもしれない。そこでモノクロの絵や輪郭をぼかした絵で試したが，ハトは2人の絵を識別することができた。また絵の上下・左右を反転しても，ハトは2人の絵を識別できたのである。さらに，訓練で使用したことのないモネとピカソの絵，およびモネと同じ印象派のセザンヌやルノアール，ピカソと同じキュビズムのドラクロア，マチス，ブラックの絵を使って，どの絵を見せたときにハトがキーをつつくかテストした。その結果，モネの絵を見せたときにキーをつつくとエサが与えられたハトは，はじめて見せられたモネの絵やセザンヌ，ルノアールの絵を見せたときにもキーをつついた（図12-5）。ピカソの絵を見せたときにキーをつつくとエサが与えられたハトは，はじめて見せられたピカソの絵やマチス，ブラックの絵を見せたときにもキーをつついたのである。ハトは特定の視覚刺激（色や形）を手がかりにしているのではなく，複数の特徴を組み合わせて手掛かりに使っているらしい。ヒトもトリも進化の歴史の中で同じ影響を受け，このような認知能力を発達させてきたと考えられている（Watanabe, 2001）。トリにも印象派の絵とキュビズムの絵の違いがわかるのかもしれない。

（2） 対象物の数を数えるオウム

ペッパーバーグ（Pepperberg, I. M.）は，**アレックス**と呼ばれるオウム（正確にはオウムの一種のヨウム）が対象物の数を認識し，音声（もちろん英語）で答えることができると発表した（Pepperberg, 1987）。それまでの訓練によって，アレックスは色，形，対象物の名前を音声で答えることができた。また"What color？（どんな色？）"や"What shape？（どんな形？）"といった音声の質問に対して，正しく"green wood（緑色の木）"，"5-corner hide（5つの角がある皮）"と答えることもできた。

ペッパーバーグは身近にある対象物（紙，キー，コルクなど）をそれぞれ2-6個用意し，アレックスが対象物の名前とその数を両方正しく答えられるかテストした。結果は平均で78.9％の正答率であった（図12-6）。"How many？（何個あるの？）"と質問すると，正答率は95％に達した。大きさや形をかえ

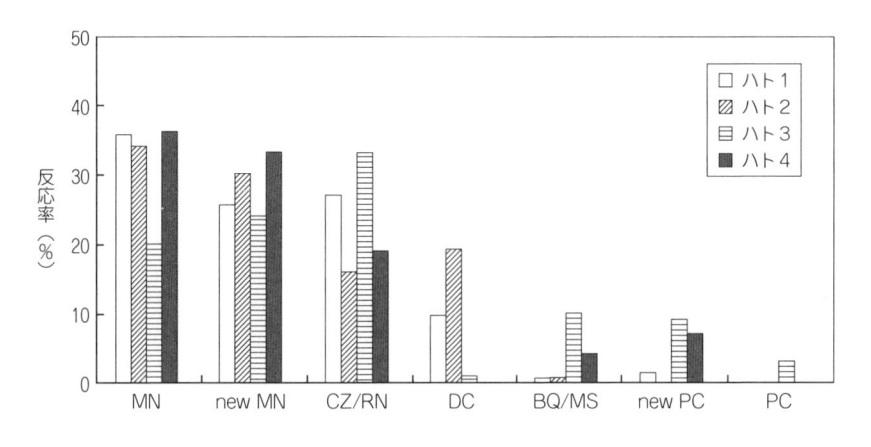

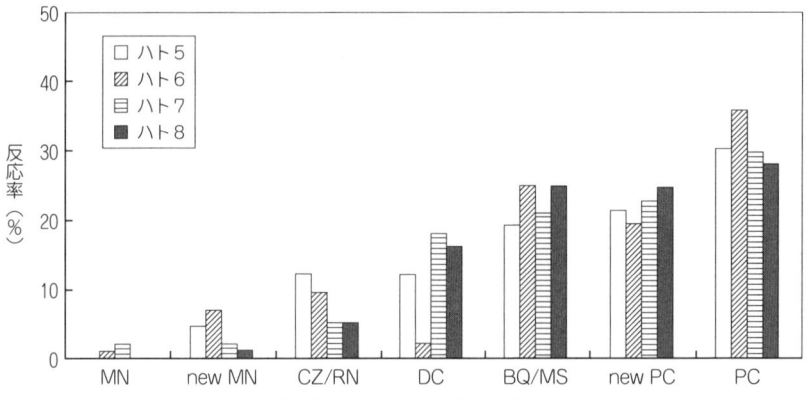

図 12-5　ハトに印象派の絵とキュビズムの絵がわかるだろうか？

(注)　上はモネの絵に反応すると報酬が与えられた群，下はピカソの絵に反応すると報酬が与えられた群。アルファベットは絵の作者を表す（MN：モネ，訓練で使用，newMN：モネ，訓練で使用せず，CZ/RN：セザンヌとルノアール，DC：ドラクロア，BQ/MS：ブラックとマチス，newPC：ピカソ，訓練で使用せず，PC：ピカソ，訓練で使用）。ハトの番号は変えてある。

(出所)　Watanabe et al., 1995

て対象物を示しても，正答率は80％であった。しかしアレックスは対象物の数を認識していたのではなく，対象物の並べ方，つまり特定のパターンと特定の数字の間の対応関係を学習しただけかもしれない。たとえば，●●●というパターンは3，■■■■■というパターンは5といった具合に。そこで対象物の

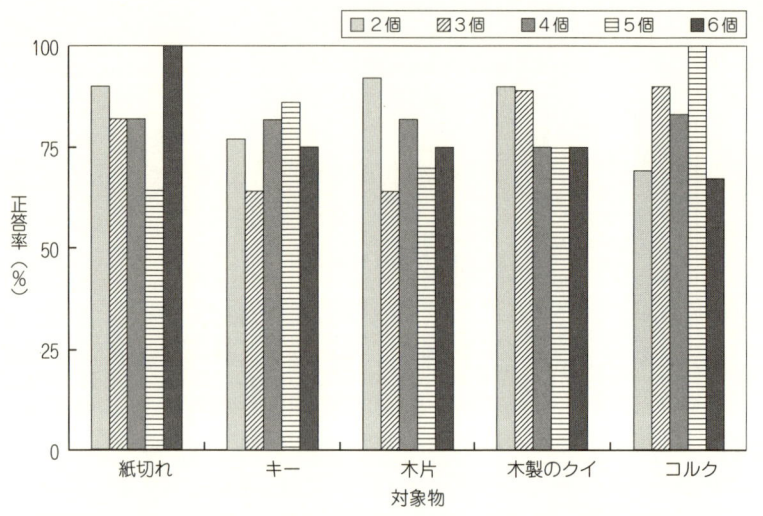

図12-6 オウムに2-6個の対象物の名前と数がわかるだろうか？
（出所） Pepperberg, 1987

並べ方をバラバラにしてパターン認知が使えないようにしたが，それでもアレックスは77％の正答率を示したのである．さらに，アレックスは異なる対象物が交じった状態でも，一方の対象物の数や両方の対象物の総数を正しく答えることができたのである．

これらの実験を通してペッパーバーグは，アレックスが数という概念を理解していると結論した．アレックスはどのようにして対象物の数を数えたのだろうか．それはまだ謎である．

（3） 人工言語で会話するチンパンジー

アイと名づけられた女の子のチンパンジーに言語を教えようという試みが，京都大学霊長類研究所で始まった．コンピュータに接続したキーボード上に**図形文字**を描き，アイが図形文字を使って対象物やその色・数を表記できるかどうかを研究したのである．アイは色や数，対象物の名前，さらに動詞や接続詞を表す図形文字を習得することができたのである（図12-7）．これらの研究成

12章　動物は世界をどのように認識しているのか？

図12-7　アイが習得した図形文字とそれが表す対象物

（出所）松沢, 1991

果を，松沢 (1991) を引用しながら紹介してみよう。

　人工言語を教えるために用いた方法は，**遅延見本合わせ学習**と呼ばれる。最初に図形文字のひとつがプロジェクター上に表示される（見本刺激）。つぎにキーボード上に表示された複数の図形文字の中から見本刺激と同一の図形文字を選んでキーを押すと，チャイムが鳴り果物が与えられた。間違ったキーを押すとブザーが鳴り果物は与えられなかった。

　このようにして図形文字を習得した後，対象物を図形文字で表示する訓練が行われた。まず対象物とそれを表す図形文字の対応関係を決めた。つぎに対象物をアイに示し，その対象物に対応した図形文字のキーを複数の選択肢から選んで押す訓練を行った。正解した場合にはチャイムを鳴らし果物を与えた。間違った場合はブザーが鳴り，果物はなかった。2カ月半の訓練によって，アイは8種類の対象物を図形文字で表記できるようになった。

　私たちヒトは言葉が特定の対象物を示すということを知っている。と同時に，対象物を示されればそれを表す特定の言葉で答えることもできる。たとえば"まる"という言葉が○という対象物を指すことを知っているし，○を見せられれば"まる"という言葉で答えることもできる。このように言葉には2方向性の働きがある。ではアイはこの2方向性の働きを理解できるだろうか。

　アイが対象物を図形文字で表記できることは，先の結果で証明された。今度は特定の図形文字を示し，それに対応した対象物を正しく選択できるかが調べられた。まず「赤」と「つみ木」を表す図形文字が示された。つぎに4つの対象物「赤いつみ木」，「緑のつみ木」，「赤い手袋」，「緑の手袋」が示された。アイは正しい対象物「赤いつみ木」を選ぶことができたのである。

　さらに数，色，対象物を組み合わせて示し（たとえば5本の赤い鉛筆），アイが図形文字で正しく表現できるかテストした。アイは数，色，対象物のそれぞれを表す3つの図形文字を組み合わせて，対象物を表記することができた。しかも驚いたことに，アイは色または対象物を表す図形文字を先に示し，最後に数を表す図形文字を示したのである（最初に赤（または鉛筆），次に鉛筆（または赤），最後に5の順序で図形文字を示した）。このテストでは3つの正しい図形

文字を示せば正解で，示す順序は自由であった。アイは言葉の順序に関して独自のルールを作り出したわけで，これは文法と呼べるものであった。

アイが文法を理解していることは，次の実験によっても確かめられた。3人のヒト（A，B，C）のなかのひとりが他のひとりに近づく場面を見せたところ（AがBに近づく），アイはA（主語），近づく（動詞），B（目的語）の順に図形文字で表現することができた。アイはAが動作の主体であり，Bがその相手であることを理解できたのである。

これら一連の研究は，チンパンジーが言語を理解する能力を持っていることを示した貴重な成果である。その後アイは子どもを産み，アユムと命名された。アイがどのような子育てをするのか，言語能力がどのように伝えられるのか。この研究はまだまだ続いている（松沢，2005）。

3　動物の認知能力を脳科学研究に役立てる

世界を認識する能力は，脳の重要な働きである。その脳の働きは，ニューロンと呼ばれる神経細胞どうしのつながり，ネットワークによって支えられている。ニューロンが分化・発達しネットワークを形成するのは，胎児期から乳児期のごく限られた期間に限定され，これを**臨界期**という。臨界期の生活環境は，脳の発達にとって重要な意味を持つ。もしかりにニューロンの分化・発達を阻害する環境にさらされたなら，その後の生活に深刻な打撃をもたらすと予想される。反対にニューロンの分化・発達を促進するような生活環境におかれたなら，天才が誕生するかもしれない。この節では脳の働きに対する生活環境の影響を取り上げ，動物の認知能力が脳科学研究に役立っていることを紹介する。

（1）　環境ホルモンの恐ろしさ

「奪われし未来」（コルボーンほか，2001）や「メス化する自然」（キャドバリー，1998）と題する本が出版されると，**環境ホルモン**ということばがセンセーショナルに広まった。環境ホルモンはヒトが製造した化学物質で，あたか

☕ **コラム　日本人女性の血液中ダイオキシン量**

　環境省は日本人のダイオキシン類蓄積量を把握するため，住民から血液を採取して継続的に調査を行っている。この調査には，女性の出産回数や哺乳形態も含まれている。それによれば出産回数が多い女性ほど，また母乳で子どもを育てた女性ほど，血液中のダイオキシン類濃度が低かった（図12-8）。これは母親のダイオキシン類が，胎盤や母乳を介して胎児や乳児の体に吸収されていることを示すものである。

　環境中のダイオキシン類は魚介類に取り込まれ，それを食べることでヒトの体に蓄積していく。魚介類には貴重な栄養素が含まれていること，母乳は乳児にとって理想的な食物であることから，魚介類を避けたり母乳哺育を止めたりする必要はない。しかし妊娠中はタバコやアルコールと同様，魚介類の摂取を控えるのが賢明である。

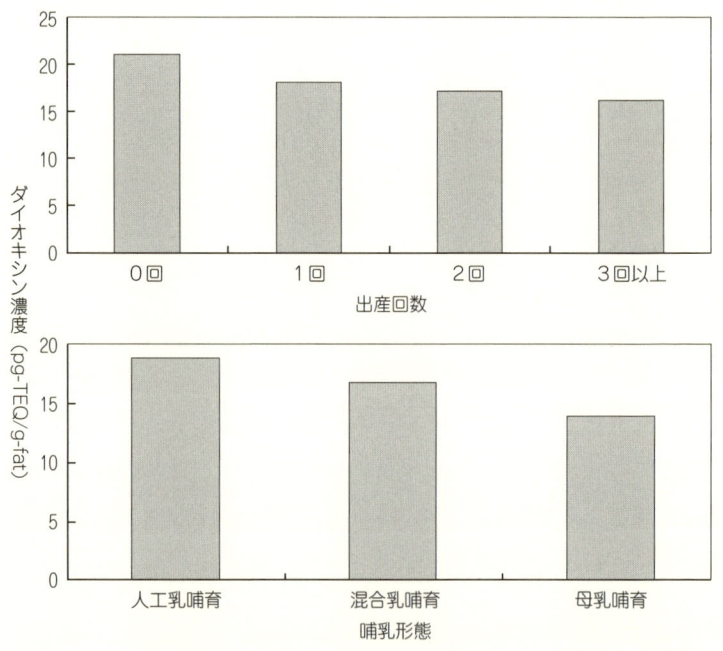

図12-8　出産回数と哺乳形態のちがいによる血液中ダイオキシン類濃度
（出所）環境省環境保健部環境リスク評価室，2008

も本物のホルモンのように作用する。なかでも PCB（ポリ塩化ビフェニール）やダイオキシンは，ニューロンの分化・発達に必須の**甲状腺ホルモン**をかく乱する。妊娠中の母親がこれらの環境ホルモンにさらされると，胎盤や母乳を介して子どもに取り込まれ，脳の発達に影響を及ぼす恐れがある。

　脳の臨界期に甲状腺ホルモンがかく乱されると，認知能力が阻害されるのだろうか。この問いに答えるため，私たちの研究室では妊娠後期のネズミに甲状腺ホルモン阻害剤を投与し，生まれた仔ネズミの認知能力を調べている。ネズミは小型で飼育しやすく，しかも高い認知能力を備えているため，脳科学研究で広く用いられている。

　テストでは，**スキナー箱**[1]と呼ばれる実験箱を使用する（図12-9）。まず天井のライトが点灯し，すぐにレバーを押すとエサが与えられた。いつライトが点灯するか予測できないように，点灯のタイミングを変化させた。ネズミはいつライトが点灯するか注意を払い，点灯したらすぐにレバーを押すことが求められた。

　甲状腺ホルモンを阻害されたネズミは，前の反応の後すぐにライトが点灯した場合に見逃しやすかった。しかし十分時間をおいてからライトが点灯した場合には反応できた。甲状腺ホルモンを阻害されると，注意を向ける対象を素早く切り替えることができなくなると考えられる（Hasegawa & Wada, 2007）。

　教育現場では注意欠陥多動性障害（attention deficit hyperactivity disorder：**ADHD**）の子どもが増加し，深刻な問題となっている。その主要な症状のひとつが注意障害である。ADHD の原因として，遺伝，アレルギー，栄養不足，化学物質などさまざまな要因が研究されているが，はっきりしたことはわかっ

➡ 1　スキナー（Skinner, B. F. 1904-1990）：オペラント条件づけの研究を行い，行動分析学を創始したアメリカ人。オペラント条件づけでは，動物がある反応をした後に強化（エサなどの報酬）を提示する。これを繰り返すと，動物はその反応を頻発するようになる。これらの操作を自動化し，効率的に動物の行動を解析するために開発されたのが，スキナー箱である。スキナーはこの装置を用いて，ラットやハトなどの行動を解析した。

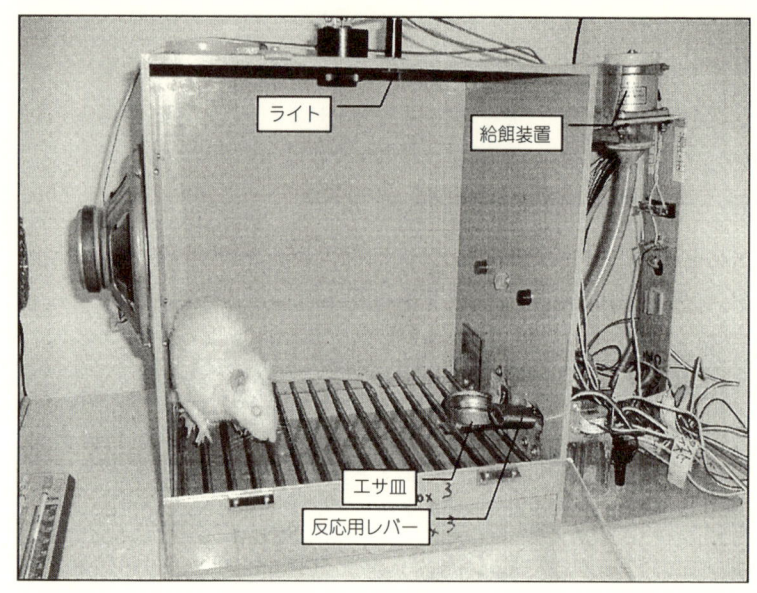

図12-9　ネズミ用のスキナー箱

(注)　天井にライト，右下に反応用のレバー，レバーの横に報酬用のエサ皿が取り付けられている。スキナー箱の右外側にあるのは給餌装置。レバーを押すとコンピュータ制御で給餌装置が作動し，エサが出てくる。

ていない。原因のひとつとして注目されているのが，甲状腺ホルモンをかく乱する PCB やダイオキシンである。化学物質が満ち溢れる現在，動物の認知能力を使ってその危険性を評価し，発達障害の予防に役立てる研究が望まれている。

(2) 社会的な環境と孤立した環境

　1960年代，ローゼンツヴァイク（Rosenzweig, M. R.）らによって生活環境が脳の発達に影響を与えるという発見がもたらされた。一方のネズミを多数の仲間や遊び道具と接触できる社会的な環境で飼育し，もう一方のネズミを仲間も遊び道具もなく1匹だけの孤立した環境で飼育したところ（図12-10），社会的な環境で飼育したネズミのほうが脳―とくに海馬―の発育が良好であった（Rosenzweig & Bennett, 1996）。海馬は記憶と密接に関連する脳部位であるこ

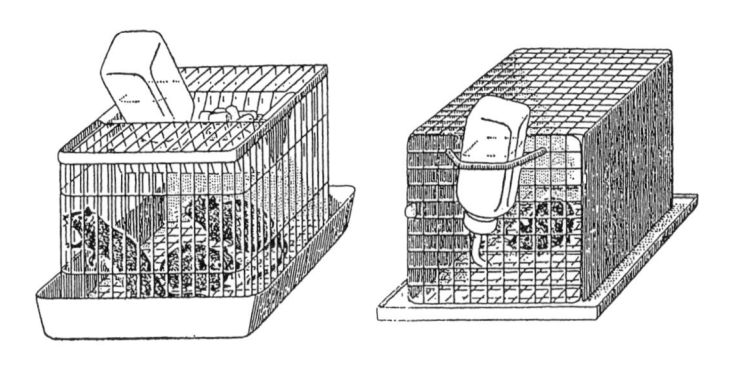

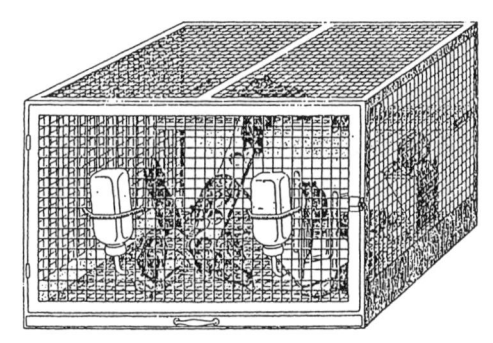

12章 動物は世界をどのように認識しているのか？

図12-10 社会的な飼育環境と孤立した飼育環境
(注) 多数のネズミと遊び道具がある社会的な飼育環境（下）と遊び道具もなく1匹だけで飼育される孤立した飼育環境（上右）。上左は標準的な飼育環境。
(出所) ダイアモンド，1990

とから，社会的な環境と記憶力の関係が研究されている。

　ネズミの記憶力をテストする方法として，**モリス型水迷路**がある（図12-11）。直径1.3mほどの円形プールに水を張り，ネズミを泳がせて水面下の逃避台（水から上がることができる台）を探させるテストである。水はインクか墨汁で濁っているため，逃避台を直接見つけることはできない。はじめてプールに入れられたネズミはあてもなく泳ぎ回るが，そのうち逃避台にたどり着く。このような経験を何度か繰り返すうちに，ネズミは逃避台の位置を記憶する。ひとたび記憶すると，ネズミはプールのどこから放されても一直線に逃避台をめざすようになる。これはプールの周囲に置かれたライト，流し台，机などの配

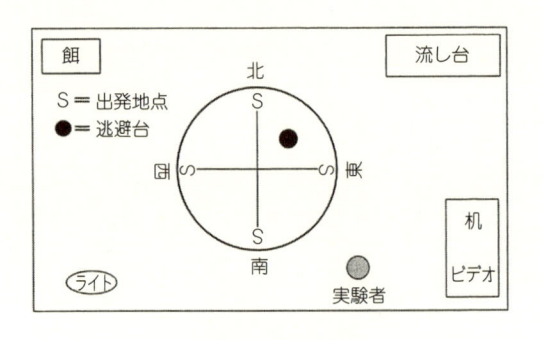

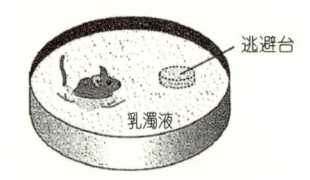

図 12-11　モリス型水迷路
（出所）　山内・橋本, 2006

置を記憶し，これらの空間的な位置関係から逃避台の位置がわかるためである。このような位置関係の記憶は**認知地図**と呼ばれている。

　離乳直後のネズミを社会的な環境で飼育し，モリス型水迷路でテストした実験がある（Schrijver et al., 2002）。これらのネズミは逃避台へ泳ぎ着くまでの所要時間が短く，訓練3日目で最短時間に達した。しかし孤立した環境で飼育したネズミは，逃避台に最短時間で泳ぎ着くのに6日間の訓練を要した。

　社会的な環境の効果は，ネズミが完全に成熟した生後3カ月目でも観察された（Larsson et al., 2002）。これらのネズミは1日目こそ探索するようにゆっくり泳いだが，2日目からは逃避台めざして一直線に泳ぎ，泳ぐスピードも劇的に上昇した。これに対して孤立した環境で飼育したネズミの泳ぐスピードは，ほとんど変化しなかった。

　これらの研究は，社会的な環境で飼育すると空間記憶の形成が促進されることを示している。しかし，より驚くべきことは，成熟した脳，とくに海馬で新たなニューロンが形成されているという事実である。この現象は**神経新生**と呼ばれている。社会的な生活が神経新生を促進し，認知症を予防してくれるかも

しれない。

*

　ここに取り上げたのは，実験室で研究されている認知能力のほんの一部である。社会を見渡せば，ヒトと競いながらたくましく生きるカラスやネズミ，視覚障害者の目の代わりとなる盲導犬や身体障害者のパートナーとなる介護ザルもいる。野生のチンパンジーのなかには，相手をだましたり協力したりするものさえいる。動物がいかにヒトっぽいかをわかってもらえると思う。動物の認知能力は想像以上に豊かで優れており，今後の研究によって思いもよらない認知能力が明らかにされるかもしれない。

　もっと知りたいと思った読者は，この章の最後にあげた「詳しく知りたい人のための文献紹介」を読んでいただきたい。

〈サマリー〉
　本章では動物の認知能力を取り上げ，動物がどのように世界を認識しているのかを解説した。認知は脳の働きであり，とくに哺乳類に共通して見られる大脳皮質が関係している。その大脳皮質は場所ごとに働きが異なり，特定の認識—見る，聞く，話す，考える，記憶する—を担当している。
　また，動物の認知能力を解明した研究として，ハト，オウム，チンパンジーを取り上げた。ハトは複数の手掛かりを使って絵画を認識し，まるで絵画を鑑賞しているかのような能力を示した。オウムは対象物の数を正しく認識し，複数の対象物が混じっていても一方の対象物の数を答えることができた。チンパンジーは対象物を図形文字を使って表記したり，反対に図形文字を見て対応する対象物を選んだりすることもできた。
　最後に環境ホルモンや生活環境が認知能力に影響することを取り上げ，動物の認知能力が脳科学研究に役立っていることを紹介した。

〈もっと詳しく知りたい人のための文献紹介〉

藤田和生　2007　学術選書022　心の宇宙④　動物たちのゆたかな心　京都大学学術出版会
　⇨比較認知科学の専門家である著者が，動物のさまざまな認知能力について紹介する。この中には本書で取り上げなかった動物の推論，欺き，協力，意識

や内省といったことまで，初心者にもわかりやすく解説されている。

〈文　献〉

キャドバリー，D.　古草秀子（訳）　1998　メス化する自然——環境ホルモン汚染の恐怖　集英社

コルボーン，T.・ダマノスキー，D.・マイヤーズ，J. P.　長尾力・堀千恵子（訳）　2001　奪われし未来　増補改訂版　翔泳社

Cowan, W. M. 1979 The development of the brain. *Scientific American*, **241**, 112-133.

ダイアモンド，M. C.　井上昌次郎・河野栄子（訳）　1990　環境が脳を変える　どうぶつ社

Hasegawa, M., & Wada, H. 2007 Inability of hypothyroid rats to shift attention quickly in a target detection task. *Organohalogen Compounds*, **69**, 2972-2975 (CD-ROM).

環境省環境保健部環境リスク評価室　2008　日本人におけるダイオキシン類の蓄積量について——ダイオキシン類の人への蓄積量調査（2002—2007）——

Larsson, F., Winblad, B., & Mohammed, A. H. 2002 Psychological stress and environmental adaptation in enriched vs. impoverished housed rats. *Pharmacology, Biochemistry and Behavior*, **73**, 193-207.

松沢哲郎　1991　認知科学選書23　チンパンジーから見た世界　東京大学出版会

松沢哲郎　2005　アイとアユム——チンパンジーの子育てと母子関係　講談社

ペンフィールド，W.・ラスミュッセン，T.　岩本隆茂・中原淳一・西里静彦（訳）　1986　脳の機能と行動　福村出版

Pepperberg, I. M. 1987 Evidence for conceptual quantitative abilities in the African grey parrot: Labeling of cardinal sets. *Ethology*, **75**, 37-61.

Rosenzweig, M. R., & Bennett, E. L. 1996 Psychobiology of plasticity: Effects of training and experience on brain and behavior. *Behavioural Brain Research*, **78**, 57-65.

Schrijver, N. C. A., Bahr, N. I., Weiss, I. C., & Wurbel, H. 2002 Dissociable effects of isolation rearing and environmental enrichment on exploration, spatial learning and HPA activity in adult rats. *Pharmacology, Biochemistry and Behavior*, **73**, 209-224.

スミス，E.・ノーレン-ホークセマ，S.・フレデリクソン，B, L.・ロフタス，G.

内田一成（監訳）　2005　ヒルガードの心理学　第14版　ブレーン出版

Watanabe, S. 2001 Van Gogh, Chagall and pigeons : Picture discrimination in pigeons and humans. *Animal Cognition*, **4**, 147-151.

Watanabe, S., Sakamoto, J., & Wakita, M. 1995 Pigeon's discrimination of paintings by Monet and Picasso. *Journal of the Experimental Analysis of Behavior*, **63**, 165-174.

山内弘継・橋本宰（監修）　2006　心理学概論　ナカニシヤ出版

索　引

あ行

アイ　234
アイコン（icon）　179
アイディアユニット（IU）　113
赤の警告効果　20
アッハー体験　139
アフォーダンス（affordance）　174
アルゴリズム（algorithm）　151
アレックス　232
暗順応　5
生きる意味　144
意識　70, 75
　──の時間的限界　51
意思決定（decision making）　152
維持リハーサル　94
一次聴覚野　27
意味記憶　79, 96
in vivo　170
in vitro　170
ウェイソン選択課題　157
ウェーバーの法則　44
ウェーバー比　44
ウェーバー・フェヒナーの法則　44
ヴェルテン法　217
ウェルニッケ野　28
運動系言語野（ブローカ言語野）　230
演繹的推論　156
エピソード記憶　79, 96
エピソードバッファ　72, 199
F0　31
オープン質問　120
音の大きさ　24
音の遮蔽（マスキング：auditory masking）　30
音の高さ　24
オペレータ　150
音圧レベル　24
音韻ループ　72, 198

音声合成　32
音声知覚（speech perception）　32
音声認識　32
音脈分凝（auditory stream segregation）　29

か行

概日リズム（circadian rhythm）　57, 58
解像度　6
概念　98
会話の公準　118
会話の非対称性　113
蝸牛　27
楽音　36
確実性下での意思決定　152
拡張模倣　114
確率的推論　161
可聴範囲　25
カッパー効果（S効果）　56
含意　118
感覚（sensation）　43
　──記憶　48, 71
　──遮断　62
　──性言語野（ウェルニッケ言語野）　230
眼球運動　14
環境ホルモン　237
感情混入モデル（affect infusion model：AIM）　216
感情先行説　210
冠状動脈性疾患　63
感情の二要因説　209
桿体　4
監督的注意システム（supervisory attentional system：SAS）　199
顔面筋　221
顔面筋電図（facial electromyogram）　221
顔面模倣（facial mimicry）　221

247

記憶の連続性・整合性　145
記憶容量　71
擬似的な記憶（偽りの記憶，フォールスメモリー）　84
基礎比率無視（base-rate neglect）　162
基底膜　27
帰納的推論　156, 159
気分（mood）　213
　——一致効果（mood congruent effect）　214
　——状態依存効果（mood state dependent effect）　215
基本感情（basic emotion）　207
記銘　71
逆仮現運動（reversed apparent motion）　53
逆説睡眠　61
キャノン―バード説　211
旧哺乳類の脳　228
境界　9
行間効果　139
共通運命の要因　12, 40
近接の要因　12, 39
空虚時程　55
組立メモ　141
グラウンドルール　124
クローズド質問　120
群化（grouping）　38
　——の規則　50
系列位置効果　92
ゲシュタルト心理学者　50
ゲシュタルトの群化規則　12, 38
原型　100
言語隠蔽効果（verbal overshadowing effect）　105, 217
検索　73
効果最大化原理　151
甲状腺ホルモン　239
心の理論　194
個人間過程の調整　197
個人主義（individualism）　165

個人内過程の調整　197
誤信念課題　194
ことばの探索過程　137
コンサマトリ（consummatory）　171

さ行

サール（Searle, J.R.）　117
細胞集成体モデル　76
作文計画　141
サッケード　14, 47
　——抑制　47
3色性　8
地（ground）　11, 51
GPS（general problem solver）　150
シーン　2
ジェームズ―ランゲ説　208
ジオン　16, 137
視覚短期記憶（visual short term memory : VSTM）　14
視覚的効果　137, 139
視覚的断崖（visual cliff）　219
時間同調因子　58
時間の逆説（パラドックス）　65
字義的な意味　118
識別閾（弁別閾：discrimination threshold）　43
視空間スケッチパッド　72, 198
刺激閾（stimulus threshold）　43
刺激間時間（inter stimulus interval : ISI）　48
視交叉上核（SCN）　57
事後情報効果　122
自己中心性　193
自己調整　198
自己目的的活動　77
視床　208
ジスト　17
自然選択説　207
実存分析法　144
質問　120, 124
視点取得　193

自伝的記憶　79
自動化　77
司法面接　122
社会的構築主義（social constructivism）　210
社会的参照（social referencing）　219
就学経験　129
自由再生実験　92
充実時程　55
集団主義（collectivism）　165
周波数　24
自由報告　124
主観的期待効用理論（subjective expected utility theory）　153
主観的体験　141
手段目標分析（means-end analysis）　151
純音　24
状況　116
条件的推論　157
情動（emotion）　213
　――ストループ効果（emotional stroop effect）　214
　――伝染（emotional contagion）　220
小脳　57
初期状態　150
初頭効果　92
処理方略（processing strategy）　216
進化論　207
新近性効果　92
神経画像法（ニューロイメージング：neuroimaging）　200
神経新生　242
神経節細胞　6
人工物（artifacts）　170
新哺乳類の脳　228
心理進化説　207
図（figure）　11, 51
推敲　133
　――方略　137
錐体　4
推論　156

スキーマ　81, 159, 199
スキナー箱　239
スクリプト　81
図形文字　234
ストループ効果（stroop effect）　213
精神活動の再構造化　131
精緻化　71, 94, 96, 114, 142
　――リハーサル　94
制約（constraint）　160
宣言的段階　104
全体報告実験　48
前頭連合野（前頭前野）　201
想起意識　102
相互作用（interaction）　171
創発性（emergence）　175
ソースモニタリング　111
促通　76
ソマティック・マーカー（somatic marker）仮説　209

た行
ターン　110
第一視覚皮質（V1）　14
第一のインタフェース　172
第二のインタフェース　172
大脳基底核　57
大脳の機能局在　229
大脳皮質　228
大脳辺縁系　211
タイプA　63
タキストスコープ（瞬間露出器）　48
他者調整　198
タスクの流れ　178
多属性効用理論（multi-attribute utility theory）　153
脱中心化　193
短期記憶　71
単純接触効果（mere exposure effect）　210
遅延見本合わせ学習　236
知覚（perception）　43

——的体制化（perceptual organization） 11, 50
　　——の恒常性 17
知識の変革（knowledge transforming） 142
チャンク化 71
注意欠陥多動性障害（attention deficit hyperactivity disorder : ADHD） 239
注意バイアス（attentional bias） 214
中央実行系（central executive） 72, 199
抽象的思考の発達 129
中心窩 13
中枢起源説 209
聴覚的効果 139
聴覚伝導路 27
聴覚の情景分析（auditory scene analysis） 29
長期記憶 71
彫琢 133
丁度可知差異（just noticeable difference : jnd） 44
重複回避 139
陳述記憶 101
追想的時間（retrospective time） 60
定言的推論 156
ディスコース（談話） 111
手がかり語法 82
適切性条件 117
手続き化 104
手続き記憶 101
手続き的段階 106
典型性 99
道具的利用 171
等ラウドネスレベル曲線 25
トランスクリプション 110, 133
トランスライブ 110

な行

内観 74
内言 197
内的時計 57

二次的ことば 128
二重経路説 211
二重のインタフェースモデル 171
認知地図 242
認知的所産 133
認知的蓄積容量のモデル 59
認知的評価（cognitive appraisal） 209
認知・動機づけ・関係説 210
音色（timbre） 26
ネッカーの立方体 52
ネットワークモデル 73
ノード 73
ノンレム睡眠 61

は行

ハーモニー 38
バイアス（bias） 152
媒介過程 75
白昼夢 61
ハ虫類の脳 228
発話 110
　　——思考法（think-aloud protocol method） 133
　　——量 113
パペッツ回路 211
パラ言語情報 115
番（ターン） 110
反応時間 46
反応潜時（latency） 46
バンプ 82
PTSD 214
比較認知科学 231
ピッチ 31
非同時性錯視 53
ヒューリスティック（heuristic） 152, 217
表現意図 134
フェヒナーの法則 44
フォルマント 32
不確実性下での意思決定 153
複合音 24
符号化 71

索引

部分報告実験　48
プライミング　76
フラッシュバルブ記憶　18
フラッシュ・ラグ効果　53
フリーランリズム　59
不良定義問題（ill-defined problem）　150
フロー体験　77
プロスペクト理論（prospect theory）　154
分割時程　55
文脈　116
　——化（contextualization）　132
　——全体が整合的に意味をなした感覚
　　（make sense）　142
　——調和　139
閉合の要因　12
ペースメーカー　57
冪法則　44
扁桃体　211
母子対話　114

ま行

マガーク効果（McGurk effect）　35
マグニチュード評価法　44
マジカル・ナンバー7　72
末梢起源説　208
無意識　75, 84
明順応　5
メタ認知　188
　——的活動　189
　——的知識　189
メタファ（隠喩）　179
メディア（媒体：media）　173
メモリスパン　71
メロディ　38
面接（インタビュー）　119
　——のクロージング（終結）　125
　——の導入　124
メンタルモデル　177
　——理論　156

目標状態　150
モリス型水迷路　241
問題解決　149, 171
問題空間　150

や行

誘導質問　120, 125
よい連続の要因　12, 40
幼児期健忘　82
予期的時間（prospective time）　60
抑圧　84
抑制　76
4原色　18

ら行

ライフ・スクリプト　83
ライフタイム・ピリオド　79
ラポール　124
リスク下での意思決定　153
リズム　38
リテラシー　128
リハーサル　71, 91
良定義問題（well-defined problem）　150
両耳分離聴（dichotic listening）　28, 76
臨界期　237
リンク　73
類推　160
類同の要因　12, 39
ルーチン的な技能　142
レミニセンス・バンプ　82
レム睡眠　61
連想ネットワーク理論　215
ロボトミー手術　202, 231

わ行

ワーキングメモリ（作動記憶：working memory）　72, 198
和音（コード）　38
話者　110

《執筆者紹介》（執筆順）

仲 真紀子（なか まきこ）編者，はしがき，4章，6章
　　国立研究開発法人　理化学研究所　理事／立命館大学 OIC 総合
　　研究機構　招聘研究教授／北海道大学　名誉教授

川端康弘（かわばた やすひろ）1章
　　北海道大学大学院文学研究院／脳科学研究教育センター　教授

谷口高士（たにぐち たかし）2章
　　大阪学院大学情報学部　教授

田山忠行（たやま ただゆき）3章
　　北海道大学　名誉教授

伊東裕司（いとう ゆうじ）5章
　　京都女子大学発達教育学部　教授／慶應義塾大学　名誉教授

内田伸子（うちだ のぶこ）7章
　　十文字学園女子大学　特任教授

山　祐嗣（やま ひろし）8章
　　大阪市立大学大学院文学研究科　教授

原田悦子（はらだ えつこ）9章
　　筑波大学人間系（心理学域）教授

三宮真智子（さんのみや まちこ）10章
　　大阪大学　名誉教授／鳴門教育大学　名誉教授

北神慎司（きたがみ しんじ）11章
　　名古屋大学大学院情報学研究科　准教授

和田博美（わだ ひろみ）12章
　　北海道大学大学院文学研究院　名誉教授

《編著者紹介》

仲　真紀子（なか・まきこ）
　　お茶の水女子大学大学院人間文化研究科単位取得退学　学術博士
　現　在　国立研究開発法人　理化学研究所　理事
　　　　　立命館大学　OIC総合研究機構　招聘研究教授
　　　　　北海道大学　名誉教授
　主　著　『目撃証言の心理学』（共著）北大路書房，2003年
　　　　　『認知心理学の新しいかたち』（編著）誠信書房，2005年
　　　　　『子どもの司法面接――ビデオ録画面接のためのガイドライン』
　　　　　（英国内務省・保健省）（共訳）誠信書房，2007年
　　　　　『自己心理学――認知心理学へのアプローチ』（編著）金子書房，2008年
　　　　　『裁判員制度と法心理学』（共著）ぎょうせい，2009年

いちばんはじめに読む心理学の本④
認知心理学
――心のメカニズムを解き明かす――

2010年11月30日　初版第1刷発行　　　〈検印省略〉
2025年 2月10日　初版第9刷発行
定価はカバーに
表示しています

編著者　仲　　真紀子
発行者　杉　田　啓　三
印刷者　坂　本　喜　杏

発行所　株式会社　ミネルヴァ書房
607-8494 京都市山科区日ノ岡堤谷町1
電話代表　(075)581-5191
振替口座　01020-0-8076

© 仲真紀子 他，2010　　冨山房インターナショナル・新生製本

ISBN 978-4-623-05683-5
Printed in Japan

―――― いちばんはじめに読む心理学の本 ――――

臨床心理学
――全体的存在として人間を理解する

伊藤良子　編著

A5判　256頁
本体2500円

社会心理学
――社会で生きる人のいとなみを探る

遠藤由美　編著

A5判　260頁
本体2500円

発達心理学［第2版］
――周りの世界とかかわりながら人はいかに育つか

藤村宣之　編著

A5判　274頁
本体2500円

認知心理学
――心のメカニズムを解き明かす

仲　真紀子　編著

A5判　264頁
本体2500円

知覚心理学
――心の入り口を科学する

北岡明佳　編著

A5判　312頁
本体2800円

教育心理学
――「学ぶ」と「教える」のいとなみを探る

藤江康彦　編著

A5判　250頁（予定）
本体2500円（予価）
未刊

―――― ミネルヴァ書房 ――――
http://www.minervashobo.co.jp/